IT
ROADMAP 2022
ITロードマップ
2022年版
**情報通信技術は
5年後こう変わる!**

野村総合研究所
IT基盤技術戦略室
NRIセキュアテクノロジーズ

東洋経済新報社

はじめに

･･

　野村総合研究所（NRI）グループでは、最新IT（情報技術）の動向を継続的に調査した結果を出版や講演活動を通じて広く社会に情報発信している。本書はその成果を書籍としてまとめた『ITロードマップ』の17冊目である。「ITロードマップ」とは、特定のIT領域について、現在から5年程度先までの技術の進化を予想した年表形式の"マップ"である。各技術のロードマップには、予想の根拠となる国内外の大学や企業の研究開発動向、その分野における主要ベンダーの製品開発動向、ベンチャー企業の製品開発動向、さらにはアーリーアダプター企業における活用状況、今後の課題などについても、われわれなりの視点で解説している。

　本書は、ITをビジネスに活用する企業の経営者やCIO、CDO（チーフ・デジタル・オフィサー）、デジタルビジネスの企画・推進部門の方、実際にITの開発や運用に携わる方々に対して、今後のIT利活用のナビゲーションとなるべく、以下のような構成とした。

■第1章「ITロードマップとは」

　ITロードマップの概要を紹介すると共に、2022年に特に注目すべき技術・ビジネストレンドとして、ハイブリッド・ワーク、メタバース、サステナブルテック、ローコード／ノーコード開発、デジタルアダプションツール、デジタル経済圏についてコンパクトに解説した。

■第2章「5年後の重要技術」

　5年先までの間にビジネスや社会に広く普及し、さまざまな影響を及ぼすと考えられるITとして「スーパーアプリ」「ハイパーロケーション技術」「量子コンピュータ」「AI2.0」「処方的アナリティクス」「カンバセーションインテリジェンス」「コンポーザブルアプリケーション」等の技術トレンドについて解説した。

また、データサイエンティストの武者修行の場として注目を集めている「機械学習コンペティション」について、コラム形式で取り上げた。

■第3章「複合的なITの活用による新サービスの可能性」

単一技術ではなく、複数の技術の組み合わせによって実現している興味深いソリューションやサービスを解説した。具体的には、「デジタルESG」「共感技術」の2つを取り上げた。

また、コロナ禍で関心が高まっている「バイタルセンシングとデータ活用」について、別途、コラム形式で解説した。

■第4章「DXを推進するセキュリティ」

DXの推進では、AIなどのデジタル技術の活用に注目が集まりがちであるが、新たな技術の導入には、当然ながらリスクを伴う。自動車の運転と同じで適切な「ブレーキ」がなければ、怖くて「アクセル」を踏み続けることはできないだろう。

本章では、デジタル技術の影に潜むセキュリティリスクに適切に対処するための「ブレーキ」役となるソリューションとして、「デジタルトラスト」「Security by Design」「サービス不正利用対策」「データ流通・利活用を支えるPETs」「非接触決済に関する新たな取り組みとそれを支えるセキュリティ」について解説する。また、第3章のコラムとも関連する「デジタルヘルスケアのサイバーセキュリティ」を同じくコラム形式で取り上げた。

本書がデジタルビジネスの検討やIT戦略の立案等、何らかの形で読者の皆様のお役に立つことを心より願っている。

目次

はじめに　1

第1章
ITロードマップとは
7

1.1 「ITロードマップ」とは　8

1.2 2022年の技術展望　11
❶ハイブリッド・ワーク　11
❷メタバース　12
❸サステナブルテック　14
❹ローコード／ノーコード開発　15
❺デジタルアダプションツール　17
❻デジタル経済圏　18

第2章
5年後の重要技術
21

2.1 スーパーアプリ　22
日本版スーパーアプリ誕生の可能性
❶事例　29
❷関連技術の紹介　32
❸ITロードマップ　33
❹5年後の利用イメージ　37
❺普及に向けた課題　38

2.2 ハイパーロケーション技術　39
超高精度な位置の特定が可能に
❶事例　41
❷ITロードマップ　45
❸5年後の利用イメージ　56
❹普及に向けた課題　56

3

2.3　量子コンピュータ 59
見えてきた今後5年のロードマップ

❶事例　62
❷関連技術の紹介　64
❸ITロードマップ　70
❹5年後の利用イメージ　73
❺実現に向けた課題：古典コンピュータとの正当な比較　74

2.4　AI2.0 75
AI2.0による新時代の幕開け

❶事例　81
❷ITロードマップ　84
❸5年後の利用イメージ　88
❹普及に向けた課題　88

2.5　処方的アナリティクス 90
数理最適化の民主化の始まり

❶"過去を知る"ためのアナリティクスとその活用事例　95
❷"未来を考える"ためのアナリティクスとその活用事例　97
❸ITロードマップ　100
❹実現に向けた課題　108

2.6　カンバセーションインテリジェンス 122
自然言語処理技術を活用、リモート接客で脚光

❶事例　128
❷ITロードマップ　128
❸5年後の利用イメージ　131
❹普及に向けた課題　132

2.7　コンポーザブルアプリケーション 133
ビジネスアジリティを高めるアプリケーション開発手法

❶事例　135
❷関連技術の紹介　136
❸ITロードマップ　141
❹5年後の利用イメージ　144
❺実現に向けた課題：PBCの開発体制　144

第3章
複合的なITの活用による
新サービスの可能性 147

3.1 デジタルESG ·· 148
ESG経営を情報管理で支える
❶事例　154
❷ITロードマップ　157
❸普及に向けた課題　159

3.2 共感技術 ··· 161
消費者の体験価値向上や信頼関係構築を図る
❶事例　165
❷関連技術の紹介　167
❸ITロードマップ　173
❹実現に向けた課題　176

第4章
DXを推進するセキュリティ 183

4.1 デジタルトラスト ··· 184
信頼の起点と連鎖の構築に向けて
❶はじめに　185
❷事例　188
❸デジタルトラストの確保に向けた取り組み　192
❹ITロードマップ　196
❺普及に向けた課題　197

4.2 Security by Design ··· 200
デジタルビジネス推進に欠かせないセキュリティ企画・設計
❶Security by Designとは何か　201
❷Security by Designを実現するために　204
❸ITロードマップ　211
❹実現に向けた課題　213

目次　5

4.3 サービス不正利用対策 215
「なりすまし」被害に立ち向かうデータ活用技術

- ❶事例　222
- ❷ITロードマップ　227
- ❸実現に向けた課題　228

4.4 データ流通・利活用を支えるPETs 239
Privacy Enhancing Technologiesの可能性

- ❶導入　240
- ❷技術概要　241
- ❸要素技術と活用例　243
- ❹ITロードマップ　250
- ❺実現に向けた課題　253

4.5 非接触決済に関する新たな取り組みと
それを支えるセキュリティ 255
グローバルトレンドからみえるキャッシュレス決済の新潮流

- ❶事例　256
- ❷関連技術の紹介　260
- ❸ITロードマップ　266
- ❹5年後の利用イメージ　267
- ❺実現に向けた課題　268

おわりに　271
重要語解説　272
執筆者紹介　275

コラム

機械学習コンペティション 111
バイタルセンシングとデータ活用 178
デジタルヘルスケアのサイバーセキュリティ 232

第1章 ITロードマップとは

1.1 「ITロードマップ」とは

IT（情報技術）の進展は目ざましい。AIやIoTの進化はもちろんのこと、それらを活用した新たなサービスが数多く生まれているほか、この数年はDX（デジタルトランスフォーメーション）実現のための必要不可欠な要素として、今まで以上に企業活動に大きな影響を与えている。数多くの技術が生まれる一方で、信頼性や投資対効果などの点では、企業の利用に必ずしも適さないものも少なくない。そのため、企業が適切なIT投資を行うためには、技術動向を継続して調査し、その中から将来重要となる技術を早期に見極める「目利き力」が求められる。

野村総合研究所（NRI）では、ITの将来動向の予測を「ITナビゲーション」と呼んでおり、その活動の一環として継続的に「ITロードマップ」を作成、2005年からは書籍としても上梓してきた。

ITロードマップは、執筆時から5年程度先までの特定のIT領域の動向を把握し、進化を予測している。時間軸を考慮しているため、年表形式の「マップ」となっている。

ITロードマップの作成に当たっては、まず、①国内外の研究開発動向、②標準化団体の活動状況、③その分野における主要ベンダーの製品開発動向、④ベンチャー企業の製品開発動向、⑤さらにはアーリーアダプター企業における活用状況──などを幅広く調査する。そして、これらの調査結果をベースとして、ITアナリストの専門知識に基づく判断を加えたレポートとしてまとめている。レポートには、図表1-1-1のような年表形式のマップの予測に加え、先進的なユーザーによる活用事例や新技術を保有しているプレイヤーの評価・分析結果なども記載している。

現在、われわれが利用可能なデジタル技術は極めて多様化しており、すべてを把握することはますます難しくなっている。そのため、技術そのものに

図表1-1-1 リモートワークプレイス・テクノロジーのロードマップ（『ITロードマップ 2021年版』より抜粋）

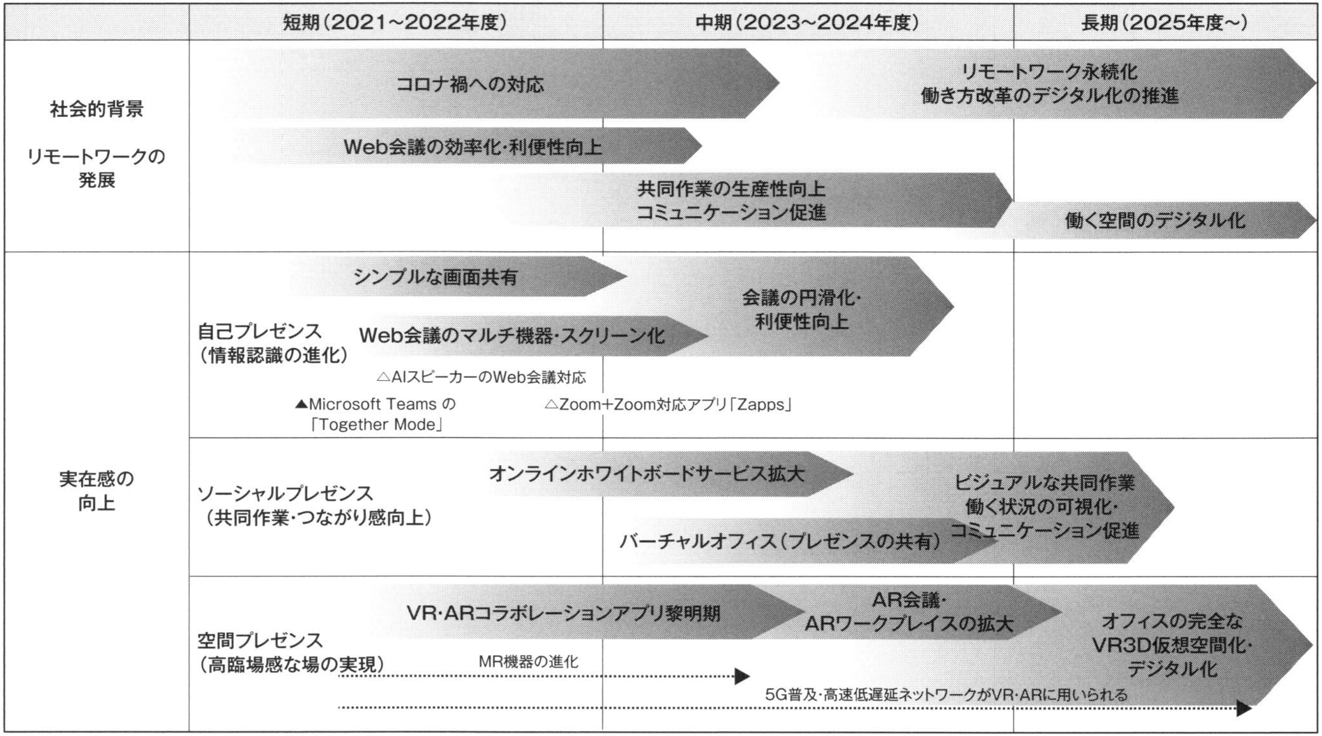

	短期（2021~2022年度）	中期（2023~2024年度）	長期（2025年度～）
社会的背景	コロナ禍への対応		リモートワーク永続化 働き方改革のデジタル化の推進
リモートワークの発展	Web会議の効率化・利便性向上	共同作業の生産性向上 コミュニケーション促進	働く空間のデジタル化
実在感の向上 自己プレゼンス（情報認識の進化）	シンプルな画面共有 Web会議のマルチ機器・スクリーン化 △AIスピーカーのWeb会議対応 ▲Microsoft Teams の「Together Mode」	△Zoom+Zoom対応アプリ「Zapps」 会議の円滑化・利便性向上	
実在感の向上 ソーシャルプレゼンス（共同作業・つながり感向上）	オンラインホワイトボードサービス拡大 バーチャルオフィス（プレゼンスの共有）	ビジュアルな共同作業 働く状況の可視化・コミュニケーション促進	
実在感の向上 空間プレゼンス（高臨場感な場の実現）	VR・ARコラボレーションアプリ黎明期 MR機器の進化	AR会議 ARワークプレイスの拡大	オフィスの完全な VR3D仮想空間化・デジタル化

5G普及・高速低遅延ネットワークがVR・ARに用いられる

（出所）野村総合研究所

第1章 ITロードマップとは　9

加え、技術を取り巻く環境分析と併せて、取り組むべき技術を絞り込んでいくことがいっそう大切になってきている。また、IT関連ビジネスを展開する企業はもとより、一般のユーザー企業にとっても中長期的な事業計画を立案するに当たっては、今後、どのようなデジタル技術が出現し、それが自社の属する業界にどのようなインパクトを与えるのか、という見通しを持ち続けることは有益であろう。

　ITロードマップの意義は、重要性を増しつつ多様化し続けるデジタル技術の将来を把握し、DX戦略あるいはデジタルビジネス戦略の立案に役立てることにある。

1.2 2022年の技術展望

　本節では、2022年に特に注目すべき技術・ビジネストレンドをコンパクト
に紹介する。取り上げるのは、ハイブリッド・ワーク、メタバース、サステ
ナブルテック、ローコード／ノーコード開発、デジタルアダプションツー
ル、デジタル経済圏の6つである。すでに2021年ごろから地殻変動が始まっ
ている技術もあるが、2022年にはさらに大きく進展すると予想される。

❶ ハイブリッド・ワーク

　新型コロナウイルスは相次ぐ変異株の登場によって、なかなか出口が見え
てこない。しかし、企業としてはコロナとの共存も覚悟しつつ、収束後も見
据えて「従業員の働き方はどのように変わっていくのか？」を検討する必要
がある。コロナ禍による出社数の減少を背景に、座席数を減らしたりオフィ
スを集約したりするだけでなく、新社屋への移転を機に座席数を減らすなど、
テレワークの半ば永続的な継続を前提にオフィスを設計している企業がある
一方で、長らく続くテレワークの弊害を指摘する声も増えている。代表的な
のは、「ちょっとした雑談ができない」「新入社員や中途入社の社員が職場に
馴染めない」「メンタル面で不調を訴える社員が増えた」といったものだ。

　米国では企業のCEO自らがテレワークを否定する発言も聞かれる。たと
えば、ゴールドマン・サックスCEOのDavid Solomon氏は、「リモートワー
クは『ニューノーマル』などではなく『例外』だ。われわれのような、革新
的で協調的な徒弟制度文化ではリモート勤務は理想的ではない」と強い口調
で異を唱えている。JPモルガンCEOのJamie Dimon氏もほぼ同じ論調であ
り、ワクチン接種後に従業員をオフィスに戻すことを計画している企業は少
数派ではない。日本では企業トップが表立ってテレワークに異を唱えること

はないが、同じように考えている企業もあるだろう。

　しかしながら、従業員を完全にオフィスに戻すのは現実的ではなく、結果として、テレワークと従来通りのオフィスへの出社を組み合わせる「ハイブリッド・ワーク」が多くの企業にとって目指すべきニューノーマルになるだろう。ただし、「週何日、何時間テレワークを認めるか」「一部の職種のみ対象とするのか、全職種にまで広げるか」「働く場所に制約を設けるか」など、検討すべき項目は山積みである。そもそも、テレワークが浸透している大企業にとっては、「オフィスは何のためにあるのか」をあらためて定義する必要にも迫られる。そして、それに合わせたオフィスインフラの整備も必要になってくる。日本企業の場合は、テレワーク時の生産性の低下が課題として指摘されることも多いため、前述した「ちょっとした雑談ができない」といった課題と併せて、引き続き、検討していく必要がある。

　2022年は、多くの企業にとって、「自社にとって最適なハイブリッド・ワークのありかた」を模索する一年となるだろう。

❷ メタバース

　2021年半ばから、急速に注目が集まっているのが「メタバース」である。メタバースとは、「超越した」という意味を持つ「Meta」と「宇宙」を意味する「universe」を掛け合わせた造語である。明確な定義があるわけではないが、インターネット上に仮想的につくられた、3次元のデジタル空間上で人々がコミュニケーションを行うことのできる世界、いわば現実を超越した別の世界を意味する。ユーザーは自分の代わりとなるアバターを操作し、他者と交流する。

　メタバースが注目を集めるきっかけとなったのは、2021年10月に米フェイスブックが社名を「Meta（メタ）」（正式には、Meta Platforms, Inc.）に変更したことだろう。すでに広く知られている企業名を変更するのは大きな決断であるが、それだけに、同社のSNS企業からメタバース企業への転身を強烈に印象づけることとなった。今後、同社はメタバース開発に年間約1

図表1-2-1　Mesh for Microsoft Teamsのイメージ

ユーザーは自身のアバターで仮想空間に参加し、アバター同士でコラボレーションができる。

（出所）https://news.microsoft.com/ja-jp/2021/11/04/211104-mesh-for-microsoft-teams/

兆円を投資することを明らかにしており、これに呼応するように他社もメタバース関連に積極的に投資していく姿勢を見せ始めている。代表的なのはマイクロソフトである。同社は2021年11月にプライベートイベント「Ignite 2021」で「Mesh for Microsoft Teams」を発表した。これは、同社のビデオ会議ツール「Teams」に、Microsoft Azureを活用した複合現実プラットフォーム「Microsoft Mesh」を対応させたもので、ビデオ会議の参加者は従来のWebカメラを利用した自分の映像の代わりに2D/3Dのアバターで参加することができる（図表1-2-1）。

そのほか、大手半導体メーカーのNVIDIAが3次元仮想空間の再現とエンジニアやクリエイターの共同作業を支援するプラットフォーム「NVIDIA Omniverse」の無償提供を発表したほか、日本企業でもパナソニックやソニーなどがメタバースへの本格参入を表明している。

メーカーだけでなく、ユーザー企業もメタバース市場への参入へ向けて動き出している。たとえば、渋谷のバーチャル化を推進するKDDI、バーチャ

ル秋葉原駅を構築するJR東日本など、リアルの街を仮想空間上で再現しようとする動きが盛んになりつつあるほか、メタバース上の土地やアイテムの販売、メタバース上での就活相談サービスの提供なども始まっている。土地やアイテムなどメタバース上でのデジタル資産の売買を支えるNFT（Non-Fungible Token：非代替性トークン）への注目度も急激に高まっており、メタバースは2022年以降、急速な進展が見こまれる。

❸ サステナブルテック

　SDGsやESGというキーワードと共に、サステナビリティや環境問題に対する人々の関心は年々高まり、世界経済の新たな潮流となりつつある。企業がコロナショックによる停滞から抜け出し、SDGsが掲げる「2030年までに持続可能でよりよい世界を目指す」という目標を達成するためには、短期的な利益の追求と併せて長期的な目標達成も目指していく必要があるだろう。

　この1〜2年の間に投資家もESGに焦点を当てるようになってきており、CEOや取締役には単なるマネジメントだけでなく、ステークホルダーのインクルージョン（包摂）も求められるようになっている。そのため、企業は株主を含めたステークホルダーと長期目標を共有し、情報開示を進めながら、企業価値の創造に取り組まなければならない。

　海外では、投資家や消費者だけでなく、規制当局も企業に対して非財務情報の開示を求める声を強めている。たとえば、EUは2021年4月に企業のサステナビリティ情報開示に関する新たな指令として、「Corporate Sustainability Reporting Directive（CSRD）」案を公表している。これは、純売上高が4000万ユーロ、会計年度中の平均従業員数が250人以上のすべての大企業を対象に、サステナビリティ情報をマネジメントレポートの中で開示することなどを義務づける。日本企業もEUに拠点を置く子会社が大企業に該当する場合は対象となる。米国のSECもESG情報の開示強化を協議しており、企業に対して財務情報だけでなく、非財務情報の公開も求めることが世界的なトレンドとなりつつある。日本でも、2020年11月に金融庁が有価証券報

告書における情報開示の好事例を公表した「記述情報の開示の好事例集2020」の中で、ESGの開示例を取り上げている。早晩、国内企業にもサステナビリティ情報の開示が要求されるようになるのは想像に難くない。

第3章第1節「デジタルESG」では、企業のサステナビリティ活動を支援する「サステナブルテック」の一環として、サプライチェーンにおける使用資源や人権問題のリスクを可視化したり、情報開示への対応を容易にしたりする技術を紹介している。

SDGsやESGは長期的な取り組みが必要であり、効果が出るのに5〜10年の遅効性があるとされる。企業としては2030年を見据えて今すぐに取り組みを開始しても早過ぎることはない。サステナブルテックを有効活用しながら、ESGに代表される非財務情報によって企業価値を創造し、成長につなげていくことを早期に検討すべきであろう。

❹ ローコード／ノーコード開発

ローコード開発とは、プログラムのソースコードを極力記述せずに短期間でソフトウェアを開発する手法である。一方のノーコード開発は、その名の通り、コードをまったく書かない開発手法である。2019年ごろからにわかに注目されるようになり、2021年には普及期に入ったといってもいいほど、多くの企業で導入された。

特に新型コロナウイルスの感染拡大が始まった2020年には、日本マイクロソフトが同社のローコード開発プラットフォーム「Microsoft Power Apps」を活用して「健康管理アプリケーション」のベースとなるサンプルテンプレートを開発し、東京都に提供したことでも話題となった。このアプリケーションは、2020年4月20日にプロジェクトを開始し、4月30日〜5月1日に宿泊療養施設で試験運用を行って運用を開始するという短期間での開発を実現した。

ローコード／ノーコード開発が急速に普及している要因の1つは、IT人材不足を背景として、開発経験のないビジネスパーソンでもソフトウェアの開

第1章 ITロードマップとは　15

発が可能となる点である。基幹系などの本格的なシステム開発は難しくても、これまで手作業で行っていた業務や、Excel や Access で作成したアプリケーションなど部門内で使用するような小規模のアプリケーションであれば十分に開発できる。また、DX（デジタルトランスフォーメーション）関連のプロジェクトでは、事前にきっちりと要件を固めるのではなく、アイデアをすぐに動くアプリケーションとして関係者に見せることが求められる。こうしたケースでもローコード／ノーコード開発が威力を発揮する。

　ただし、ツール選びには注意が必要である。すでに多くの IT ベンダーがローコード／ノーコード開発を標榜するツールをリリースしているが、中には SQL などデータベース関連の知識がなければ、使いこなせないツールもある。想定するユーザーと開発するソフトウェアの種類や規模などを念頭に置いてツールを選定する必要がある。

　また、今後、全社規模で導入が進むにつれて、顕在化すると予想されるのが、ガバナンスの問題である。RPA（Robotic Process Automation）でも「野良ロボット[注1]」問題が懸念されたように、ビジネス部門が独自にシステムを開発し始めると、その管理責任が問われることになる。IT 部門はツールの選定と同時に、ガバナンスの問題にも対処しなければならなくなるだろう。とはいえ、ローコード／ノーコード開発は今後もさらに発展する可能性を秘めている。たとえば、「プリスクリプティブ・ローコード・プラットフォーム」と呼ばれる製品は、パッケージ・アプリケーションと開発プラットフォームの「いいとこ取り」ができる。つまり、プラットフォーム側で「請求書処理」「台帳」「タイムシート」「スケジュール」といったビジネスコンポーネントをあらかじめ用意することで、ユーザーはゼロから開発する必要がなくなる。さらには、業界や部門ごとに異なるデータのセマンティクス（意味）がビジネスコンポーネントに反映されているため、ユーザーはビジュアルツールを使用し、コンポーネントを組み合わせるだけでソフトウェアを開発できる。

注1　RPA で開発した、だれが管理しているか分からなくなってしまったソフトウェアロボット

つまり、一般的なローコードプラットフォームを使用してゼロから開発したり、パッケージ・アプリケーションをカスタマイズしたりする場合と比較して、独自のアプリケーションを迅速に開発できるようになる。

❺ デジタルアダプションツール

　レガシーシステムの刷新による新システムの導入や新たなアプリケーションの導入時に、従業員が操作方法に戸惑うことは少なくない。その結果、担当部門に問い合わせが殺到したり、入力ミスが多発したりするといった状況に陥りやすい。

　こうした問題の解決に役立つのがデジタルアダプションツールである。デジタルアダプションツールでは、ユーザーの操作を支援する「ガイド機能」を実装することによって、新規に導入したWebシステムなどの利用が定着するように支援する。ガイド機能では、入力すべきデータを吹き出しでガイドしたり、用語説明、入力ルールなどのちょっとしたヒントや説明を画面上の任意の箇所に埋めこんだりできる（図表1-2-2）。また、入力された内容をリアルタイムに検証し、事前に設定したルールに沿わないデータ入力をできないようにして入力ミスを未然に防ぐこともできる。

　こうした「ガイド機能」が基本的な機能であるが、製品によっては、ユーザーの利用状況の「分析機能」も備えている。これは、ユーザーのシステム利用状況を可視化し、活用されていない機能や、非効率な操作を見つける機能である。たとえば、システムの利用頻度や利用時間、利用機能を可視化することで、システムや各機能の活用実態を把握し、導入時の目標値に対する進捗度合いを確認することができる。同時にユーザーが操作につまずいている箇所や、離脱の多い箇所も明らかになるため、こうした箇所に操作ガイドを設置すれば、ユーザー体験を向上させることができる。

　主な製品ベンダーとしては、テックタッチ、WalkMe、Pendo、NTTテクノクロスなどが挙げられる。動作方式は、ユーザーのブラウザ・プラグインとして動作するもの、Webページにjavaスクリプトを挿入するもの、デス

図表1-2-2　デジタルアダプションツールのイメージ

（出所）https://techtouch.jp/service-toE

クトップアプリとして動作するものなどがあり、方式によっては利用できるブラウザが限定されたり、システムの改修が必要になったりするため、それぞれのメリットとデメリットを比較することが重要である。

すでに日本でも三菱UFJ銀行や住友商事、三井不動産など大手企業を中心に導入が進んでいる。こうしたユーザー企業の場合、操作方法に戸惑うユーザーをサポートし、入力ミスなどが減るだけでなく、マニュアルの作成や導入時研修が不要になるなどのメリットがある。また、ユーザー企業だけでなく、SaaS（Software as a Service）などのベンダーにとっても、ユーザーの利用の定着を支援することで、解約されてしまうリスクを低減できる。

デジタルアダプションツールは、派手さはないものの、ユーザーとベンダー双方にとってメリットのあるソリューションであり、潜在的なニーズは高い。2022年以降、さらに導入は拡大するだろう。

❻ デジタル経済圏

「ポイントサービス大国」と呼ばれる日本では、顧客囲いこみの有力手段

として、顧客が商品やサービスを購入した際、企業がポイントを付与するのは当たり前の光景となった。「Tポイント」や「Ponta」「楽天ポイント」などの共通ポイントに加えて、航空会社が発行する「マイル」など、日常の買い物やサービス利用でポイントが付与されないことのほうが珍しいかもしれない。

これまでの囲いこみは、主に実店舗やEコマースを主戦場として行われてきたが、今後は戦いの場にスマートフォンのアプリが加わることになる。象徴的なのは、中国で圧倒的なユーザー数を誇るテンセントのWeChatやアリババグループのAlipayに代表される「スーパーアプリ」である（詳細は第2章第1節「スーパーアプリ」）。日本でも以前からLINEやPayPayがスーパーアプリ化の構想を明らかにしているほか、KDDIやNTTドコモなどの通信事業者もそれぞれ「au Pay」「d払い」という、消費者が日常的に使用するコード決済アプリを突破口として、スーパーアプリ化を狙っている。小売・流通系でも、イオンが2021年9月にリリースしたトータルアプリ「iAEON」も、現状ではできることは限られるが、将来的にはスーパーアプリを志向していると思われる。

今後もう1つ注目されるのが、金融サービスとの連携である。コード決済も金融サービスの1つであるが、それだけにはとどまらない。たとえば、住信SBIネット銀行が推進している「NEOBANK」と呼ぶBaaS（Banking as a Service）を利用して、ネット銀行口座「JAL NEOBANK」を提供しているJALグループでは、外貨預金や外貨積立、口座振替の利用や住宅ローンの借り入れ金額に応じてマイルがたまるようにしている。住宅ローンの場合、最大8万マイルと上限はあるものの、金額が大きくなりがちな住宅ローンでもマイルがたまるのは、強力なユーザー囲いこみの手段になるだろう。

2022年にはNTTドコモと三菱UFJ銀行が協業し、dポイントがたまる新たなデジタル口座サービスの提供に乗り出すほか、ためたポイントで資産運用ができるサービスも増えている。金融サービスも絡み、さらに巨大なデジタル経済圏が誕生することになる。

第2章

5年後の重要技術

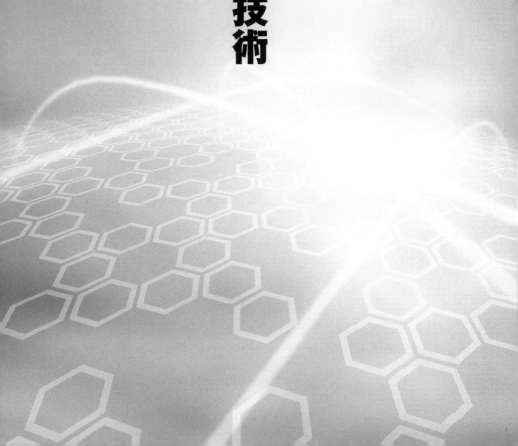

2.1 スーパーアプリ

日本版スーパーアプリ誕生の可能性

エグゼクティブサマリ

●サマリ

・「スーパーアプリ」とは、生活に必要なあらゆるサービスを1つにまとめたスマートフォン向けアプリケーションである。

・代表例は中国の「WeChat」や「Alipay」、東南アジアで利用者の多い「Grab」であるが、近年は、新興国を中心に地域に合わせたスーパーアプリが誕生している。

・日本でもコード決済アプリを手掛ける通信事業者をはじめ、「LINE」「PayPay」など、スーパーアプリ化を目指す企業が登場している。

・スーパーアプリのプラットフォームにID情報や決済情報を一度登録すれば、都度入力することなく、注文や支払いをスピーディーに進められる。

・スーパーアプリには、プラットフォーマーが販売の仲介や宅配などのサービスを開発し、サードパーティに出品や参加を促す「マーケットプレイスタイプ」と、プラットフォーマーがAPIを公開し、サードパーティが開発したアプリケーションを集めた「モールタイプ」がある。

●サービス・ソリューションのロードマップ

・〜2022年度：黎明期。スーパーアプリ化を目指す企業を中心に顧客企業の獲得競争が進む。

・2023〜2024年度：発展期。競争力の劣るプラットフォーマーは淘汰され、スーパーアプリの候補ごとに経済圏が形成される。

・2025年度〜：普及期。モールタイプとマーケットプレイスタイ

プのスーパーアプリが普及する。

●課題
・生活に欠かせないキラーサービスの開発。
・ミニプログラムの知名度の向上。

「スーパーアプリ」とは、飲食やショッピング、旅行の手配から金融など生活に必要なあらゆるサービスを1つにまとめたスマートフォン向けアプリケーションである。中国のテンセントの「WeChat」やアリババグループの「Alipay」、東南アジアで利用者の多い「Grab」や「Gojek」などが代表的なスーパーアプリである（図表2-1-1）。

各社は、新興国特有の金融や交通、流通などの社会インフラの課題をスマートフォンによるサービスで解決し、圧倒的なユーザー数を獲得した後、プラットフォームをサードパーティに開放した。その結果、生活に必要なさまざまなサービスが揃うスーパーアプリへと進化したのである。

飲食店などで導入が進むモバイルオーダーを例として、図表2-1-2に従来型のネイティブアプリとスーパーアプリの注文プロセスを比較した。スー

図表2-1-1　世界のスーパーアプリ

スーパーアプリ	主要国／地域	キラーサービス	自社決済
WeChat	中国	SNS	WeChatPay
Alipay	中国	決済	Alipay
Meituan	中国	ECフードデリバリー	なし
Grab	東南アジア	配車	GrabPay
Gojek	東南アジア	配車	GoPay
Paytm	インド	EC決済	Paytm
Mercado Pago	中南米	送金	Mercado Pago

（出所）野村総合研究所

第2章　5年後の重要技術　23

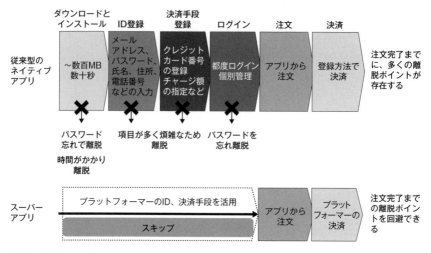

図表2-1-2 従来型のネイティブアプリとスーパーアプリのモバイルオーダーの比較

(出所) 野村総合研究所

パーアプリのプラットフォームにID情報や決済情報を一度登録すれば、都度入力することなく、注文や支払いをスピーディーに進められる。日本でも、「LINE」をはじめ、コード決済を手掛ける通信事業者を中心にスーパーアプリ化を目指す動きが始まっている。

　スーパーアプリには、プラットフォーマーが販売の仲介や宅配などのサービスを開発し、サードパーティに出品や参加を促す「マーケットプレイスタイプ」と、プラットフォーマーがAPIを公開し、サードパーティが開発したアプリケーションを集めた「モールタイプ」がある。

　たとえば、マーケットプレイスタイプのスーパーアプリであるGrabは、2012年にタクシーの配車サービス「GrabTaxi」を開始するなど、モビリティサービスを次々に開発し、キラーサービスに育て上げた（図表2-1-3）。その後も配送サービスの「GrabExpress」、付近の店舗やスーパーから必要な商品をオンデマンドで配達してくれるデリバリーサービス「GrabMart」を始めている。コロナ禍では、フードデリバリーサービス「GrabFood」が活況を呈している。

図表2-1-3 Grabのサービスの進展

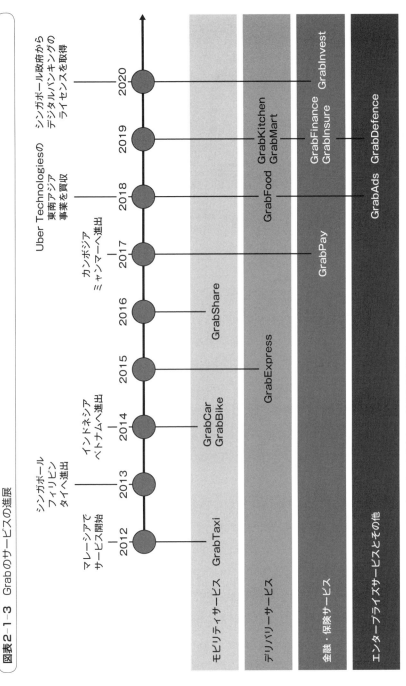

(出所)「Grab Investor Presentation」(2021年4月) などをもとに野村総合研究所作成

第2章 **5年後の重要技術** 25

図表2-1-4　国ごとに異なるGrabのサービスメニュー

（出所）「Grab Investor Presentation」（2021年4月）

　2017年ごろからGrabは、スマートフォン1台で少額ローンなどの金融サービスを受けられる「GrabFinance」、Grabの運転手や個人向けの保険などを取り扱う「GrabInsure」を開始するなど、これまでの金融・保険サービスで取りこぼされてきた所得層をカバーするようになった。シンガポールでは、2020年にデジタルバンキングのライセンスを取得し、スマートフォンを使ったフルバンキングサービスの提供に向けた準備を着々と進めている。

　このほかにも、アプリ内のスペースを使った広告サービス「GrabAds」、偽アカウントやアカウント乗っ取り、プロモーションの悪用などに対抗するサイバーセキュリティサービスである「GrabDefence」を提供するなど、事業を多角化している。Grabは地域の課題を解決するサービスをアプリとして次々とリリースしたことでスーパーアプリになった。図表2-1-4に各国のGrabのサービスメニューを示した。サービスメニューの種類や並び順を各地域のニーズに合わせて変更している点が特徴である。

　一方、モールタイプの代表例は中国でデファクトスタンダードとなっているチャットサービスを展開しているテンセントの「WeChat」である。テンセントによる審査は必要であるが、スーパーアプリに出店する企業はWeChat内で動作する任意のアプリケーション「ミニプログラム」を自由に

図表2-1-5　WeChatのミニプログラムのイメージ

数百万以上のミニプログラム

WeChatからミニプログラムを起動

QRコード
公式アカウント
位置情報による検索
キーワード検索
ミニプログラムのシェア
広告
利用履歴など

ラッキンコーヒー　ピンドゥオドゥオ　ジンドン

モバイルオーダー　共同購買　家電販売

WeBank　平安保険

金融サービス　保険サービス　個人商店

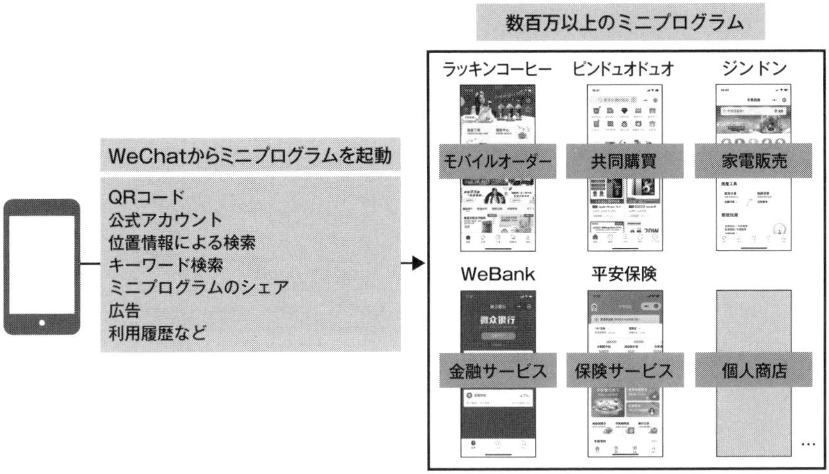

（出所）野村総合研究所が撮影

開発できる。

　ミニプログラムは、2017年に始まった。当初はゲームや同社による広告、キャンペーンの告知などにとどまっていたが、次第にホームページを作成するような手軽さでWeChatの膨大なユーザーにリーチできる点が評価され、瞬く間に数百万件に拡大し、ネイティブアプリを凌ぐ規模に成長した。

　WeChatは世界的なラグジュアリーブランドから地元密着型のローカルな飲食店に至るまで、さまざまな「店舗」を取りこむことに成功し、生活に必要なありとあらゆるサービスを取り揃えた文字通りの「スーパーアプリ」に進化した。ライバルであるアリババグループの独壇場であったオンラインショッピングモールの分野でも、テンセントはミニプログラムにより出店者を増やしている。図表2-1-5にWeChatのミニプログラムのイメージを示す。

　ミニプログラムは、HTMLやJavaScriptで開発されたWebアプリケーションで、受け手となるスーパーアプリに読みこまれることで動作する。従来型のスマートフォンアプリケーション（ネイティブアプリ）とは異なり、

第2章　5年後の重要技術　　27

図表2-1-6　WeChatのミニプログラムのアーキテクチャ

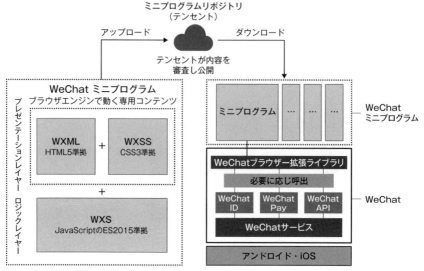

(出所) 野村総合研究所

WeChatがインストールされていれば個別にインストールする必要はない。

　図表2-1-6にWeChatのミニプログラムのアーキテクチャを示した。ミニプログラムは、画面を担うプレゼンテーションレイヤーとデータ処理を担うロジックレイヤーの2つのレイヤーから構成されている。プレゼンテーションレイヤーはHTML5を拡張した「WXML（WeiXin Markup Language）」と、CSS3を拡張した「WXSS（WeiXin Style Sheets）」によって開発する。ロジックレイヤーにはJavaScriptの開発で使われる「ES2015（ECMA Script2015）」を拡張した「WXS（WeiXin Script）」を用いる。WXML、WXSS、WXSはテンセントの独自技術であり、標準のHTML5やJavaScriptなどと比べて機能が拡張されているため、WeChatの画面に合わせてサイズを調整したり、WeChat Payなどの支払い機能と容易に連携したりできる。ライバルである「Alipay」や「Baidu」でも同様のミニプログラム技術を開発しており、スーパーアプリ化を進める上で重要な技術となっている。

　ミニプログラム内のページの閲覧状況や操作ログはテンセントによって収

集され、ミニプログラムを開発する出店企業は専用サイトを通じ、これらのデータを分析できる。分析結果はアプリにフィードバックされ、リアルタイムのレコメンド（お勧め）に使われたり、ミニプログラムの改善に活用されたりする。ミニプログラムは、スーパーアプリが抱える膨大なユーザーにリーチできるほか、スーパーアプリが備える決済手段も利用できる。また、ネイティブアプリと比べ、開発コストや開発期間を抑えられるメリットがある。

 事例

ピンドュオドュオ ミニプログラムにより一躍、アリババグループと並ぶEC企業へ発展

2015年に上海で設立されたピンドュオドュオ（拼多多）は、共同購入型のECサービスを手掛ける中国企業である。ある商品に対し、出品企業があらかじめ規定した販売数を満たす購入希望者が集まれば、消費者はその商品を市場価格よりも安く購入できる。

同社は2017年の第一四半期から2018年の第一四半期にかけて利益を約37倍に伸ばした。これを後押ししたのが、2017年に開始したWeChatのミニプログラムへの対応である。ターゲットとしたのは、従来のECマーケットから取り残されてきた、安くてよりよい商品を購入したいと考える低所得層である。取り扱う商品は、有名ブランドの商品よりもノーブランド商品が多かったため、商品の信頼性の確保が急務であった。そこで、同社は信用できる友人や目利き力のあるユーザーの推薦によって商品を購入可能なミニプログラムを開発したのである。図表2-1-7にピンドュオドュオのミニプログラムを示した。

特に効果的だったのは、WeChatを通じた商品情報の拡散である。ミニプログラムからコメントを添えてボタン1つで商品を案内し、共同購入へ誘導できるようになっており、フォロワーが多いユーザーは自ら共同購入者を集めることができる。また、目標数を達成すれば、特別な割引などのインセン

> 図表2-1-7　ピンドュオドュオのミニプログラム

（出所）野村総合研究所が撮影

ティブも付与される。同社はミニプログラムを利用することで、WeChatの巨大なユーザーを取りこみ、アリババグループやジンドンに続くEC企業へと成長した。スーパーアプリのキラーサービスを生かしたミニプログラムの成功例といえるだろう。

阪急オアシス LINEミニアプリによりターゲット顧客層にリーチ

　阪急オアシスは、関西地方を中心に店舗を構えるエイチ・ツー・オーリテイリング傘下のスーパーマーケットである。バイヤーが厳選した独自商材がウリで、生活にゆとりのある50代以上をターゲットとしている。

　以前から自社で開発したネイティブアプリをリリースしていたが、残念ながら主要顧客を十分に取りこめていなかった。そこで、50代以上にも普及しているLINEに注目し、2020年10月に「LINEミニアプリ」をリリースした（図表2-1-8）。ダウンロードやインストールの手間がなく、LINEの画面から呼び出して利用できるようになっており、既存のポイントサービスと連携

図表2-1-8　阪急オアシスのLINEミニアプリと公式アカウントを使った販売促進

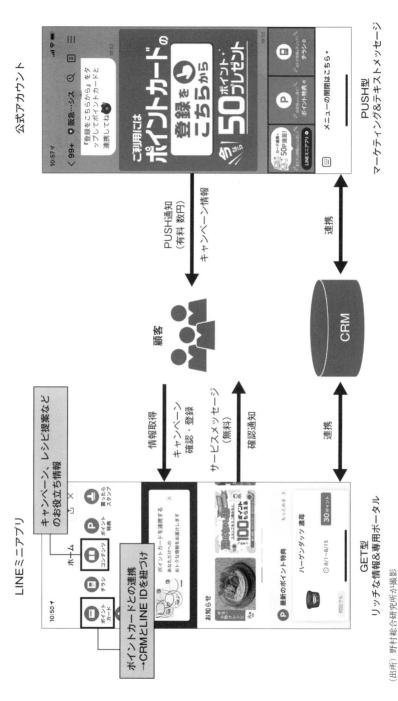

(出所) 野村総合研究所が撮影

第2章　**5年後の重要技術**　31

できるほか、LINE公式アカウントを通じたキャンペーンの案内も可能である。

　LINEミニアプリ導入の2ヵ月後には、売り上げが月間1億円以上も増加した。また、ミニアプリの会員は従来のカード会員と比べて購入総額が10％高く、来店頻度もアップするなどの効果も明らかになっている。ミニアプリによってレシピの提案や商品の詳細などのリッチな情報を提供し、折込みチラシでは伝えきれない商品価値を訴求した成果といえる。アプリはCRMのデータとも連携しているため、購入実績に応じてポイントの割合やキャンペーンの内容を変更し、顧客のロイヤリティを高められる。煩わしいユーザー登録やログインの手間なく、使い慣れたLINEを即座に専用ポータルにできる点は、ミニアプリの会員を獲得する上で大きく役立ったと思われる。

❷ 関連技術の紹介

インスタントアプリ

　スーパーアプリの成功は、スマートフォンOSでシェアを二分するアップルとグーグルにとって対岸の火事ではない。課金料収入の減少をはじめ、ゆくゆくはスマートフォンの主導権をも奪われかねないからである。

　アップルは2020年、iOS14の新機能として「App Clip」をリリースした。これは、ミニプログラムと同様にアプリケーションのインストールが不要な「インスタントアプリ」と呼ばれる技術で、アップルの認証サービス「Appleでサインイン」や「Apple Pay」と連携することで支払いや契約もスムーズに進められる。スーパーアプリに対抗した「iOS版ミニプログラム」である。

　グーグルも、2017年に同様の技術「Instant Apps」をリリースしており、迎え撃つスマートフォンベンダーの技術も出揃ったことになる。インスタントアプリはネイティブアプリの機能の一部をオンデマンドで提供するもので、ミニプログラムに似ているが、データ活用の点では大きく異なる。インスタントアプリはセキュリティへの配慮から、アプリ開発者によるデータ収集やスマートフォン内でアクセスできるリソースに大幅な制限を加えてい

る。このため、ユーザーに継続的に利用してもらったり、より高機能なサービスを提供したりするには従来型のネイティブアプリへの移行を促す必要がある。

❸ ITロードマップ

図表2-1-9に、スーパーアプリの国内での普及に向けたロードマップを示す。

～2022年度：黎明期。スーパーアプリ化を目指す企業を中心に顧客獲得競争が進む

コード決済アプリを手掛ける通信キャリアをはじめ、LINE、PayPayなど、スーパーアプリ化を目指す企業が登場する。共通するのが、ミニプログラムへの対応である。2019年11月、NTTドコモは「d払い ミニアプリ」を開始、LINEも2020年7月に「LINEミニアプリ」の一般エントリーを開始している。

ミニプログラムの有望な利用シーンの1つである飲食店のモバイルオーダーとしては、d払いでは「吉野家」、PayPayでは「松屋」のミニプログラムが利用できるようになっており、プラットフォーマー間での顧客企業獲得の綱引きも垣間みえる。

一方、集客力の高い他のサービスと連携する動きもみられる。2020年8月、PayPayは、フードデリバリーの「Uber Eats」に対応したミニプログラムを開発した。エントリーページに専用のアイコンを並べて送客を促すなど、ミニプログラムの知名度を向上させ、利用頻度を高める狙いがある。

また、同社は飲食店向けテイクアウトサービスである「PayPayピックアップ」を2020年6月から始めている。2019年10月に開始した「PayPayモール」と同様に自社で開発したサービスであり、ミニプログラムを使った独自コンテンツも強化している。

Grabと同様に、金融サービスの提供も始まっている。2020年2月、KDDI

図表2-1-9 スーパーアプリの国内での普及に向けたロードマップ

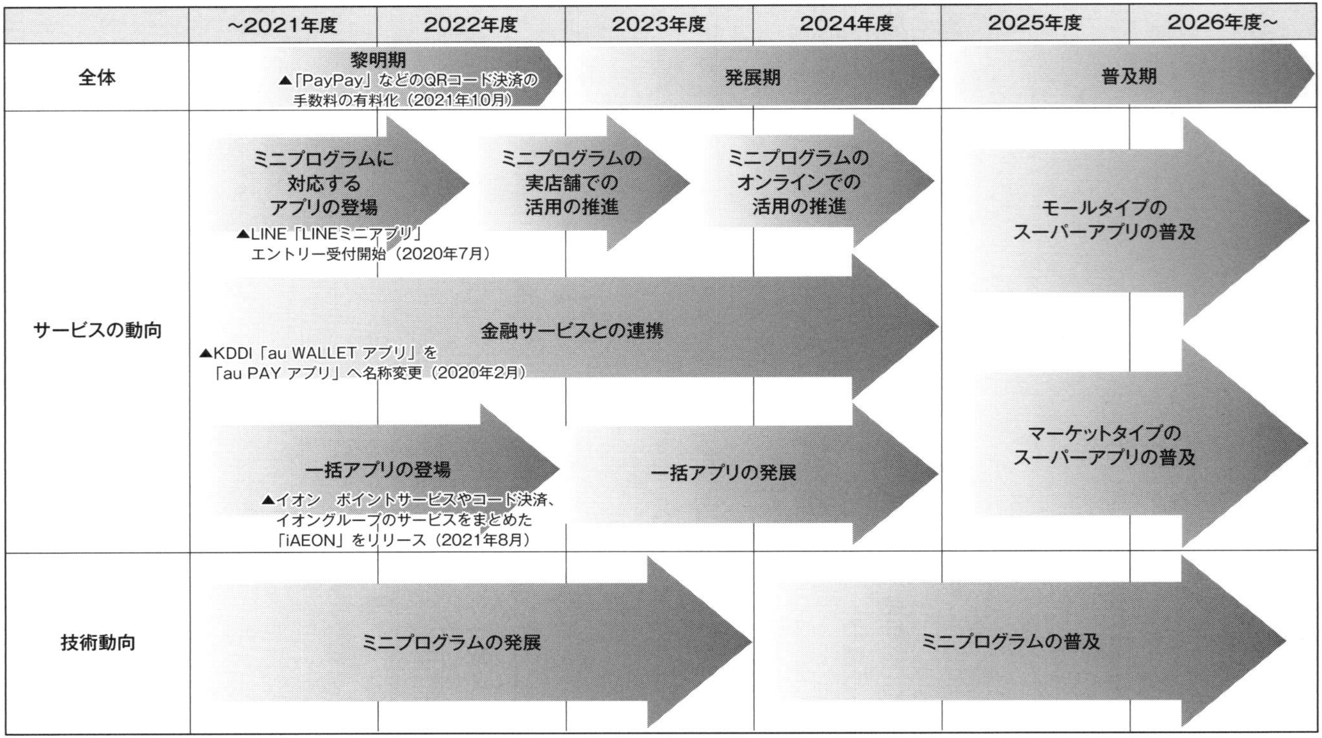

	~2021年度	2022年度	2023年度	2024年度	2025年度	2026年度~
	黎明期		発展期		普及期	
全体	▲「PayPay」などのQRコード決済の手数料の有料化（2021年10月）					
サービスの動向	ミニプログラムに対応するアプリの登場 ▲LINE「LINEミニアプリ」エントリー受付開始（2020年7月）	ミニプログラムの実店舗での活用の推進		ミニプログラムのオンラインでの活用の推進	モールタイプのスーパーアプリの普及	
	金融サービスとの連携 ▲KDDI「au WALLET アプリ」を「au PAY アプリ」へ名称変更（2020年2月）					
	一括アプリの登場 ▲イオン、ポイントやインナーサービスやコード決済、イオングループのサービスをまとめた「iAEON」をリリース（2021年8月）		一括アプリの発展		マーケットタイプのスーパーアプリの普及	
技術動向	ミニプログラムの発展			ミニプログラムの普及		

（出所）野村総合研究所

は「au WALLET アプリ」の「au PAY アプリ」への名称変更に伴い、「金融に強いスーパーアプリ」を目指す方針を打ち出した。決済サービスが数多く登場する中、「auじぶん銀行」を傘下に持つ同社ならではの素早い動きである。

さらに、2021年8月にはイオンがポイントサービスやコード決済、グループ企業が提供する金融サービスや保険サービス、映画館などの情報をまとめた一括アプリ「iAEON」をリリースした。このアプリはポイントカードやクレジットカードの情報を登録できるため、カードの出し入れや複数のアプリを使い分けする必要がなくなる。自社のサービスに特化したクローズドなアプリであるが、利便性を高める効果が期待される。タッチポイントが集約されれば、データ分析がしやすくなり、個々の生活シーンに合わせたよりきめ細やかなサービスの開発も可能になると思われる。iAEONのような従来型のネイティブアプリであっても、将来的にプラットフォームがサードパーティに開放され、マーケットプレイス化すれば、スーパーアプリの候補となる。

黎明期では、スーパーアプリ化を目指す企業が海外の先行事例を参考に、ミニプログラムの開発や金融サービスとの連携などを模索し、顧客獲得とサービス拡大に向けた試行錯誤が続く。

2023〜2024年度：発展期。競争力の劣るプラットフォーマーは淘汰され、スーパーアプリの候補ごとに経済圏が形成される

発展期を迎え、スーパーアプリを目指す企業の優劣が明らかになる。単独での事業維持が難しい企業は、一度拡大したサービスを見直した後、コアサービスに集中し、他社のプラットフォームに組みこまれることで生き残りを図るようになる。

インターネットサービスの多くはミニプログラムも展開するようになり、スーパーアプリはさまざまなサービスをまとめたポータルに進化する。ミニプログラムからの送客も増加し、インターネット広告に代わり、スーパーアプリ内の広告やレコメンドの重要性が増す。このころになると、ミニプログ

ラムはオンラインサービスの顧客獲得手段として活用が進むだろう。

ミニプログラムがインターネットショッピングなどで利用されると、フードデリバリーやモバイルオーダーと比べ、決済額が高額となるケースが多くなる。そのため、スーパーアプリのプラットフォーマーは従来の決済手段を補う、ローンや後払いなどの新たな支払い手段をアプリに組みこむようになる。金融機関やフィンテック企業と提携したり、自社でフルバンキングサービスを手掛けたりする事例が登場するだろう。

一括アプリは、自社のサービスを集約したポータルから、顧客にとってのポータルへと進化し、サードパーティへもアプリを開放する可能性が高い。航空会社や旅行会社が購買額などからターゲット層を見極め、キャンペーンを実施する場としても有効である。

ミニプログラムは、これまでテンセントの技術を各社が半ば模倣するかたちで独自に発展してきたが、このころになると標準化が進んでいる可能性が高い。2019年ごろからテンセントやアリババグループ、インテルなどが中心となってW3C（World Wide Web Consortium）で、ミニプログラムの仕様の標準化が検討されている。アプリの相互運用性が実現すれば、ミニプログラムの普及をさらに後押しするだろう。

2025年度〜：普及期。モールタイプとマーケットプレイスタイプのスーパーアプリが普及する

モールタイプのスーパーアプリでは、大手企業から個人経営の小規模企業までがミニプログラムを提供し、消費者はオンライン・実店舗を問わず、さまざまなサービスを利用できる。商品のリンク（URL）を友人とシェアする代わりに、ミニプログラムをシェアすることが一般化する。個々のミニプログラムでは煩わしいログインが不要で、スーパーアプリからタップ1つで商品を購入できる。その際、ポイントサービスやキャンペーンももれなく適用される。

マーケットプレイスタイプのスーパーアプリでは、プラットフォーマーが開発するレコメンデーションサービスに磨きがかかる。蓄積された膨大な

データをもとにスーパーアプリが個人の行動を先読みし、好みの商品やサービスを正確にレコメンドできるようになるため、欲しいものがみつからずに探し回るような手間は格段に減るだろう。

　消費者は、ミニプログラムの利便性を生かしたモールタイプとレコメンデーションに長けたマーケットプレイスタイプのスーパーアプリを使い分けるようになる。

❹ 5年後の利用イメージ

　スーパーアプリ、ネイティブアプリ、そしてアップルなどが開発したインスタントアプリとの関係を図表2-1-10に示した。スーパーアプリは、キラーサービスによる集客力や継続的な利用によって生み出されるデータが強みとなる。スーパーアプリの利用が一度、定着した国では、ミニプログラムが加速度的に増加したり、マーケットプレイスの利用が拡大したりし、ネイティブアプリを置き替える可能性が高い。

図表2-1-10　インスタントアプリ、スーパーアプリ、ネイティブアプリの活用シーン

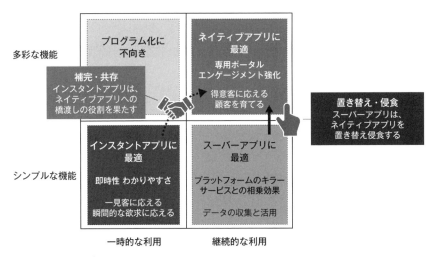

（出所）野村総合研究所

一方のインスタントアプリは、従来、手薄であった一見客への対応を強化することで、ネイティブアプリへの移行を促し、顧客とのエンゲージメントを高める突破口になるだろう。ネイティブアプリは自由度が高いため、スーパーアプリのプラットフォーマーによる囲いこみに反発し、競合関係にある企業にとって、重要な選択肢であり続ける。

❺ 普及に向けた課題

国内では、2021年10月からPayPayを筆頭に、これまで無料だったQRコード決済の加盟店手数料が有料化された。LINE Pay、d払い、楽天Payなどの他のコード決済事業者も追従し、採算度外視の加盟店・利用者の拡大路線から、採算を重視したビジネスとしての収穫期に入る。

ここで懸念されるのが、手数料の有料化による加盟店の離脱である。離脱を防ぐには、キャッシュバックキャンペーンなどによって獲得した大量のユーザーを維持することが必要であり、ユーザーにとって利便性の高いミニプログラムの提供は大きな打ち手となる。しかし、日本国内ではミニプログラムの知名度は依然として低く、活用は一部の企業にとどまっている。

また、スーパーアプリ化を目指すアプリも、現状はLINEを除き、生活に欠かせないキラーサービスを提供できていない。当面はサードパーティの集客力の高いインターネットサービスを組みこむなどして存在感を高め、サービスを利用したり、商品を購入したりする場としてアプリの価値を訴求していく必要があるだろう。

2.2 ハイパーロケーション技術
超高精度な位置の特定が可能に

エグゼクティブサマリ

●サマリ

- コロナ禍以降、感染防止や人流抑制のために人々の所在や移動の情報が重要な価値を持つようになった。さらに、スマートシティの実現に向けて精緻な位置情報の必要性が高まる。
- 位置情報を取得・活用するためのハイパーロケーション技術が進化し、これまでのGPSなどの測位精度を超える超高精度な位置の特定ができるようになる。
- 位置情報を共有するメッシュネットワークの登場や高精度衛星測位などによって、人々の位置を把握できる範囲が広がり、位置情報を活用できる利用シーンが拡大する。
- 測位技術によって取得される位置情報を可視化するために、3Dのデジタル都市モデルが活用されるようになる。その結果、これまでにないリアルなマップ上で高度な分析やシミュレーションが実現される。

●ロードマップ

- 2022〜2023年度：UWB（Ultra Wide Band）やBluetooth 5.1など、新たに登場してきた高精度な測位技術が普及に向け活用され始める。屋内でも10センチ〜1メートルの超高精度測位が実現される。ビルや商業施設のデジタル化施策として、屋内測位が普及し始める。
- 2024〜2025年度：屋内・屋外共に測位技術の超広範囲化が進む。日本の準天頂衛星「みちびき」が4基から7基体制となり、センチメートル級の衛星測位が常時利用可能になる。また、位置情

第2章　5年後の重要技術　39

報を共有するメッシュネットワークが普及し、位置情報を取得・活用可能なシーンが広がる。
・2026年度以降：スマートシティプロジェクトが本格化し、空間情報の3Dモデル化によるリアルな都市の再現が活用される。都市のデジタルツイン化が進み、データ利活用が進展する中でハイパーロケーション技術と位置情報が重要な役割を果たす。

●課題
・人の所在や移動は個人のプライバシーにかかわる情報であるため、意図しない取得や第三者に悪用されないしくみをシステムやサービスに組み込み、継続的にアップデートする取り組みが必要である。
・個人レベルのプライバシーだけではなく、社会全体の規模でも位置情報の取り扱いに留意しなければならない。ハイパーロケーション技術の普及には、技術進化だけではなくデータ流通の制度やリスクへの対処の枠組みなど、社会的な合意と制度設計が必要になる。

　コロナ禍以降の社会では、場所や距離が重要な意味を持つようになった。感染拡大を防止するために、まず必要になったのはソーシャルディスタンスの確保である。これまで、人と人の距離がこれほど厳密に意識されることはなかった。

　屋内では「密を避ける」ために空間の状態（混雑度や二酸化炭素濃度など）がセンシングされるようになり、屋外では都市レベルでの人流の増減が政策決定に用いられ、一般の生活者もその動向を日常的に知ることとなった。

　人やモノの位置情報が重要になっているのはコロナ禍への対応だけが理由ではない。自動運転の実現やMaaS（Mobility as a Service）、スマートシティといったデジタル社会の実現には高精度な位置情報が必要とされ、技術の高度化が進行している。

　人の移動が制限されるウィズ・コロナ時代の社会では、移動をよりスマート（より安全かつ効率的）にしたり、実世界を精緻に再現したバーチャル空

間を構築したりする試みが進んでいる。

その実現には、「進化した位置情報関連の技術＝ハイパーロケーション技術」の活用が不可欠となる。

❶ 事例

生活者のあらゆる移動を特典に交換可能な「マイル」として蓄積するサービス「Miles」

2021年10月に、米国発の位置情報を活用したリワードプログラムサービス「Miles」が日本でサービスを開始した（図表2-2-1）。Milesは、生活者のあらゆるタイプの移動をスマートフォンのGPSによって計測し、1マイルの移動ごとにポイントを付与するサービスである。

図表2-2-1　生活者の移動ログを収集・リワードを提供する「Miles」

（出所）https://prtimes.jp/main/html/rd/p/000000001.000084945.html
　　　　https://www.getmiles.com/jp/partner

ポイントプログラムの原資を提供しているパートナーには、さまざまな業種の参加企業が名を連ねている。JR東日本や日本航空などの交通系サービス、ファミリーマートやマルイなどの小売業、伊藤園やアンダーアーマーなどの消費財メーカーも参加している。

これまでの交通系マイレージサービスは、たとえば、航空会社であれば飛行機に搭乗して移動した距離に応じて特典が受けられるなど、特定の移動に対してインセンティブを付与するものであった。これに対し、MilesはGPSで把握できるあらゆる移動にポイントを付与する点が異なる。これまでのマイレージプログラムと違い、生活者のあらゆる移動データをビッグデータとして取得し、企業が生活者の移動を通じてライフスタイルを分析したり、行動パターンからマーケティングのターゲットを絞りこんだり、実店舗に近づいた潜在顧客にリーチできるのが特徴である。

航空会社の例でいえば、これまで取得できなかった空港を出た後の利用者のモビリティサービスの利用状況がわかるようになる。空港からタクシーを利用する人はどのくらいいるのか、どのような客層なのか、どのエリアまでの利用が多いのか——などが分析できる。このように顧客の多様な移動モードを理解することは、これからのMaaS時代に非常に重要になる。

Milesのほかにも、地図データ提供事業者のインクリメントPが同様のサービス「トリマ」を2020年10月から開始しており、2021年12月からはANAグループのANA Xが「ANA Pocket」を開始している。今後、位置情報データのマーケティング活用が広がっていくみこみである。

高精度測位衛星「北斗」でスマートシティを推進する中国

これまで屋外で位置測位に用いられてきた一般的なGPSに加えて、より精度の高い測位技術を用いることで新しい社会基盤やアプリケーションを実現できる。日本では、センチメートル級の測位精度を持つ準天頂衛星「みちびき」のサービスが2018年に開始されている。現在のところ、自動運転やスマート農業、インフラ監視などの分野で内閣府による実証事業が1年当たり10件程度行われている。

図表2-2-2　北斗衛星システムの高精度測位を用いた中国広東省の送電網監視ドローン

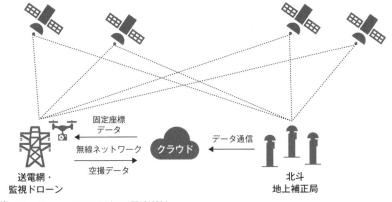

（出所）https://www.qxwz.com/zixun/751319894
　　　　https://www.qxwz.com/en/solution/electric-powerをもとに野村総合研究所作成

　日本だけではなく、中華人民共和国（中国）も測位衛星の社会応用を急速に進めている。中国は、米国のGPSシステムとは異なる「北斗（BeiDou）」という衛星測位システムを2000年から構築してきた。当初衛星のカバーエリアは中国大陸のみであったが、2020年には55基の衛星が全世界をカバーし、アジア圏では誤差5メートルの測位精度を実現している。

　中国の北斗測位システムは、地上へのショートメッセージ送信がすでに実用化されていたり、既存の携帯電話のLTE網や地上の補正電波局とも連動して高精度な位置の特定を実現していたりするなど、非常に速いペースで社会実装が進んでいる。

　図表2-2-2は、北斗衛星システムの高精度位置測位を利用したドローンに

よる送電網の自動監視システムである。中国広東省では、北斗衛星システムからの電波を受信できるドローンが山間部の送電線網を自動的に巡回し、異常がないか常時監視をしている。広大な国土をカバーする送電網を人間が定期的にチェックして回るには大変な労力がかかる。そのため、900機のドローンを北斗衛星システムの高精度測位によってナビゲートし、インフラ監視を省力化している。

このシステムは、衛星群からの電波だけではなく地上に設置された補正局の位置情報とも合わせた補正データを無線ネットワーク経由でドローンに届け、測位精度を高めている。電力会社や地方自治体と組んでこのシステムを構築・提供しているのはアリババグループと、国有企業である中国兵器工業集団の合弁企業である千尋位置網絡（Qianxun Spatial Intelligence）である。

千尋位置網絡は、ほかにも中国大陸のさまざまな都市で衛星位置測位を活用する基盤技術やクラウドサービスを提供している。測位信号を発する衛星だけでなく、測位技術を用いた社会アプリケーションを構築する企業が登場していることで、スマートシティの実現が加速しているのである。

リアルな都市の再現による「バーチャル街歩き体験」

コロナ禍以降、感染防止の面から移動自粛が長らく求められることになり、人々が街なかを以前のように自由に歩き回ることのできる機会が減った。これは実店舗を構える商業施設にとっては痛手であった。

三越伊勢丹ホールディングスは、2021年4月、新宿エリアを非常にリアルに再現した仮想空間を構築し、伊勢丹新宿本店を再現した「バーチャル伊勢丹」を用いた仮想店舗の展開、およびその店舗での買い物体験の実験を実施した（図表2-2-3）。

仮想空間の中では、店舗だけではなく周辺の新宿の街並みもリアルに再現されており、来店者がバーチャル店舗での接客を体験したり、友人のアバターと一緒に街を歩き回ったりする体験などができる。

この仮想空間は非常にリアルであるものの、国土交通省の3D都市モデル構築プロジェクト「Project PLATEAU」で作成された3D都市モデルを利

図表2-2-3 国土交通省の3D都市モデル構築プロジェクト「Project PLATEAU」を活用して再現された「バーチャル伊勢丹」

（出所）https://www.mlit.go.jp/plateau/new-service/4-001/

用することで、開発には2週間程度しかかからなかったという。

　Project PLATEAUとは、日本全国の「3D都市モデル」の整備・活用・オープンデータ化を進める取り組みである。2020年春から開始され、2021年4月時点で56都市の3Dモデルが公開されている。

　Project PLATEAUの3Dモデルは、精密な市街地の地図と建物の設計データから再現された高さを持った建築物のイメージが組み合わされており、非常にリアルな空間の再現ができる。現実世界を精密に再現しているため、仮想空間の中での街歩きのような体験も可能になるし、仮想世界に現実世界の人流データや渋滞状況などをリアルタイムに反映することもできる。

　実世界のデータを精緻に測定・再現することで、これまでにない空間情報の再現が可能となり、新しいユーザー体験を提供できることを示す事例である。

❷ ITロードマップ

　ハイパーロケーション技術の実現は、大きく3つの分野の進化として捉えられる。1つ目は「測位精度の高精度（Hyper-accurate）化」、2つ目は「測位範囲の広範囲（Hyper-spatial）化」、3つ目は「空間情報のリアル（Hyper-real）化」である（図表2-2-4）。以下、それぞれの分野ごとに技術進化や発

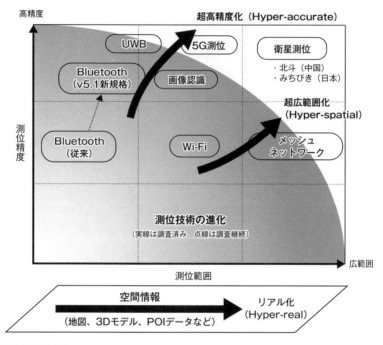

図表2-2-4 ハイパーロケーション技術の3つの進化の方向性

(出所) 野村総合研究所

展の要因について解説する。

測位精度の高精細（Hyper-accurate）化

　位置情報サービスが進化する上で、これまでのGPSなどによる測位技術をはるかに上回る精度で位置情報を測位できることは非常に重要である。スマートフォンの普及と共に、われわれは自身の位置の把握のためにGPSをすでに日常的に活用している。とはいえ、GPSは屋外でなら大まかな位置を特定することはできるが、10m程度の誤差が生じることは避けられない。また、屋内や地下など衛星を直視できないエリアでは測位できない。
　GPSだけならそれが限界であるのだが、最近、屋内の測位技術高精度化が急速に進んでおり、すでにその恩恵は一般の生活者にも及び始めている。

> 図表2-2-5　アップルの「AirTag」による正確な位置の特定

(出所) https://www.apple.com/jp/airtag/

　具体的には、2021年4月にアップルが発表・発売を開始した位置情報を活用する新製品「AirTag」である（図表2-2-5）。いわゆる「忘れ物防止タグ」サービスで、タグを取りつけたモノ（財布や鍵など）の場所をスマートフォンによって探すことができる。忘れ物防止タグはこれまでもさまざまなメーカーからハードウェアが提供されてきたが、AirTagは従来製品とは一線を画す超高精度な位置の特定を実現した。

　従来製品のほとんどは、タグの発見にBluetoothの無線通信を利用してきた。Bluetoothを利用してモノの位置を特定する場合、数メートル〜10メートル程度の誤差が生じ、方向も判別できなかった。これに対し、AirTagはBluetoothに加えて測位技術にUWB（Ultra Wide Band：超広帯域無線）も採用した。UWBは非常に精緻な測位が可能で、誤差は10センチメートル程度、しかも、電波を発するモノの方向も把握できる（ただし、高精度な測位に対応しているのは「iPhone11」以降のU1チップ搭載機種のみ）。

　UWBによる高精度測位は、産業分野ではAirTag登場以前から利用されてきた。たとえば、工場における高価な専門工具の管理や、部品在庫の所在・数量の把握などである。ただし、UWBを発信できるタグのコストがこ

第2章　5年後の重要技術

れまでは約1万円以上と高く、広く普及するには至っていなかったが、アップルがUWBを採用したことで、UWB対応機器が大量に製造され、利用シーンも広まり普及が進むのではないかと期待されている。さらに、アップルとグーグルがUWBの標準化団体FiRaコンソーシアムに加入したことで、UWBによる位置情報活用のエコシステムの拡大もみこまれている。

　UWBだけでなく、これまで屋内測位で用いられてきたBluetoothによる位置測定も高精度化している。Bluetoothの国際標準化団体であるBluetooth SIGは、現在一般的に利用されているBluetooth 5.0の次期バージョン「Bluetooth 5.1」の仕様を2019年に発表している。Bluetooth 5.1では、新たに電波の発信角度と到達角度がわかるようになり、3点測量の原理で測位精度の向上と方向の検知が可能になった。Bluetoothによる測位誤差は、従来、数メートルであったが、1メートル以下の精度を実現することが期待できる。

　測位の高精度化に対するUWBやBluetooth 5.1への期待は高い。しかし、いずれも標準化の成果が製品に組みこまれるには時間がかかる。通信に必要なチップセットの世代交代サイクルも考えると、現実に利用可能になるのは2024年ごろとみるべきである。

測位範囲の広範囲化（Hyper-spatial）①メッシュネットワークによる測位範囲の拡大

　UWBやBluetoothによってモノや人の位置を測定できる範囲は、基本的に「ある特定のエリア」に限定される。電波を発するタグと紐づけたスマートフォンとがある程度以上離れてしまうと、モノや人の位置はわからなくなる。あるいは、タグやスマートフォンの電波を受信できるエリア内に受信側となる基地局が必要になり、基地局の電波に頼ったこうした測位手段では、サービスエリアが電波受信エリア内に限られてしまう。従来の忘れ物防止タグが、モノを忘れたりなくなったりしたことには気づいても、どこにあるのかがわからないのはこのためである。

　最近、このような測位範囲の制約を超える方法が登場してきた。アマゾン・ドットコムやアップルがサービスを開始した「メッシュネットワーク」

図表2-2-6　新たに登場した位置情報共有のためのメッシュネットワーク

アップル「AirTag」の
「Find My」による追跡機能

アマゾン・ドットコム「Amazon sidewalk」による
位置情報の共有ネットワーク

(出所)　左図　https://www.apple.com/jp/airtag/
　　　　右図　https://www.aboutamazon.com/news/devices/amazon-sidewalk-a-new-way-to-stay-connected

である。図表2-2-6は、アップルのAirTag利用者が忘れものを追跡する「Find My」サービス（左図）と、アマゾンが米国で開始した同様のサービス「Amazon Sidewalk」（右図）である。

　アップルのAirTagは、AirTagが持ち主の手を離れてもその場所を把握し続けることができる。それは、持ち主のAirTagの周囲にある、別の所有者のiPhoneやiPadのBluetooth接続・インターネット接続から自分の位置情報を割り出し、それを持ち主のiPhoneやiPadに送信しているからである。いわば、第三者のiPhone・iPadのネットワーク接続を次々に「間借り」し、それを繰り返していくことで、持ち主のAirTagの大まかな位置を追跡できるのである。もちろん、持ち主のAirTagの位置情報を仲介している第三者は、AirTagの持ち主の特定やAirTagの位置情報を知ることはできない。

　アマゾンのsidewalkの場合は、各家庭に設置された「Amazon Alexa」対

第2章　5年後の重要技術　49

応のスマート家電のWi-Fi接続をつなぎ合わせてタグの位置を共有している。日本ではまだそれほど普及はしていないが、監視カメラやスマートロックなど、各家庭の玄関に設置されたWi-Fi接続を持つスマート家電がアマゾンのメッシュネットワークの入り口になる。IoT家電とタグとの間は独自開発の900MHz帯を用いた無線通信が利用されるため、低消費電力ながらも500メートル〜1マイルまでの中距離をカバーできる。

　アップル、アマゾンいずれのメッシュネットワークでも、位置情報の追跡のため、ネットワーク利用者同士がお互いのネットワーク帯域（LTEや自宅のWi-Fi）を融通し合っている。こうしたしくみによって、自分が所有する機器（タグ）のどれかが、自身のBluetoothやUWBの圏外になったとしてもその位置情報を把握し続けられる。

測位範囲の広範囲化（Hyper-spatial）②画像認識（AI）による空間情報の取得

　人の位置や移動の情報を把握したいと思っても、測位用の端末をユーザーに持ってもらえなかったり、ビーコンのような基地局・アンテナ設備を事前に用意できなかったりすることもある。そのような状況でも位置を把握するために、画像認識・AIが活用され始めている。

　AR（拡張現実）技術開発の日本のベンチャー企業Cellidは、カメラ画像による空間認識と位置把握の実証実験を2021年5月から大林組の建設現場で行っている。作業員のヘルメットに装着したアクションカメラの画像から周辺の空間を画像認識し、3Dの周辺地図を作成していく。これは「SLAM (Simultaneous Localization and Mapping)」と呼ばれ、周囲の環境情報からマップを構築しつつ位置を特定する技術である。自動運転などに用いられるLiDARセンサーも同様の処理をしているが、Cellidの入力情報は画像のみで、必要なセンサーはカメラだけとシンプルである。

　地下・トンネル内や建設中のビルのような場所では、GPSの電波が届かず位置の測定が困難であったが、SLAMであれば空間の特徴から位置を特定できる。また、建機や人の移動や配置をデジタルデータとして捉えること

図表2-2-7　カメラ画像によるマッピングと位置の特定（Cellid）

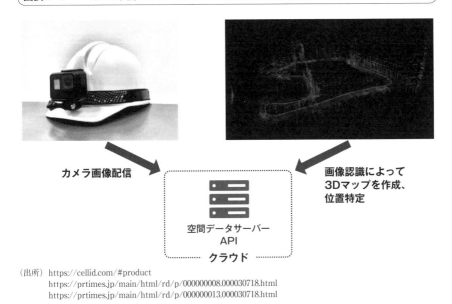

カメラ画像配信　→　空間データサーバーAPI　クラウド　←　画像認識によって3Dマップを作成、位置特定

（出所）https://cellid.com/#product
　　　　https://prtimes.jp/main/html/rd/p/000000008.000030718.html
　　　　https://prtimes.jp/main/html/rd/p/000000013.000030718.html

で、作業リソース配置の可視化や最適化、作業員の安全確保、作業工程の管理などのデジタル化の推進にもつながる。

空間情報のリアル化（Hyper-real）

　測位技術の進化によって収集された人やモノの位置情報をプロットして可視化する空間情報の表現も、これまでにないリアルな表現が実現できるようになる。

　事例で紹介した国土交通省の都市のProject PLATEUは、都市の3Dモデルを既存の地図と建築物の設計図面から製作している。これまでの平面の地図と違って、人やモノの移動データがリアルな3D空間で再現されることで、これまでにない、以下のような価値をもたらす。

①都市のリアルな再現

　　空間を立体的に認識することができ、空間の状態や人・モノの移動や所在をより直感的に把握できるようになる。

第2章　**5年後の重要技術**　51

②きめ細かいシミュレーション

　都市のリアルな3Dモデルは、より現実世界に近いシミュレーションに活用することができる。平面の地図とは違って高さのデータも持つことから、縦方向の移動にかかる時間などを加味した現実的な導線のシミュレーションができる。

③リッチなユーザー体験

　細部までデジタル化された都市のリアルな再現によって、ユーザーはこれまでにない臨場感を伴う体験を享受できる。前述の「バーチャル新宿」の街歩きのように、デジタル空間上に都市の現在の状態を再現してユーザーにインタラクティブに体験してもらうサービスが容易に実現可能になる。

　リアルな空間モデルを構築・活用するこのような取り組みは、さまざまな国・都市で進められている。シンガポールは国土全体を3Dモデル化した「バーチャル・シンガポール」データベースを構築している。また、ドイツのシュトゥットガルトでは3万人の住む地区をデジタル化して人や自動車の移動を可視化・シミュレーションし、市民と政策決定者とが都市計画を共同で進める上で有効活用している。

　今後、都市を再現したリアルな3Dモデルに、精緻な位置情報を伴った人流や交通状況、環境の状態などが重ね合わされ、データの更新がリアルタイムに近づけば都市のデジタル世界における「複製」となる。「都市のデジタルツイン」と呼ばれるデジタルモデルが実現できれば、スマートシティの計画・管理・最適化や都市生活者の生活を便利にするさまざまなサービスが提供できる。

　以下にハイパーロケーション技術のITロードマップを示す。

2022〜2023年度：超高精度な測位技術の普及開始

　2022年度から2023年度は、新たに登場してきた高精度な測位技術の普及が始まる時期である。2020年春時点では、UWBに対応するスマートフォン

は限られるため、AirTagのような生活者向けの忘れもの防止タグのメリットを享受できる人は限定的である。

Bluetoothによる屋内測位の高精度化は2019年にすでに仕様が策定されているが、タグやビーコン・受信機への実装が拡大するのはこれからである。ただ、コロナ禍以降、新たに建設されているオフィスビルではBluetoothによる屋内測位を採用する事例が増えており、オフィスのデジタル化およびビルのデジタル化のニーズを受けて、Bluetoothを利用した屋内測位がまず広がり、その後、測位誤差（数メートル程度）へのニーズが高まり、Bluetooth5.1の高精度測位に対する期待が高まる。

2024〜2025年度：屋外・屋内共に測位技術の超広範囲化が進む

日本の準天頂衛星「みちびき」は、現在4基体制でサービスを提供している。2023年度中には、3基の準天頂衛星が追加で打ち上げられ、7基体制で運用を開始する計画である。現在の4基体制では、米国のGPSシステムの電波をみちびきの電波で補完することで測位精度を向上させている程度であるが、7基になればGPSシステムに依存せずにみちびきの電波だけで測位が可能になる（持続測位）。これにより、すでにセンチメートル級の測位を実現しているみちびきの高精度測位性能がさらに改善し、また、GPSシステムの電波が届きにくい山間部や都市内でも高精度測位の恩恵が受けられるようになる。

測位の広範囲化は、屋外だけではなく位置情報のメッシュネットワークの拡大によっても実現される。現在の位置情報メッシュネットワークの利用は、アップルやアマゾンの端末やビジネスエコシステムの範囲に限定されている。今後は、メッシュネットワークにハードウェアメーカーやソフトウェア企業が参加して位置情報を活用したアプリケーションを構築できるようになり、位置情報が活用されるシーンや範囲はさらに拡大する。実際、アップルはすでにFind Myのメッシュネットワークにパートナー企業が参加できるようにする方針を発表している。ただし対応した端末の普及やビジネスモデルの確立には登場から2年〜3年はかかると考えられる。

第2章　5年後の重要技術　53

2026年度以降：都市全体のデジタルツインとスマートシティプロジェクト本格化

ハイパーロケーション技術の恩恵を受けるアプリケーションの領域は多岐にわたるが、最も密接に関係するのはスマートシティであろう。いわゆる「スーパーシティ法」（国家戦略特別区域法の一部を改正する法律）が2020年9月に施行されて以降、さまざまな自治体でスマートシティ構想が立案され、実行フェーズに入っている。

2020年春の段階では、多くの自治体では、バスやタクシーの自動運転・オンデマンド型ライドシェアなどのスマートモビリティや、ドローン・センサーによるインフラ監視などに分野を絞って実証実験を開始しているケースが多い。最終的には、スマートシティ法で想定されている、都市のデータを膨大に蓄積し多様なアプリケーションで利用し合う「データ利活用型スマートシティ」が実現される。都市全体のスマートシティ化は、2026年度以降本格化するとみられる。「グリーンフィールド型」と呼ばれる、スマートシティをゼロから構築するプロジェクトの典型例として挙げられるトヨタ自動車が主導する「Woven City（ウーブン・シティ）」は2025年から入居が始まる予定である。

初期の実験フェーズから本格的なデータ利活用型スマートシティに移行すれば、位置情報が活用されるシーンが拡大し、その意義はより大きくなる。データ利活用型スマートシティを実現する上では、リアルな都市の再現が欠かせない。3Dモデルによる空間情報の可視化がさらに広がるのはこの時期である。東京都は「都市のデジタルツイン」を実現する取り組みを始めており、国土交通省のProject PLATEUの都市3Dモデル構築と方向性を合わせて進めていくとしている。当初は都内4エリアのデジタルツインの構築から始まるが、2030年の実現時期に向け横展開が想定されており、2020年代半ばに進展が期待される。

図表2-2-8　ハイパーロケーション技術のITロードマップ

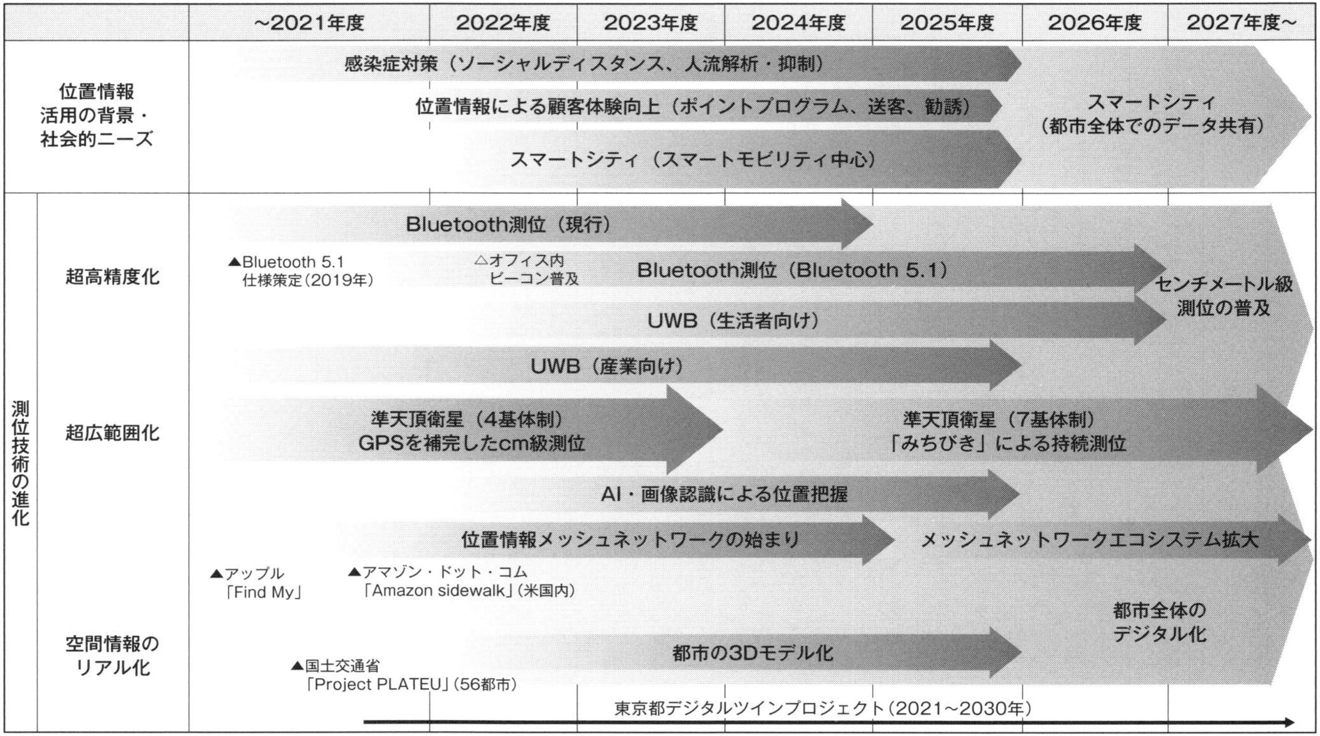

	～2021年度	2022年度	2023年度	2024年度	2025年度	2026年度	2027年度～
位置情報活用の背景・社会的ニーズ	感染症対策（ソーシャルディスタンス、人流解析・抑制）						
	位置情報による顧客体験向上（ポイントプログラム、送客、勧誘）						スマートシティ（都市全体でのデータ共有）
			スマートシティ（スマートモビリティ中心）				

測位技術の進化

超高精度化
- Bluetooth測位（現行）
- ▲Bluetooth 5.1 仕様策定（2019年）
- △オフィス内ビーコン普及
- Bluetooth測位（Bluetooth 5.1）
- UWB（産業向け）
- UWB（生活者向け）
- センチメートル級測位の普及
- ▲アップル「Find My」

超広範囲化
- 準天頂衛星（4基体制）GPSを補完したcm級測位
- 準天頂衛星（7基体制）「みちびき」による持続測位
- AI・画像認識による位置把握
- 位置情報メッシュネットワークの始まり
- メッシュネットワークエコシステム拡大
- ▲アマゾン・ドット・コム「Amazon sidewalk」（米国内）

空間情報のリアル化
- 都市の3Dモデル化
- 都市全体のデジタル化
- ▲国土交通省「Project PLATEU」（56都市）
- 東京都デジタルツインプロジェクト（2021～2030年）

（出所）野村総合研究所

❸ 5年後の利用イメージ

　位置情報の活用は、コロナ禍によってあらためて脚光を浴び、急速に注目を集めた。新型コロナウイルスの終息時期は2021年の段階ではまだ見通すことはできず、人々を感染から守るための位置情報活用は今後も継続される。2026年度ごろには、超高精度な場所の特定や、都市のいたるところで位置に応じたサービスを受けられる基盤が整う。

　このころには、本格的なスマートシティの実現が始まる。生活者は今いる場所に近い店舗からクーポンを受け取ったり、おすすめの店舗まで屋内・屋外問わずシームレスにナビゲーションしてもらうこともできるようになる。小売店舗や飲食店・サービス業事業者からすれば、位置に応じた顧客の獲得・店舗への送客が期待できる。リアルな人の移動が貴重な価値を持つ社会の中でビジネス価値を最大化するために、ハイパーロケーション技術の活用が欠かせなくなる。

　また、個々の生活者の体験価値の向上や事業者の価値を越えて、都市全体の最適化に位置情報が活用されるようになり、今いる場所や都市の状況に応じたスマートな公共サービスが実現される。このころには、スマートシティにおけるデータ利活用に向けた制度やエコシステムが成熟してくるようになり、位置情報がさまざまなシーンで融通・活用される。

❹ 普及に向けた課題

　ハイパーロケーション技術は、これまでにない精緻な測位技術や空間体験によって生活者に利便性や満足度の高い体験をもたらす。その一方、人に紐づいた場所のデータが持つセンシティブな側面には十分に注意が必要である。人の居場所をより精緻に把握できるということは、「監視されている」「追跡されている」という感覚を利用者に与えかねない。

　アップルがAirTagをリリースした際、「ストーカーなど悪意を持った第三

者が紛失物追跡機能を悪用するおそれがあるのではないか」という懸念が多く指摘された。たとえば、自分の荷物にストーカーが発信機を紛れこませると、「移動データが追跡され続けて自分の位置情報が意図せず知られてしまうのではないか」という指摘である。

アップルはこのようなプライバシー侵害は「防御できる」とAirTag発表当初から強調してきた。他人のAirTagが意図せず自分の荷物に紛れ込んだ場合、一定の時間が経つとアラーム音を発してトラッキングされている機器があることを周囲に伝える。自分の所有物ではないAirTagは、所有者でなくても誰もが位置情報の追跡を停止させることができる。それでも、製品発売直後に芸能人への差し入れ品にAirTagを忍ばせ、アイドルの自宅住所を特定しようとした事案が発生した。当初、AirTagがアラーム音を発するまでの期間が持ち主の手を離れて3日とやや長かったからである。

このような事案を受けて、アップルは2ヵ月後にソフトウェアアップデートでこの期間を最短8時間と短縮し、さらに通知音がランダムに鳴るように変更し、悪意ある利用がしにくくなるよう修正を図り、その後もプライバシー関連の機能を追加し続けている。

位置情報を追跡し続けるメッシュネットワークによって生活者は忘れ物追跡の利便性を享受できる一方、プライバシー侵害のリスクが上がりかねない側面もある。位置情報サービスを開発・提供する事業者は、プライバシー保護に関する技術のフォローと機能追加に継続的に取り組む必要がある。

それは個人レベルのプライバシーだけではなく、社会全体の規模でも位置情報の取り扱いに留意しなければならない。2021年4月、米国上院に「修正第4条販売禁止法」法案が提出された。これは、米国政府機関が民間のデータブローカーから得たデータの購入・利用に制限をかける法律である。

米国の危機管理ソリューションを提供するPlanetRisk（2018年にEverBridgeが買収）は、シリア難民のスマートフォンアプリの利用データを収集し、難民の移動状況を監視する業務を米国政府から請け負っていた。この過程で、同社は米軍の作戦配置や移動状況を予期せず把握できてしまうことに気づいた。天気予報アプリや出会い系アプリの利用データなど、デー

第2章　5年後の重要技術　57

タプロバイダから入手可能な位置情報をまとめて分析すると、一般には公開されていない特殊部隊の集合場所を特定できたのである。

　ハイパーロケーション技術が普及するためには、技術の進化だけではなく、データ流通の制度やリスクへの対処などが定められて社会的に合意されることが必要である。個人の安心安全のみならず、都市全般の治安や安全保障にもかかわることでもあり、ビジネス価値や経済合理性だけでない視点で利活用の枠組みが作られていくことに留意していくべきである。

2.3 量子コンピュータ

見えてきた今後5年のロードマップ

エグゼクティブサマリ

●サマリ

・量子コンピュータは、従来の古典コンピュータでは解くことが難しい問題を解くことができる未来のコンピュータである。

・量子コンピュータの利用が期待されるのは、「最適化計算」「シミュレーション」「機械学習」「暗号解析」などであり、適用に向けてはハードウェアとアルゴリズム双方の開発が必要となる。

・量子コンピュータの実現方法として、「超電導」「イオントラップ」「フォトニック（光）」「シリコン量子ビット」など複数の方式が提案されている。どの方式も一長一短があり、2021年末時点で本命は存在しない。

・「量子超越性」達成以降、ノイズの影響でエラーの多い小規模な量子コンピュータ（NISQ）で計算可能な問題の探索の研究が進められている。さらにノイズ耐性のある量子コンピュータ（FTQC）向けの研究も始まっている。

・量子技術研究者の獲得競争が進展中である。

●ロードマップ

・～2021年度：量子コンピューティングクラウドサービスの登場。

・2022～2024年度：黎明期。量子アルゴリズムの研究。

・2025年度以降：展開期。NISQアプリケーションの登場。

●課題

・古典コンピュータとの正当な比較。

第2章 **5年後の重要技術** 59

量子コンピュータへの期待

　量子コンピュータとは、量子力学の特性を用いて古典コンピュータ[注1]では解くことが困難な問題を解けると期待されている未来のコンピュータである。カリフォルニア工科大学の教授であった故リチャード・ファインマン氏によって1981年に基本概念が提唱され、大学が中心となって研究が進められてきた。

　0と1が同時に存在する「重ね合わせ」状態が量子力学の特性であるが、この状態を人工的に作り出すことは難しい。さらに古典コンピュータとは異なる難解な計算理論を用いるため、長らく「夢のコンピュータ」とも言われてきた。

　しかし近年、この状況が一転している。2015年ごろから大手ITベンダーやユーザー企業が量子コンピュータの世界に参入し、新聞やテレビなどでも紹介されるようになり、2019年から2020年にかけて「ハイプ・サイクルのピーク（過度に期待を集める状態）」に達した。

　その契機となったのは、グーグルが2015年12月に発表した量子アニーリングマシンに関する検証論文[注2]である。カナダのスタートアップ企業、D-Waveシステムズが「世界初の商用量子コンピュータ」を謳う量子アニーリングマシンを利用し、グーグルは「ある特定の計算においては、古典コンピュータの1億倍速い」と発表して世間の注目を集めた。ITの巨人であるグーグルの発表であったことと、「1億倍」という数字が衝撃的であったことがその理由である。量子コンピュータへの期待は大きく、現在でも国内外の意欲的な企業がD-Waveシステムズのマシン（D-Waveマシン）を使った検証、研究を実施している。同社のホームページで公表されている取り組みだけでも250件以上もある。

　D-Waveシステムズの量子アニーリングマシンは、組み合わせ最適化問題

注1　古典コンピュータとは、スーパーコンピュータやパーソナルコンピュータなど、現在利用可能なコンピュータの総称。量子コンピュータとの対比で利用されている

注2　Vasil S. Denchevほか「What is the Computational Value of Finite Range Tunneling?」(2015年12月) arXiv:1512.02206

に特化した量子コンピュータである。「焼きなまし」の手法を応用して最適解を出すため、「実験機」ともいわれる。一方、量子コンピュータの概念が提唱されて以来、長らく研究が進められているのが、「量子ゲート方式」と呼ばれる量子コンピュータである。量子ビットをつなげた演算機能を有する回路で構成しているため、このような呼び名がついている。計算式はユニタリー行列で記述され、理論的には可逆計算であるため、古典コンピュータの上位互換とも位置づけられる。

「量子超越性」の発表により、量子ゲート方式の研究が過熱

商用化では量子アニーリング方式に後れを取ったものの、2019年10月にグーグルが自社開発の量子コンピュータを用いて「量子超越性」を発表して以降、量子ゲート方式は大きく進展している。

量子超越性は、量子コンピュータの計算能力が古典コンピュータよりも優れる状況を示す言葉である。グーグルは、量子コンピュータが200秒で処理した「ランダム量子回路サンプリング」という乱数生成計算は、スーパーコンピュータ（スパコン）によるシミュレーションでは1万年かかることを確認し、量子超越性を達成したと表現した。誤解をおそれずにいうと、量子超越性は「何の役にも立たない問題でも、とにかく計算スピードがスパコンよりも高速であることを示せればよい」ため、実際のビジネスで扱う問題解決の速度を示すわけではない。しかし、「スパコンの性能超え」というニュースのインパクトは大きく、暗号が解読されるのではないかという不安からビットコインの価格が10％近く下落するなどの現象をもたらした。

海外では、量子ゲート方式に取り組む大学の研究室が量子コンピュータのスタートアップ企業を設立する動きが加速している。さらに、量子コンピュータの開発ベンダーと大手企業との共同研究も数多く発表されるなど、これまで以上に開発競争が活発化している。

D-Waveシステムズも量子ゲート方式に参入

量子ゲート方式への期待の高まりは、現在の量子コンピュータブームの

第2章　5年後の重要技術　61

きっかけを作ったD-Waveシステムズにも影響を及ぼしている。2021年10月、同社はユーザーカンファレンス「Qubits」で、量子ゲート方式の量子コンピュータを開発すると宣言したのである[注3]。

この発表は、同社が戦略転換を迫られていると受け取られてもおかしくない。しかし、D-Waveマシンのクラウドサービスを利用してビジネス活用を想定した検証を実施している企業は依然として多い。量子アニーリング方式に対応したソフトウェア資産が蓄積されていく中で、これまで獲得してきた顧客をいかに量子ゲート方式に誘導し、両方式を統合していくのか、今後の注目である。

 事例

BBVA：金融分野における量子コンピュータ活用を模索

スペインに本拠地を構えるビルバオ・ビスカヤ・アルヘンタリア銀行（BBVA）は、EU諸国のほか、北米やアジア各国でビジネスを展開する国際的な金融機関である。2008年の金融危機以降、金融機関は金融リスクへの対策強化が求められている。そこで、同行は、デリバティブの価格設定や信用リスクなどの会計処理で利用するモンテカルロシミュレーションへの量子コンピュータの適用を検討し、2019年には6つの研究テーマを発表している（図表2-3-1）。

注目すべきは、活用するハードウェアをテーマごとに使い分けている点である。ベンダーやコンサルティング会社とのパートナーシップのもと、量子アニーリング方式のD-Waveマシン、量子ゲート方式のIBM Q、古典コンピュータの富士通デジタルアニーラを利用する。

研究パートナーの1社であるZapata（ザパタ）コンピューティングは、2021年6月にBBVAとの研究成果を発表した。同社のCTO兼創設者であるYudong Cao氏は、量子アルゴリズムの振幅推定を改良した新手法を利用

注3　ただし、2021年11月末時点では量子ゲート方式の提供時期を明言していない

図表2-3-1　量子コンピュータ活用に関するBBVAの研究テーマ

	テーマ	パートナー	利用ハードウェア
1	新しい量子アルゴリズムの開発	The Spanish National Research Council（CSIC）	―
2	静的ポートフォリオ最適化	富士通	古典コンピュータ（富士通デジタルアニーラ）
3	動的ポートフォリオ最適化	Accenture	量子アニーリング（D-Wave）
		Multiverse	量子ゲート（IBM Q）
4	クレジットスコアリングリスク最適化	Accenture、D-Wave	量子アニーリング（D-Wave）
5	通貨裁定取引最適化	Accenture、D-Wave	量子アニーリング（D-Wave）
6	デリバティブ評価（モンテカルロシミュレーション）	Zapata Computing	―

（出所）野村総合研究所

し、これまで研究されてきた量子コンピュータ向けのモンテカルロ計算よりも圧倒的な効率化を達成できることを確認できたという。今後は、実際にビジネスで有益な結果を導出する際に必要な量子ビット数に関する詳細な調査を実施する予定である。

エアバス：量子コンピュータを用いた運用効率化、航空機設計を模索

世界的な航空機メーカーのエアバスは、スパコンに代わる将来の設計手法として量子コンピュータの活用を探求している。

同社は、2019年1月に量子コンピュータ活用コンテスト「エアバス 量子コンピューティング チャレンジ」を開催した。コンテストでは、あらかじめ提示された5つの課題（図表2-3-2）に対し、企業や大学などに所属する800名以上がチームを組んで参加し、計36件の解決案を提示した。

同チャレンジでは、イタリアのReplyグループの社員からなる「Machine Learning Reply」チームが優勝した。同チームは、航空機の積載を最適化する問題に取り組み、ペイロード、重心、胴体のサイズと形状などの運用上の

第2章　5年後の重要技術　63

図表2-3-2 「エアバス 量子コンピューティング チャレンジ」の課題

	課題	パートナー
1	航空機上昇の最適化	増え続ける短距離路線のフライトで課題になる、上昇と下降時の燃料の消費を最適化させるための量子コンピュータの活用を検討する
2	数値流体シミュレーション技術	航空機の設計効率に向けて、数値流体力学（CFD）シミュレーションを量子コンピュータ（と古典コンピュータ）を用いて迅速に解くアルゴリズムを検討する
3	量子ニューラルネットワークによる偏微分方程式の解法	空力問題を解くための偏微分方程式（PDE）を量子ニューラルネットワークで解く
4	ウイングボックスデザインの最適化	運用コストの削減と環境負荷の低減の鍵となる重量の最適化を行う 特に影響が大きい、航空機のウイングボックス設計に量子コンピュータを活用する
5	航空機の搭載量の最適化	機体の重心、胴体のせん断限界に基づく最大積載量の検討を、量子コンピュータを活用して効率化する

（出所）野村総合研究所

制約を考慮して、最適な航空機の貨物積載を構成するアルゴリズムを作成した。

　エアバスはコンテストに参加した優秀な量子コンピュータ技術者の採用も視野に入れている。今後の実用化を見越して、早くも量子技術研究者の人材獲得競争が始まっている。

❷ 関連技術の紹介

　「量子超越性」の発表やIBMやグーグルなど大手クラウドベンダーの参入など、量子コンピュータに関する話題は尽きない。しかし、過剰な期待には注意が必要である。量子コンピュータの根幹を成す量子ビットは、外部からの雑音（ノイズ）や量子ビット同士の干渉による影響を受けやすく、量子状態が容易に壊れてしまう。量子状態の長時間維持は難しい。そのため、量子ビットの大規模化も困難である。さらに、量子ゲートを制御するには、外部

装置から制御信号を逐次与えなければならないため、古典コンピュータよりも遥かに多くの時間を要する。

量子ゲート方式による量子コンピュータは古典コンピュータの上位互換ではあるが、すべての計算が量子コンピュータに置き替えられるわけではない。特定の問題に対してのみ利用されるのが現実的である。

これらの課題に対処すべく、ハードウェア、ソフトウェアの両面でユーザー企業も巻き込んだ研究が進展している。

量子コンピュータハードウェア

量子ゲート方式には複数の実現方式が提案されている（図表2-3-3）。IBMやグーグルが開発する超電導方式は、研究の歴史も長く実績が豊富であるが、ノイズの影響を受けやすく、他の方式よりもエラー率が高い。大量の配線や極低温まで冷却可能な装置も必要になるなど、設備全体が大規模化しやすい。

2021年はイオントラップ方式の量子コンピュータに注目が集まった。イオントラップ方式は、レーザーなどを使ってイオン状態にある原子を制御する。エラー率が低いため、現時点では超電導方式よりも計算精度を高めることができる。イオントラップ方式の量子コンピュータは、2021年10月1日にSPAC（特別買収目的会社）との合併を通じてニューヨーク証券取引所に上場したIonQのほか、ハネウェル、AQT（アルパイン・クォンタム・テクノロジーズ）などが開発を進めている。

また、シリコン量子ビット方式、フォトニック（光）方式、冷却原子方式なども提案されている。シリコン量子ビット方式は、既存の半導体設備を用いて開発できること、フォトニック（光）方式は、冷却装置や真空装置が不要な点が、超電導方式に対する優位性である。

日立製作所は2020年からシリコン量子ビット方式の量子コンピュータの開発に着手している[注4]。日立製作所が採用した「Q-CMOSプロセス」は、1

注4　MONOist「日立がシリコン量子ビットの開発に向け前進、超伝導量子ビットを超えるか」（2021年9月15日）　https://monoist.itmedia.co.jp/mn/articles/2109/15/news059.html

図表2-3-3 量子ゲート方式の実現方式と特徴

	超電導	イオントラップ	フォトニクス（光）	シリコン量子ビット	冷却原子
量子状態の持続時間（コヒーレンス時間）	~1ms	~50+s	N/A	~1-10s	~1s
計算精度（ゲートの信頼性）	~99.6%	~99.9%	~99.9%	~99%	~99%
ゲート演算時間	~10-50ns	~1-50μ	~1ns	~1-10ns	~100ns
メリット	実績が豊富。ゲート操作が早い	ゲートの信頼性が高い。量子ビットを全結合にできる	半導体製造技術を応用できる	半導体製造技術を応用できる	量子ビット数を増やしやすい
短所	絶対零度の冷却が必要で、設備が大型化する	冷却装置が必要。ゲート操作に時間がかかる	光子の欠損によるノイズの影響を受ける	冷却装置が必要。まだ研究初期の技術である	ゲート操作に時間がかかる
参入ベンダー	IBM、グーグル、リゲッティ・コンピューティングほか	IonQ、ハネウェル、AQT	PsiQuantum、Zapataコンピューティング	インテル、シリコンクウォンタム、日立製作所	キュエラコンピューティング、ColdQuanta、Pasqal

（出所）Boston Consulting Group「What Happens When 'If' Turns to 'When' in Quantum Computing?」をもとに野村総合研究所作成

つの電子を閉じこめる「量子ドットアレイ」と呼ばれる箱をたくさん作り、1つひとつの電子を箱に閉じこめて、高精度に制御し、量子ビットとして動作させるというものである。

今後5年から10年の間に登場する量子コンピュータは、エラーが発生し、量子ビット数が小規模のNISQ（Noisy Intermediate-Scale Quantum）コンピュータである。NISQコンピュータでは、古典コンピュータとのハイブリッド計算が前提であり、計算精度は期待できない。そこで、エラーを抑制する機能を持つハードウェアの研究が始まっている。「誤り訂正量子コンピュータ（Error Correcting Quantum Computer：ECQC）」「誤り耐性量子コンピュータ（Fault Tolerant Quantum Computer：FTQC）」がそれである。ECQCでは、エラーを補正するための量子ゲートを回路上に配置する。物理的には、エラー補正用の量子ビットを多数配置して、論理的なエラーのない量子ビットを構成する。ECQCとFTQCはまったく独立のものではなく、NISQからECQCへ、ECQCからFTQCへと進化していく[注5]（図表2-3-4）。

IBMやグーグルは、最新のNISQハードウェアでエラー訂正機能を実装し、ECQC実現への先陣を切った。特にグーグルは、2021年5月18日の公式

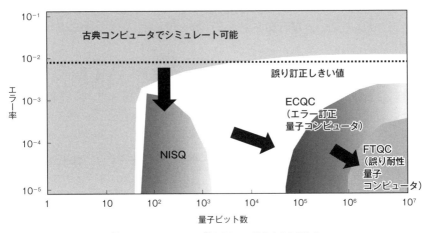

図表2-3-4　NISQからFTQCへ

（出所）グーグル公式ブログ[注6]、NTT技術ジャーナル[注7]をもとに野村総合研究所作成

ブログへの投稿で「10年以内に実用的で誤り訂正が可能な量子コンピュータの開発を目指す」と宣言している。超電導方式の量子コンピュータの場合、エラー率を10のマイナス6乗にまで抑えた精度の高い量子コンピュータを作ろうとすると、物理的に100万個の量子ビットが必要になる。エラー訂正に必要な量子ビット数を減らす研究も進展しているが、2021年時点で100量子ビット規模の量子コンピュータしか存在しないことを踏まえると、さらなるブレークスルーが必要である。

量子アルゴリズム

量子コンピュータで解くことができる問題は、最適化計算、シミュレーション、機械学習、暗号解析である。より正確には、量子コンピュータで動作可能な量子アルゴリズムとして現在判明しているものが上述の問題解決に適用できる。先に紹介したBBVAやエアバスをはじめ、近年多くの企業が、「ビジネスに適用するために必要な量子アルゴリズムは何か」「進化途上のハードウェアでも利用できる量子アルゴリズムは何か」「高速処理を実現するためにはどのようにアルゴリズムを改良すべきか」などを研究している。

たとえば、金融分野ではモンテカルロ法やポートフォリオ最適化などに対する関心が高い。特にモンテカルロ法は、オプション・プライシングやリスク分析などで利用されているが、現行の手法では数多くのパターンを実行する必要があるため、処理時間を要する。量子コンピュータを利用すれば計算時間の短縮に貢献できる。

金融大手のゴールドマン・サックスは、スタートアップ企業のQCウェアと共同で量子アルゴリズムの研究を行い、「5年から10年以内に登場するコンピュータでも利用できる新しいアルゴリズムを開発した」と発表[注8]してい

注5　内閣府ムーンショット型研究開発制度「ムーンショット目標6 2050年までに、経済・産業・安全保障を飛躍的に発展させる誤り耐性型汎用量子コンピュータを実現」
https://www8.cao.go.jp/cstp/moonshot/sub6.html
注6　グーグル「A Preview of Bristlecone, Google's New Quantum Processor」（2018年3月）
https://ai.googleblog.com/2018/03/a-preview-of-bristlecone-googles-new.html
注7　William John Munroほか「量子コンピュータの設計に向けて」NTT技術ジャーナル（2021年3月）
https://journal.ntt.co.jp/wp-content/uploads/2021/03/JN202103030-1.pdf

る。このほかにも、デリバティブ商品の価格設定で古典コンピュータよりも優位な成果を出すための量子ビット数の研究にも取り組むなど、量子コンピュータ導入のタイミングを見定めようとしている。

なお、暗号解析やデリバティブの価格設定の場合、エラーが発生するNISQは利用できない。計算で利用するグローバーの探索アルゴリズムや量子位相推定アルゴリズム（Quantum Phase Estimation：QPE）などの量子アルゴリズムを動かすためには、ECQCやFTQCなどのエラー補正された量子コンピュータが必要だからである。

FTQC時代に向けて量子アルゴリズムで検討すべきことは多い。量子情報処理のアーキテクチャの抜本的な見直しも提案されている[注9]。当面はNISQで利用可能な量子アルゴリズムの知識獲得を通じて、将来的なFTQC活用に備えるべきであろう。

標準化の取り組み

種類が異なる複数の量子コンピュータでアプリケーションを実行できるようにする取り組みが始まっている。量子コンピュータ用コンパイラの開発である。

IBMは、2020年12月に量子コンピュータ用の高級言語の1つである「OpenQASM」の3世代目となる「OpenQASM3」を発表し、普及に向けた技術コミュニティをAWS、マイクロソフト、インスブルック大学と結成したと発表した[注10]。

また、Linux Foundationは、2021年11月30日に「量子エコシステム内での相互運用性を促進し、現在および将来の異種量子プロセッサに適した統一

注8　『Goldman Sachs and QC Ware Collaboration Brings New Way to Price Risky Assets within Reach of Quantum Computers』,https://www.prnewswire.com/news-releases/goldman-sachs-and-qc-ware-collaboration-brings-new-way-to-price-risky-assets-within-reach-of-quantum-computers-301278773.html

注9　根本香絵ほか「Noise management to achieve superiority in quantum information systems」Royal Society（2017年6月）

注10　https://medium.com/qiskit/introducing-a-technical-steering-committee-for-openqasm3-f9db808108e1

第2章　5年後の重要技術　69

表現を提供すること」を目的として、「QIRアライアンス（Quantum Intermediate Representation Alliance）」の結成を発表した[注11]。創設メンバーには、ハネウェル、マイクロソフト、オークリッジ国立研究所、クォンタムサーキッツ、リゲッティ・コンピューティングが含まれる。QIRアライアンスでは複数の量子プロセッサに適したコンパイラを開発し、任意のプログラミング言語に対応可能なコンパイラ基盤であるLLVM上に構築される。

このほかにも、英国のRiverlaneは2021年9月、プログラムの移植性を高めるモデルを作成するために、Hardware Abstraction Layer（HAL）仕様を導入し、その開発を支援するコンソーシアムを英国に設立している[注12]。

これらの活動が成果を生むためには、IBMやIonQをはじめ、複数のベンダーが開発を進める量子コンピュータの実利用が始まることが必要である。そのため、具体的な成果が目に見えるようになるには時間を要するだろう。しかし、量子コンピュータの産業界での活用を支える部品の1つとして、将来的に重要な役割を果たしていく取り組みである。

❸ ITロードマップ

量子コンピュータのロードマップを図表2-3-5に示す。

〜2021年度：量子コンピューティングクラウドサービスの登場

大手ITベンダーによる量子コンピューティングクラウドサービスの提供が始まった（図表2-3-6）。IBM、アマゾンに続いて、2021年にはマイクロソフトも量子コンピューティングクラウドサービスの提供を開始した。ただし、マイクロソフトの場合は2021年時点では、日本からは利用できないハードウェアもある。

注11 https://www.linuxfoundation.org/press-release/new-quantum-intermediate-representation-alliance-serves-as-common-interface-for-quantum-computing-development/
注12 https://www.businesswire.com/news/home/20210922005101/en/Riverlane%C2%A0UK-Consortium-Develops-New-Hardware-Abstraction-Layer-to-Facilitate-Collaboration-Across-the-Quantum-Computing-Industry

図表2-3-5 量子コンピュータのロードマップ

関連技術		~2020年度	2021年度	2022年度	2023年度	2024年度	2025年度~
全体		黎明期					展開期
					適用シーン検討		NISQアプリケーションの活用
				量子人材の育成			
量子アルゴリズム、サービス		量子ゲート方式 量子クラウドサービスの登場			NISQ向け量子アルゴリズムの研究		
		★「Amazon Braket」(アマゾンAWS)	★東京大学×IBM、大阪大学×AWS	★「Azure Quantum」(マイクロソフト)	★化学、物理学、生物学、金融、最適化、機械学習向けアルゴリズム（IBM）	★量子機械学習での適用提案 (IonQ)	★2026年ごろ金融向け適用提案 (IonQ)
量子コンピュータハードウェア		(IBMロードマップ)			イオントラップ方式	★ラックマウント型量子コンピュータ (IonQ)	
			★123量子ビット	★433量子ビット	★40量子ビット (IonQ)		
				超電導方式	★1121量子ビット		

（出所）野村総合研究所

第2章　**5年後の重要技術**　71

図表2-3-6　量子コンピューティングクラウドサービス

	IBM	アマゾン	マイクロソフト
サービス名	IBM Q	Amazon Braket	Azure Quantum
提供開始	2017年	2020年	2021年
ライブラリ	Qulacs （量子シミュレーター） qiskit.aqua （化学、最適化、機械学習）	PennyLane （量子機械学習）	1Qloud（最適化） QIO（最適化） SBM（最適化）
SDK	Qiskit	Braket SDK	Q
接続可能な ハードウェア	IBM	リゲッティ・コンピューティング IonQ D-Wave	ハネウェル IonQ クォンタムサーキッツ リゲッティ・コンピューティング （2022年1Q予定）

（出所）野村総合研究所

　いずれのサービスも実ビジネスでの利用を想定したものではなく、検証向けといった色合いが濃い。しかし、将来の「量子人材（量子コンピュータを使ったプログラミングができる人材の総称）」の育成を目指す企業にとっては大いに利用価値がある。ユーザー企業は、自社のクラウドビジネスで利用中のAWSアカウントなどを利用し、量子コンピュータにアクセスできる。IBMの場合はチュートリアルも充実しており、初心者が基礎から学べるようになっている。

2022〜2024年度：黎明期。量子アルゴリズムの研究

　この時期は、量子人材の育成に向けた取り組みが拡大する。海外では、IBMやグーグル、IonQをはじめとしたスタートアップ企業と企業との共同研究が活発化している。

　国内では、IBMは2018年に慶應大学内に研究拠点を立ち上げ、2021年には量子コンピューター・ハードウェア・テストセンターを東京大学に開設して「IBM Quantum System One」を川崎に設置した。産学連携の研究組織として量子イノベーションイニシアティブ協議会を東大らと立ち上げ、日本

IBMから研究者が参加している。また、AWSは大阪大学を代表機関とする「量子ソフトウェア研究拠点」を2021年から支援している。参加企業は、量子コンピュータに関する座学に加え、活用アイディアを出し合い、実機による検証をしている。企業の量子コンピュータ活用ニーズに対応する量子アルゴリズムを開発する狙いがある。

2025年度以降：展開期。NISQアプリケーションの登場

IonQはSPACの上場に先立ち、投資家向けの説明会で、「2023年はラックマウント可能なハードウェアを開発し、2024年ごろには自社のイオントラップ量子コンピュータを用いた量子機械学習が可能になる」と宣言した[注13]。

またIBMは、将来的な100万量子ビットハードウェアの提供を目指し、2023年には1121量子ビットのCondorプロセッサ、2024年にはさらに規模を高めた量子コンピュータを開発するロードマップを提示している。注目すべき点は、同社が「化学、物理学、生物学、金融、最適化、機械学習の6分野で利用できる量子アルゴリズムを整備し、2023年以降はアプリケーション開発に必要なツールを提供する」と宣言していることである[注14]。量子コンピュータの活用シーンを模索する企業を一歩前進させる好材料となる可能性が高い。

❹ 5年後の利用イメージ

量子コンピュータに対する過剰な期待には引き続き注意が必要である。5年後の量子コンピュータはFTQCではなくNISQであるため、量子コンピュータの活用が期待できるのは、一部の問題解決に限られる。つまり、機械学習や最適化問題、シミュレーションなど、現時点で量子コンピュータの

注13 「Investor Presentation」IonQ
　　https://s28.q4cdn.com/828571518/files/doc_presentation/2021/03/IonQ-Investor-Presentation-030721-vFF.pdf
注14 IBMブログ
　　https://research.ibm.com/blog/quantum-development-roadmap

活用が見込まれている問題のうち、計算エラーがあっても結果には大きな影響を及ぼさない問題だけとなる。

一方、量子コンピュータへの関心が高い金融機関では、この時期までに量子コンピュータ活用の道筋を立てている可能性が高い。ゴールドマン・サックスは、2020年に「5年以内に量子コンピュータが業務を支えるようになる」と予測した。完全に既存の業務を置き替えることは難しいが、古典コンピュータを併用しながら、リスク分析の一部の計算をNISQで実行する、といった活用が始まる。

❺ 実現に向けた課題：古典コンピュータとの正当な比較

量子コンピュータと古典コンピュータとを正当に比較することは難しい。量子コンピュータだけでなく、古典コンピュータも進化を続けている。最新のハードウェアの活用や計算アルゴリズムの工夫によって、古典コンピュータの計算性能を飛躍的に向上できるからである。

それを象徴する論文が、中国の研究チームから2021年10月27日に発表された「Closing the "Quantum Supremacy" Gap: Achieving Real-Time Simulation of a Random Quantum Circuit Using a New Sunway Supercomputer[注15]」で、同論文によると、グーグルが量子超越性の検証において「スパコンで1万年かかる」と発表した計算は、最新のスパコンと計算アルゴリズムを駆使すると304秒しかかからなかったという。

世界初のコンピュータ「ENIAC」が登場したのは1946年である。約80年の歴史を通じ、古典コンピュータは多くのソフトウェア資産を蓄積し、扱える人材を豊富に育成してきた。量子コンピュータとの優位性の比較は、ハードウェアの性能だけで決められるわけではないのである。

注15 Yong（Alexander）Liu、Xin（Lucy）Liuほか「Closing the "Quantum Supremacy" Gap: Achieving Real-Time Simulation of a Random Quantum Circuit Using a New Sunway Supercomputer」https://arxiv.org/abs/2110.14502

2.4 AI2.0
AI2.0による新時代の幕開け

エグゼクティブサマリ

●サマリ

・「AI2.0」は、従来の「AI（AI1.0）」に欠けていた「説明可能性」「堅牢性」「敏捷性」の獲得によって実用性を高め、さらに「創造性」「革新性」のような新たな可能性を兼ね備えた次世代のAIである。AI1.0では困難とされてきた高度な判断や創造的な作業にも活用されるようになる。

・ディープラーニングの登場により画像認識の精度が格段に高まったのがAI1.0であった。「GPT-3」をはじめとする超巨大言語モデルの登場により、AI2.0では、今後、自然言語処理が飛躍的に進化する。

・マイクロソフトは、超巨大言語モデルをソフトウェア開発に生かそうとしている。

●サービス・ソリューションのロードマップ

・〜2023年度：黎明期。AIは説明可能性、堅牢性、敏捷性が向上し、実用性が高まる。

・2024年度〜：発展期。AIの開発生産性が大幅に向上し、超巨大言語モデルが実用化される。

●課題

・AIの実用化に向けては、活用シーンや目的に合わせてAIを適用する「Applied AI（AI適用）技術」が必須となる。

・超巨大言語モデルの場合、人間が無意識のうちに抱いている「バイアス（偏見）」を反映してしまうおそれがある。

・超巨大言語モデルの多くはスーパーコンピュータクラスの巨大な電力を必要とする。

第2章　5年後の重要技術　75

第三次AIブームが始まるきっかけとなったのは、2012年に物体認識の精度を競う国際コンテスト「ImageNet Large Scale Visual Recognition Challenge 2012」において、ディープラーニングを用いたトロント大学チーム「Super Vision」の圧勝劇である。

　それから約10年が経過し、企業のAIに対する熱狂はやや落ち着きをみせながらも、変わらず関心の高い技術であり続けている。この10年を振り返ると、ディープラーニングに代表される機械学習の研究や実証実験が中心であった「AI1.0」を経て、2020年ごろからは「AI2.0」へと進化しようとしている（図表2-4-1）。AI2.0は、AI1.0に欠けていた「説明可能性」や「堅牢性」「敏捷性」の獲得により実用性を高め、加えて、新たな可能性を開く「創造性」や「革新性」を兼ね備えたものである（図表2-4-2）。

AIの実用性を高める説明可能性、堅牢性、敏捷性

　ディープラーニングを業務に適用する上で課題となるのが、AIによる推論結果が正確であっても、その判断ロジックが「ブラックボックス」のためわからないことである。文字認識のように正解が1つに絞り込まれるケースでは、ブラックボックスであったとしてもあまり問題にならない。しかし、融資審査のように限度額や金利などの面で、必ずしも正解が1つではないケースでは、判断根拠を示せない推論では価値は乏しくなる。

　また、法規制もこうした課題に追い討ちをかける。2021年4月、EC（European Commission：欧州委員会）は「AI規制法」とも呼ばれる「Artificial Intelligence Act」を公表した。将来的に、ECは用途や目的に合わせ、AIを「禁止」「ハイリスク」「限定リスク」「最小リスク」に分類し、リスクに応じて活用を制限したり、説明を求めたりする可能性が高い。

　こうしたブラックボックスの解決策として、近年、急速に実用化が進んでいるのが「XAI（Explainable Artificial Intelligence：説明可能なAI）」である。XAIにもさまざまな手法があるが、中でも既存の機械学習モデルに外づけ可能なXAI技術の発展は目覚ましい。推論時の入力値の周辺で変数を徐々に変更しながら、出力値を観測することで各変数の推論結果への影響度

図表2-4-1 AIの10年の進化

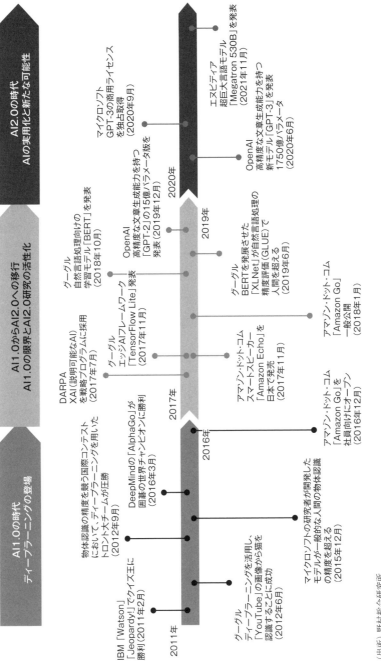

(出所)野村総合研究所

第2章 **5年後の重要技術** 77

図表2-4-2　AI2.0の性質

進化の方向性	性質	要素技術の例	効果
実用性を高める	説明可能性	XAI	判断根拠の推測が可能となり、バイアスの検知や信頼性が向上する
	堅牢性	シンセティックデータ	学習データを機械的に生成し、欠点を改善できる
	敏捷性	転移学習	学習済みのモデルをカスタマイズすることで迅速にAIを開発できる
新たな可能性	創造性	GAN	付加価値の高い「デザイン」や「開発」のようなタスクに利用できる
	革新性	超巨大言語モデル	要約、文章生成、会話などの自然言語処理分野のブレークスルー

（出所）野村総合研究所

を測り、判断根拠を推定するという手法などがあり、本来ブラックボックスであるAIに対し、内部状態の解析によって「説明可能性」を実現する。

　周辺環境によらず、常に安定した性能を発揮できるようにする「堅牢性」は、AIが実験室を離れて現場で活用される際に欠かすことができない。先進企業の間で堅牢性を高めるための技術として注目を集めているのが、「シンセティックデータ」である。これは、不足している学習データを統計学やシミュレーション、CG技術などの組み合わせによって生成する人工データのことを指す。

　アマゾン・ドット・コムはレジなし店舗「Amazon Go」で、人の動きを捉えるためのAIの学習にシンセティックデータを活用している。具体的には実際の店舗で人が商品を取り出す動きを再現した3次元CG動画によって大量の学習データを生成し、画像認識の精度を高めることに成功した。

　あらゆる環境が目まぐるしく変化し、将来の予測が困難な「VUCA（Volatility、Uncertainty、Complexity、Ambiguity）時代」の企業には、世の中のニーズの変化を素早く捉え、柔軟に対応する「敏捷性」が求められる。既存の学習済みAIを別の領域の問題解決に適用する「転移学習」と呼ばれる

手法の研究が進んだことで、AIの開発期間は大幅に短縮されつつある。2021年4月、エヌビディアは企業が迅速にAI開発に取り組むことを可能とする「NVIDIA TAO Toolkit」をリリースした。ゼロからモデルを設計・学習する代わりに、DBを導入するように事前学習済みモデルをカスタマイズすることで、企業は自社に合わせたAIを開発できる。第三次AIブームから約10年が経ち、産業としての成熟が進んだことでAIの開発もシステム化されつつある。

AIの新たな可能性を切り開く、創造性と革新性とは

これまで困難と思われてきた「創造性」にかかわる分野でもAIの活用が始まっている。2020年9月、カルビーはパッケージのデザインをAIで刷新したポテトチップス「クランチポテト」を発売した。リニューアルの結果、売り上げは1.3倍に向上したという。デザインの検討には、包装に関するマーケティングやリサーチをてがけるプラグの開発した「パッケージデザインAI」を活用した。

これは人の考案するデザイン案をAIが評価するしくみになっており、パッケージから受ける印象を年代や性別ごとにAIが予想する。実際に人を集めて評価する方法と比べ、短時間で大量のデザインを試すことができる。プラグは、ビールや炭酸飲料、スナック菓子などの調査で蓄積してきたデータからこのAIを開発したという。人の感性にかかわるデータが収集できれば、創造性の分野でもAIは効果を発揮する。

今後、飛躍的に進化すると予想される分野が自然言語処理である。2020年6月、非営利のAI研究機関である「OpenAI」は、要約や置換、翻訳などさまざまな自然言語処理に応用可能な超巨大言語モデル「GPT-3」を発表した。GPT-3はパラメータ数が異なる複数のモデルがリリースされており、最も大きなモデルではインターネットから収集した45テラバイトに及ぶ膨大なデータを1750億ものパラメータからなるニューラルネットワークに学習させている。

GPT-3の画期的な機能が、わずか数例から学ぶ「フューショットラーニン

図表2-4-3　GPT-3の返答例

入力

出力

(出所) 野村総合研究所

グ（Few-shot Learning）」である。実際に、OpenAIの「Playground」で以下の3つの凡例を与えて質問した（図表2-4-3）。

（凡例）
・Aはナスが好きです＝＞A, ナス, 好き
・Zはモモが好きです＝＞Z, モモ, 好き
・Kはキュウリが好きではありません＝＞K, キュウリ, 嫌い

（質問）
・Yはブドウが好きです＝＞

GPT-3によって凡例が解析され、「＝＞Y, ブドウ, 好き」と期待通りの出力が得られた。実験時には、GPT-3は、「せっかくなのでデータをCSV形式で保存しましょう」と入力者の意図を推し量った文章を加え、さらに会話は続き、「Before we start, it's worth to note that I used some open source software for this experiment」で締めくくられた。たとえ同じ凡例と質問の組み合わせであったとしても、返信は一様ではなく、ある種の多様性を感じさせる。そのためGPT-3は、まるで人と対話しているように感じられることさえある。GPT-3のような超巨大言語モデルは、AIの革新性を切り開く技術である。

 事例

シャネル リップスキャナー

2021年3月、シャネルはAIによって写真から最も似た色の口紅をみつけ、仮想試着できるスマートフォンのアプリ「リップスキャナー」をリリースした（図表2-4-4）。憧れのモデルの写真からAIが唇を認識し、リップカラーを抽出して400点以上の商品の中からそれに近い色合いと質感の口紅を選び出す。試着したい場合は、スマートフォンの内蔵カメラで撮影した自分の顔に口紅の色をディスプレイ上にリアルタイムで合成して確認できる。

アプリの実用化には2つの課題があった。1つはデータの「バイアス（偏り）」である。リップスキャナーではリップカラーの抽出や合成のためにAI

第2章　5年後の重要技術　81

図表2-4-4　シャネル「リップスキャナー」

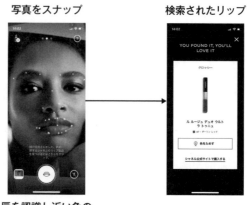

（出所）野村総合研究所が撮影

が唇を認識する。シャネルはプロモーション活動において大量の写真を撮影するため、当初、AIの学習データには困らないと考えていた。しかし、データには人種による偏りがあったため、認識率に差が生じた。そこで同社はシンセティックデータを活用し、データの問題を解消した。具体的には、GAN（Generative Adversarial Network：敵対的生成ネットワーク）によって、さまざまな人種のリアリティの高い人の顔を大量に生成して唇の認識精度を高めた。

　実用化に向けたもう1つの課題は、リップの仮想試着の際の顔データの取り扱いである。2018年5月にEUで施行されたGDPR（General Data Protection Regulation：一般データ保護規則）では、EU域外への個人データの移転は、「個人データの保護を十分なレベルで保障している」とEUが認めた国に限られている。もし、スマートフォンで撮影されたデータを、EUが移転を認めない国に存在するサーバー上で処理した場合、処罰の対象となるおそれもある。同社はその解決策として、「エッジAI技術」を使用し、スマートフォン上でAIが推論できるようにした。ユーザーが撮影した写真はサーバーにはアップロードされず、個人が一意に識別されるようなデータも一切

収集しないしくみとした。

シンセティックデータとエッジAI技術を活用して実用化の壁を乗り越えた好例といえる。

マイクロソフトによるGPT-3の活用

コンピュータリソースの提供などによってOpenAIの研究を支援してきたマイクロソフトは、2020年9月、GPT-3の商用ライセンスを独占取得した。2021年5月に開催した同社の開発者向け年次イベント「Microsoft Build 2021」で、ローコード開発プラットフォーム「Microsoft Power Apps」の新機能として、英語で記述された文章を入力すると、開発者に代わってGPT-3がプログラムコードを自動生成する機能を披露するなど実用化を進めている（図表2-4-5）。データの抽出や並べ替えのような難易度の高い処理もAIがコードを生成するため、生産性が向上する。

2021年6月、マイクロソフト傘下のGitHubは、AIを活用したペアプログ

図表2-4-5 「Microsoft Power Apps」上でのGPT-3によるコード生成のイメージ

手作業によるコーディング
数ヵ所の処理が難しく生産性が低い

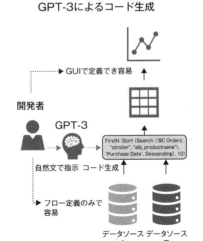
GPT-3によるコード生成
開発者とGPT-3が協力し生産性が向上

（出所）野村総合研究所

ラミングツール「GitHub Copilot」を公開した。これは、プログラマーが記述したコメント文や変数名などからAIが関数の目的を推論し、書こうとしているコードを予測して、リアルタイムで補完してくれるソフトウェアである。GPT-3をもとにOpenAIが開発した「OpenAI Codex」が活用されており、OpenAI Codexは、GitHubで公開されているソースコードからコメント文とコードの関係を学習している。

GitHub Copilotは、マイクロソフトの統合開発環境「Visual Studio」などで利用可能で、JavaやPythonのような主要な言語に対応している。公開時点では、プログラマーが具体的なコメントを心掛けたり、変数名に意味を込めたりするなど、いくつかのポイントを押さえなければ十分な推論精度は発揮できない。しかし、マイクロソフトがGPT-3の実用化対象として選択したことが示すように、ソフトウェア開発は超巨大言語モデルの革新性を生かすことができる有望領域の1つといえるだろう。

❷ ITロードマップ

図表2-4-6にAI2.0のロードマップを示す。

～2023年度：黎明期。AIは説明可能性、堅牢性、敏捷性が向上し、実用性が高まる

AIは文字認識や音声認識のような単純作業から、より高度な判断を伴う作業に適用されるようになる。金融機関では、決定木などで開発されたレガシーシステムから、XAIにより説明可能性を有する機械学習のシステムへと置き替えが始まる。

AIのアルゴリズムの急速な進化に対して学習データも変化する。リアルデータに依存した従来型の方法も残るが、シンセティックデータの活用が本格化する。以前から自動運転技術に必要なAIの学習には、CGと物理現象を再現したシミュレーションシステムが活用されていたが、専門的な知識を持つエンジニアが科学技術演算用の高度なソフトウェアなどを組み合わせて作

図表2-4-6 AI2.0のロードマップ

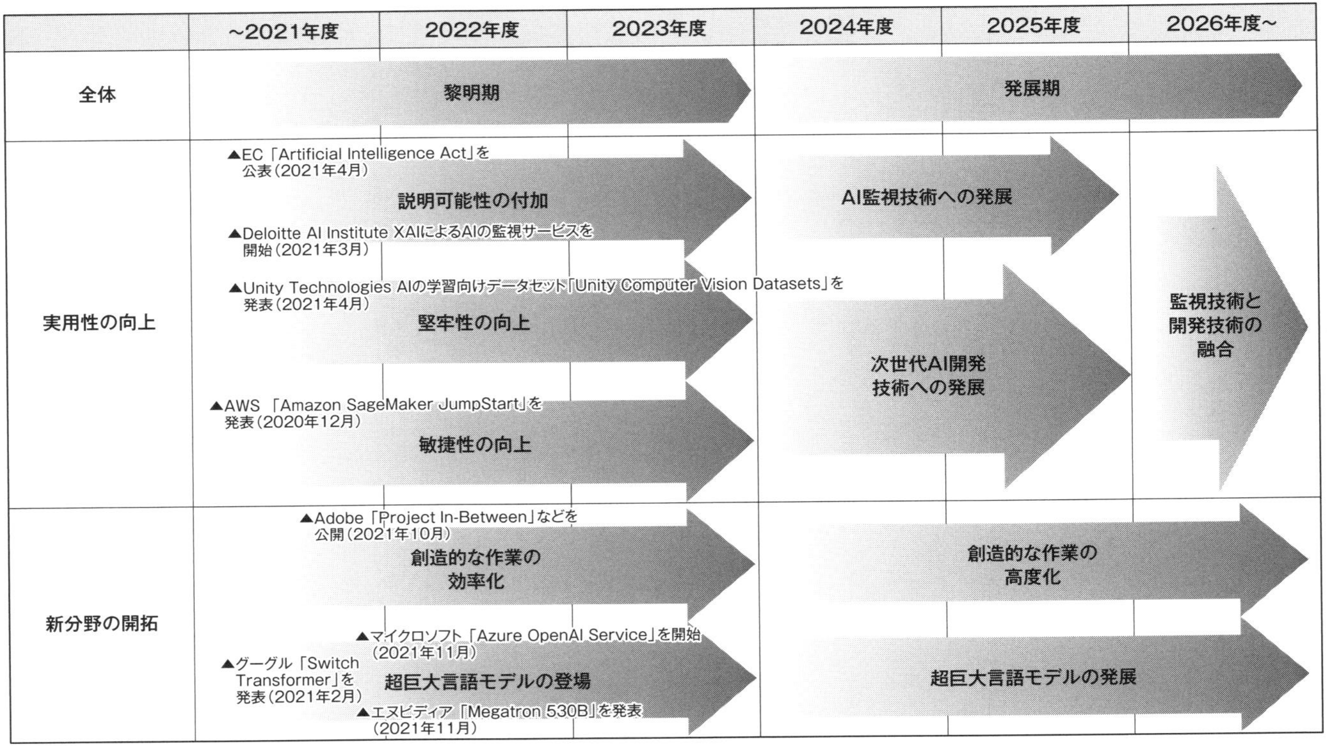

	～2021年度	2022年度	2023年度	2024年度	2025年度	2026年度～
全体	黎明期				発展期	
実用性の向上	▲EC「Artificial Intelligence Act」を公表 (2021年4月) ▲Deloitte AI Institute XAIによるAIの監視サービスを開始 (2021年3月)	説明可能性の付加		AI監視技術への発展		監視技術と開発技術の融合
	▲Unity Technologies AIの学習向けデータセット「Unity Computer Vision Datasets」を発表 (2021年4月)	堅牢性の向上		次世代AI開発技術への発展		
	▲AWS「Amazon SageMaker JumpStart」を発表 (2020年12月)	敏捷性の向上				
新分野の開拓	▲Adobe「Project In-Between」などを公開 (2021年10月)	創造的な作業の効率化		創造的な作業の高度化		
	▲グーグル「Switch Transformer」を発表 (2021年2月) ▲マイクロソフト「Azure OpenAI Service」を開始 (2021年11月) ▲エヌビディア「Megatron 530B」を発表 (2021年11月)	超巨大言語モデルの登場		超巨大言語モデルの発展		

(出所) 野村総合研究所

成していたため、資金に余裕のある自動車産業などに限られてきた。しかし、2021年4月、Unity TechnologiesがAIの学習向けデータセット「Unity Computer Vision Datasets」を発表するなど、シンセティックデータを比較的容易に生成可能な環境が整ってきたことで、スタートアップ企業や他の産業でも利用が進む。

　AIの開発は、モデルを設計してゼロから学習する「フルオーダー」型だけでなく、最適な学習済みモデルを選択し、転移学習によってカスタマイズする「パターンオーダー」型も活用されるようになる。2020年12月、AWS（Amazon Web Service）は事前学習済みのモデルから転移学習によりAIを開発できる「Amazon SageMaker JumpStart」を発表した。開発者の間で人気が高いオープンソースのモデルを集めた「モデルズー（Model Zoo）」を活用できる。

　AIを活用して人の創造的な作業を効率化するソリューションも登場する。たとえば、2021年10月、Adobeは連続するシーンを撮影した写真からAIによって動画を生成する「Project In-Between」を公開した。また、写真からポーズを抜き出し、別の写真の人物のポーズを変更できる「Project Strike a Pose」、イラストレーションに自然な影をつける「Project Shadow Drop」も開発されている。これらの機能は、将来的にAdobe製品に組み込まれ、世界中のクリエイターが活用するようになるだろう。

　GPT-3の登場により、超巨大言語モデルがAIの新たなフロンティアとなり、メガAIベンダーの新たな主戦場となりそうな様相を呈している。たとえば、グーグルは2021年2月に「Switch Transformer」と呼ぶ「グーグル版GPT-3」ともいえる言語モデルを発表している。マイクロソフトは2021年11月にGPT-3の商用サービスとして「Azure OpenAI Service」を開始、エヌビディアも同じく2021年11月に超巨大言語モデル「Megatron 530B」を発表するなど、超巨大言語モデルの研究開発は加速している。

2024年度〜：発展期。AIの開発生産性が大幅に向上し、超巨大言語モデルが実用化される

AIによる推論結果を説明可能とするXAI技術は次第にAI監視技術へと発展する。たとえば、2021年3月、Deloitte AI InstituteはXAI技術を開発する英国のChatterbox Labsと共同で「Model Insights technology for Trustworthy AI」を発表した。XAI技術により推論過程を可視化し、AIの性能劣化の原因を解析したり、AIの判断に倫理的な問題が含まれていないかどうかを常時監視したりするサービスである。AIの実用化が進むことで、先進的な企業の中には大小問わず、複数のAIがシステムに組み込まれることが想定され、AIを一元的に監視する必要性が高まる。説明責任が伴うAIは「AI時代のバグ」ともいえる「バイアス」が混入していないかどうか、第三者機関によって監査を受けるようになるだろう。

AIの開発に必要な学習済みモデルを前述のモデルズーのようなリポジトリから自動的に選択し、転移学習に必要なデータを生成する次世代AI開発技術も登場するだろう。将来的には、AI監視技術と融合し、AIのライフサイクル全体を統合的に開発管理するプラットフォームになると予想される。

AIは、人との創造的な作業の中で人の感性をデータとして取り込み、デザイナーの嗜好やアイデアを徐々に再現できるようになる。デザイナーの助手であったAIは、デザイナーに代わり、将来的にマーケットプレイスで取引され、他のデザイナーとのコラボレーションによって対価を得る可能性もある。複数のAIが互いにデザインをぶつけ合い、人間には思いつかないような創作物を生み出す時代になる。

メガAIベンダーによる超巨大言語モデルの開発競争は発展期を迎え、実用的なケースが登場する。2022年時点では、テキストの操作を真似るだけにすぎないが、将来的には新入社員が先輩社員から学ぶように人の作業を観察して代行できるようになる可能性がある。超巨大言語モデルが順調に進化すれば、操作方法を数例で獲得し、24時間休みなく働く、真のソフトウェアロボットとなるだろう。

第2章　5年後の重要技術　87

❸ ５年後の利用イメージ

　転移学習やシンセティックデータを用いた開発手法が普及し、AIは現在よりも格段に開発しやすくなる。さまざまなシステムにAIが組み込まれ、人の作業を補助したり、高度化したりする。創造的な分野でも、AIは人のアイデアを具体化したり、引き出したりするためのツールとして活用される。

　「Alexa」や「Siri」のような音声エージェントは、超巨大言語モデルと融合し、「ウィキペディア」の記事をわかりやすく要約して伝えるなど、会話はより自然になる。超巨大言語モデルは、ECサイトの商品説明のような接客でも活用されるようになっているだろう。

❹ 普及に向けた課題

　AIはAI2.0となることで説明可能性や堅牢性、敏捷性が高まり、実用化に当たり不足していた機能が拡充される。しかし、たとえ99.999％の高い精度を誇るAIであったとしても、ミスが起こる可能性をゼロにはできない。このため、AIの実用化には、活用シーンや目的に合わせた「Applied AI（AI適用）技術」が欠かせない。たとえば、ロボットを活用した宅配サービスをてがける米国のStarship Technologiesは、AIによる自動操縦が難しいシーンでは、人の遠隔操作により事故を未然に防いでいる。このようなしくみは「Human-in-the-loop」と呼ばれ、無人航空機による爆撃の最終判断など、人による重要な意思決定が必要な場面で長年活用されてきた技術である。実用化に向けて現場の試行錯誤から生まれるこれらのアイデアは、AI時代に価値を増すだろう。

　超巨大言語モデルは大きな期待を抱かせる一方で、多くの課題も露呈している。たとえば、GPT-3はインターネット上から収集した膨大なデータを学習している。このデータには人間が無意識のうちに抱いている偏見が無数に

含まれており、「AIバイアス」を生む原因となっている。また、GPT-3のような巨大な言語モデルを学習したり、維持管理したりするためにはスーパーコンピュータクラスの巨大な電力を必要とする。このため、超巨大言語モデルの研究は、資金に余裕のある一部の企業に限られており、今後、そうした一握りの企業に成果が独占される可能性がある。自然言語処理分野の健全な発展のためにも、超巨大言語モデルの研究は、特定の組織にとらわれることなく、より多くの研究者と企業によって進められるべきである。

2.5 処方的アナリティクス
数理最適化の民主化の始まり

エグゼクティブサマリ

●サマリ

・「デジタルトランスフォーメーション（DX）」の実現のため、データサイエンティストはビジネスの判断と行動に直結するわかりやすい分析結果を事業部門のDX人材に提供する必要がある。

・アナリティクスには、"過去を知る"ためのアナリティクスと、"未来を考える"ためのアナリティクスとがある。後者に該当する処方的アナリティクスは、「これから何をするべきか？」を知るために用いられるもので、"アナリティクスにおける最終段階"といわれている。

・処方的アナリティクスは、統計学、機械学習、強化学習に加え、「数理最適化」の手法が用いられる。数理最適化は、現実の問題を目的関数と制約条件から構成される数式で表現（モデル化）し、アルゴリズムによって最適解を求める手法である。

・問題のモデル化をしなくても、数理最適化を適用できる「ブラックボックス最適化」の技術は、処方的アナリティクスの活用をさまざまな業界や業務のテーマに対して拡大させる。

・大規模言語モデルによる自然言語（言葉）を使ったプログラミングの自動化は、処方的アナリティクスの学習ハードルを下げていく。自動機械学習（AutoML）の登場で「機械学習の民主化」が進んだのと同様に、数理最適化の分野でも「数理最適化の民主化」が始まるだろう。

●ロードマップ

・2022〜2023年度：機械学習と数理最適化を併用したアナリ

ティクスの活発化。
・2024〜2025年度：処方的アナリティクスを適用するビジネス
　領域の拡大。
・2026年度以降：数理最適化の民主化と意思決定の自動化の始まり。
●課題
・大規模な最適化問題への対応。
・ビジネス制約の正しい理解と、最適解をビジネスで利用するため
　のチェックの徹底。

　新たなテクノロジーの登場により、ビジネス、社会構造、生活スタイルに
変革がもたらされることを「産業革命」と呼ぶ。18世紀後半に英国で起こっ
た第一次産業革命では、蒸気機関などのテクノロジーが工場の機械化を実現
させた。19世紀後半に起こった第二次産業革命では、石油と電力を用いた
大量生産・大量輸送が始まり、20世紀後半に起こった第三次産業革命では、
コンピュータによる作業の自動化が一層進んだ。そして近年、IoT（Internet
of Things：モノのインターネット）、AI（人工知能）、ビッグデータ、ロボッ
トなどの技術革新により、第四次産業革命が始まったといわれている。これ
までテクノロジーは、主に人間が担っている作業を効率化するために利用さ
れてきた。しかし第四次産業革命では、テクノロジーとデータを組み合わせ
ることによる新たなビジネスの創造が期待されている。
　第四次産業革命におけるIT（情報技術）の進化は、現実世界のさまざま
な事象をデータ化し、デジタル空間へ蓄積して活用できるようにした。そし
て、蓄積されたビッグデータから新たな価値を発見することで、ビジネスの
変革や新しいビジネスの創出が始まっている。このような世の中の動きは、
「デジタルトランスフォーメーション（Digital Transformation：DX）」と呼
ばれている。日本では経済産業省が、「企業がビジネス環境の激しい変化に
対応し、データとデジタル技術を活用して、顧客や社会ニーズをもとに、製
品やサービス、ビジネスモデルを変革すると共に、業務そのものや、組織、

図表2-5-1　DXに対応する人材

DXに対応する人材（呼称）	定義
プロダクトマネージャー	DXやデジタルビジネスの実現を主導するリーダー格の人材
ビジネスデザイナー	DXやデジタルビジネス（マーケティング含む）の企画・立案・推進等を担う人材
テックリード （エンジニアリングマネージャー、アーキテクト）	DXやデジタルビジネスに関するシステムの設計から実装ができる人材
データサイエンティスト	事業・業務に精通したデータ解析・分析ができる人材
先端技術エンジニア	機械学習、ブロックチェーンなどの先進的なデジタル技術を担う人材
UI／UXデザイナー	DXやデジタルビジネスに関するシステムのユーザー向けデザインを担当する人材
エンジニア／プログラマ	システムの実装やインフラ構築・保守等を担う人材

（出所）情報処理推進機構『IT人材白書2020』（2020年8月）

プロセス、企業文化・風土を変革し、競争上の優位性を確立すること」と、DXを定義している。

　DXを推進するに当たり、情報処理推進機構（IPA）では、DXに対応する人材（以下、DX人材）として7種類を定義している（図表2-5-1）。

　DXでは、ビジネスの判断にデータを活用する。そのため、データとテクノロジーから新たな価値を創出するデータサイエンティストは重要な存在である。IPAの『DX白書2021』（2021年12月）に掲載されている「企業におけるデジタル戦略・技術・人材に関する調査」結果によると、DX人材の確保状況として「大幅に不足している」割合が最も多かったのは、「データサイエンティスト」（28.4％）であった（図表2-5-2）。

　ただし、「大幅に不足している」と「やや不足している」を合わせると、「データサイエンティスト」（55.5％）よりも、「プロダクトマネージャー」（57.1％）や「ビジネスデザイナー」（56.5％）のほうが多くなっている。プロダクトマネージャーは「DXやデジタルビジネスの実現を主導するリーダー格の人材」であり、ビジネスデザイナーは「DXやデジタルビジネスの

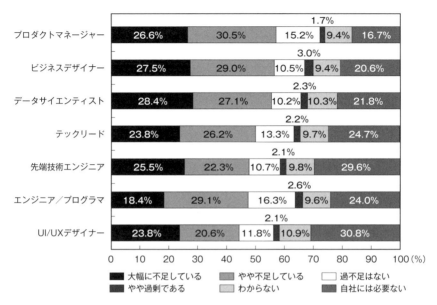

図表2-5-2 DX（デジタル事業）に対応する人材の「量」の確保状況

（出所）情報処理推進機構『DX白書2021』（2021年12月）をもとに野村総合研究所作成

企画・立案・推進等を担う人材」である。DXの実現には、経営者、事業部門、IT部門が企業のビジョンとDX方針について共通認識を持った上で、ビジネスの判断と行動をすばやく実行することが重要になる。データサイエンティストは、事業部門や関連するDX人材（プロダクトマネージャー、ビジネスデザイナーなど）に対して、さまざまなデータから得た知見をわかりやすく共有する必要がある（図表2-5-3）。このような「データの中に潜む、意味があるパターンや知識をみつけ、それを解釈して伝える」プロセスを、一般的に「アナリティクス」と呼ぶ。

アナリティクスは、データの中の意味あるパターンを見出すため、数学、統計学、機械学習、ディープラーニングなどの手法を活用する。表計算ソフトウェアを使って表やグラフから洞察を得ることも、最新のディープラーニング技術を用いた予測も、両者とも「アナリティクス」に該当する。

アナリティクスは、その「使われ方」によっていくつかに分類できる。米

図表2-5-3　データサイエンティストとDXに対応する人材

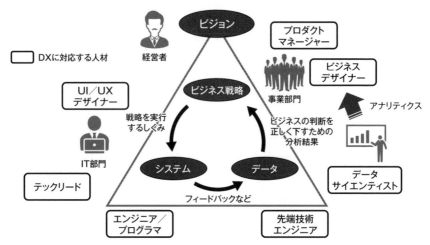

(出所) 経済産業省「デジタルトランスフォーメーションの加速に向けた研究会 ワーキンググループ1　報告書」
(2020年2月) をもとに野村総合研究所作成

国シンシナティ大学のJames R. Evans教授は、著書『Business Analytics』で、アナリティクスを「①記述的アナリティクス（Descriptive Analytics）」「②予測的アナリティクス（Predictive Analytics）」「③処方的アナリティクス（Prescriptive Analytics）」の3つに分類している。米国調査会社のガートナーは、この3つに「④診断的アナリティクス（Diagnostic Analytics）」を加えた4つのタイプに分類している。

これら4つは、分析の「目的」によって大きく2つにわけることができる。"過去を知る"ためのアナリティクスと"未来を考える"ためのアナリティクスである。前者には「①記述的アナリティクス」「④診断的アナリティクス」が、後者には「②予測的アナリティクス」「③処方的アナリティクス」が該当する。

"過去を知る"ためのアナリティクスと"未来を考える"ためのアナリティクスはそれぞれどのようなものなのか。以下にその概要と代表的なソリューションを紹介する。

"過去を知る"ためのアナリティクスとその活用事例

記述的アナリティクス（Descriptive Analytics）

　記述的アナリティクスは、アナリティクスの中で最もシンプルでよく使われている分析活動である。「過去に何が起こったのか？」を理解するために用いられ、データをさまざまな切り口で表現したものである。一般的には、「Excel」などの表計算ソフトや「Tableau」のようなビジネスインテリジェンスツール（BIツール）を使用し、表、グラフ、ダッシュボードなどによりデータを可視化する。BIツールが持つ分析軸の設定や、ドリルダウン（データの詳細化）の機能は、データを多次元的に操作できるため、分析者は過去に起こった事象を詳しく理解できるようになる。

　ただし、それがなぜ起こったのか、将来どのようになるのか、それを踏まえて今後何をすべきなのかは人間が考えなければならない。それゆえ、記述的アナリティクスの難易度はそれほど高くなく、初期段階のアナリティクスといえる。

診断的アナリティクス（Diagnostic Analytics）

　診断的アナリティクスは、記述的アナリティクスをもう一歩進めたもので、「なぜそれが起こったのか？」を明らかにする分析活動である。過去にその事象が起こった原因や因果関係をみつけるためには統計的手法などの分析スキルが必要になるため、データサイエンティストがその役割を担う。診断的アナリティクスに対するニーズは高いものの、恒常的な人材不足のため、これまではビジネスへの適用は限定的であった。

　しかし、複数のデータから自動的にデータ間の相関や因果関係を求め、文章で伝えてくれるソリューションが登場し、診断的アナリティクスの現状が変わり始めている。たとえば、有料動画配信サービスの解約者について、「今月解約した人は先月と比べて、どのようなプランを契約していた人が多かったのか」「性・年代や居住地域で特徴的な差異がみられるのか」「契約中

図表2-5-4　データの中から隠れた傾向を発見し言葉で伝える「dataDiver」

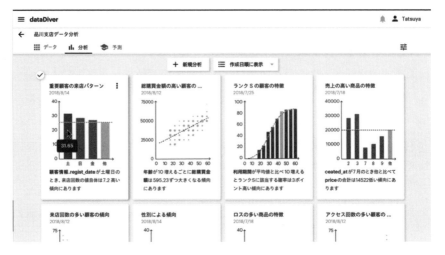

（出所）https://www.dtvcl.com/product/datadiver/

の会員と比べて解約者はどのようなジャンルの動画をよくみているのか」など、通常はデータサイエンティストが統計的手法を用いて分析し、洞察を得ていることを、自動的に発見して文章で伝えてくれるのである。

　複数のデータから、統計的に大事な部分だけを日本語で伝えるソリューションとして、データビークルの「dataDiver」が挙げられる。dataDiverは、はじめに解析の目的を設定すると、複数のデータから分析に用いるデータを自動的に抽出・加工し、統計的に意味がある結果だけを選んでグラフと文章で提示してくれる（図表2-5-4）。また、米国のパロアルトを拠点とするThoughtSpotの次世代BIツール「ThoughtSpot」は、大規模な並列インメモリ計算エンジンを使用して、数十億のデータの組み合わせから隠れた傾向を発見し、言葉（文章）で伝える「SpotIQ」機能を提供している。

　さまざまなデータを加工・整理して、隠れた傾向や特徴をみつけるには、高度な統計的知識とスキルが必要とされてきた。しかし、このようなソリューションを活用することで、専門的な知識やスキルを持たない一般のビジネスユーザーでも、「なぜそれが起こったのか？」の理由を発見できるよ

うになる。これは、診断的アナリティクスの「自動化の始まり」を意味し、今後はビジネスへの適用が加速していくことになるだろう。

❷ "未来を考える"ためのアナリティクスとその活用事例

予測的アナリティクス（Predictive Analytics）

　予測的アナリティクスは、「これから何が起こるのか？」を推測するために用いられる分析活動である。一般的には、過去を理解することで未来を予測するが、予測対象は必ずしも未来だけでなく、「過去のこのときに何が起こったのか？」を予測することもある。予測的アナリティクスは、過去のデータから特徴的なパターンや関係性を検出し、統計学や機械学習・ディープラーニングなどの分析手法を用いて予測をする。昨今のAI・機械学習ブームで取り組みが進んだアナリティクスの多くが、この予測的アナリティクスに該当する。

　予測的アナリティクスは、本来高度な専門知識と分析スキルが必要だったが、「自動機械学習（Automated Machine Learning：AutoML）」という技術革新によって、学習のハードルが一気に下がった。AutoMLは2015年ごろから研究が本格化した新しい分野である。従来はデータサイエンティストの高度な専門知識や経験が必要とされた機械学習の最適なハイパーパラメータ探索や、機械学習アルゴリズム選択の自動化を中心に発展してきた。昨今のAutoMLソリューションは、機械学習を用いた分析で行われる「データの理解・選定・加工」「モデルの構築」「モデルの評価」などのタスク全般を自動化する。AutoMLを活用することで、分析データさえ用意できれば、専門知識がない一般のビジネスユーザーでも機械学習による予測的アナリティクスができるようになりつつある。

処方的アナリティクス（Prescriptive Analytics）

　処方的アナリティクスは、「これから何をするべきか？」を知るために用いられる分析活動である。予測的アナリティクスは将来を予測できるが、そ

第2章　5年後の重要技術　97

の結果がただちにビジネスの行動と一致するわけではない。

　たとえば、コンビニエンスストアで販売されているペットボトルの飲料を題材に考えてみよう。先週までの販売状況から、「来週どれくらい売れるのか」を予測したとする。売れる数がわかれば、次に商品を発注しなければならないが、実際の業務ではその予測数量がそのまま発注量になるわけではない。店舗の商品棚は有限であり、陳列できる商品数には限りがある。また、店舗の在庫状況、発注ロットサイズ、店舗バックヤードの収容力など、ビジネス上のさまざまな制約条件もある。実際のビジネスで求められるのは、「商品がいくつ売れるのか（需要予測）」ではない。さまざまな制約条件のもとで、「売り上げを最大化できる行動（発注）とは何か」である。このようなニーズを明らかにするアナリティクスが、「処方的アナリティクス」である。

　処方的アナリティクスは、「アナリティクスにおける最終段階」といわれており、現時点では予測的アナリティクスのように多くの活動が始まっているわけではない。しかし、いくつかの領域では取り組みが進んでおり、以下にその事例を紹介する。

(1) ダイナミックプライシング（価格最適化）

　プロサッカークラブの横浜F・マリノスは、2019年シーズンからダイナミックプライシングのしくみを用いたチケット販売を実施している。10種類以上あるスタジアムの座席の値段について、過去の販売実績データから売れ行きを予測し、販売の状況に応じて最も収益が見込める価格をシステムが提示する（図表2-5-5）。たとえば、「サポーターズシート」の標準価格は2500円であるが、チケットの売れ行き次第では販売価格が7500円に変更される場合もある。逆に、売れ行きが悪いと値下げされることもある。価格を適正化して収益を最大化するのがダイナミックプライシングのしくみである。

　プロ野球チームでもダイナミックプライシングの導入が始まっており、オリックス・バファローズが2019年7月に実施した実証実験では、チケットの平均単価は2％下がったが、販売数量が17％伸びたため、チケット収入が

図表2-5-5　チケット販売でのダイナミックプライシングシステム「D + Dashboard」

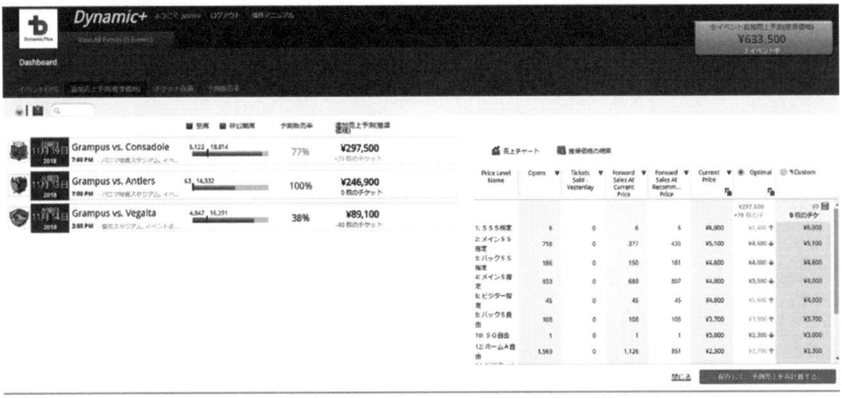

（出所）https://www.dynamic-plus.com/service/ダイナミックプライシングシステム/

14%増加するという結果が得られている。

　横浜F・マリノスやオリックス・バファローズは、米国Nuestarの価格最適化技術を日本向けにカスタマイズしたダイナミックプラスのソリューションを採用している。

　ダイナミックプライシングは、もともと航空券やホテル宿泊などで活用されていたが、スポーツや演劇のチケット販売、ネットショップ、「Uber」のような配車サービス、「Uber Eats」のようなフードデリバリーサービス、電気自動車の充電料金など適用領域が広がっている。

(2)　AIによる発注の最適化

　セブン＆アイ・ホールディングス傘下のイトーヨーカ堂は、2020年9月から食品を扱う全店舗でAI発注のしくみを導入した。AI発注では、商品の販売実績、在庫の状況、天気などを踏まえて、加工食品や酒類など食料品の約8000品目を対象に最適な発注量を提案する。試験運用中の検証によると、発注にかかる時間は約30%、欠品率は約20%、それぞれ削減できたという。コンビニエンスストアのセブン-イレブンや、スーパーの西友、ライフコーポレーションなどでも同様の取り組みが始まっている。

第2章　5年後の重要技術　　99

AI発注のしくみを導入することで、発注作業時間の削減と共に、従業員の経験やスキルに依存しない発注が可能になる。欠品による販売機会ロスや、過剰発注による廃棄ロスの削減も実現する。小売業界は慢性的な人手不足に苦しんでおり、AI発注の導入は今後も広がっていくだろう。

❸ ITロードマップ

　本項では、「処方的アナリティクス」を実現する上で重要となる技術やサービスについて解説する。

数理最適化 (Mathematical Optimization)

　処方的アナリティクスでは、統計学、機械学習、強化学習に加え、「数理最適化」の手法が用いられる。数理最適化は、現実世界のさまざまな局面における意思決定を科学的アプローチで解く「オペレーションズリサーチ」の一分野として発展してきた学問で、与えられた制約条件のもとで目的関数の値を最小（最大）にするような解を求める。

　たとえば、5種類の原料を配合して洗浄力の高い洗剤を開発する場合、機械学習を使うことで、過去の研究データから傾向を抽出し、これまで試していない配分で混ぜた場合、どのような洗浄力になるかは予測できる。一方、ビジネスとして知りたいのは、原料の配合を人が決めて洗浄力を予測するのではなく、「レベル3以上の洗浄力を実現し、なおかつコストが最小になる原料の配合は何か？」である。もちろん、思いつく限りの原料の組み合わせで予測し、目標と制約を満たす配合量を探索するやり方もある。だが、仮に原料が1g刻みで1gから1000gまでとすると、5種類の原料のすべての組み合わせは1000の5乗（1000兆）通りになり、わずか5種類の原料の配合でも膨大な計算が必要となってしまう。このような場合に、効率的かつ高速に解くことができる手法が「数理最適化」である（図表2-5-6）。

　数理最適化は、現実の問題を数式で表現（モデル化）するところから始まる。このモデル化された問題は「最適化問題」と呼ばれ、目的関数といくつ

図表2-5-6　機械学習と数理最適化のインプットとアウトプットの違い

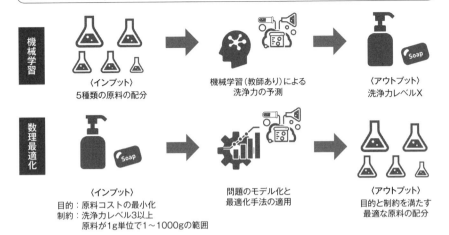

(出所)　野村総合研究所

かの制約式で構成される。通常、目的関数は1つだが、複数の場合もある。そのような最適化問題を「多目的最適化問題」と呼ぶ。また、数式内の変数が連続の値を取るものを「連続最適化問題」、変数が離散値を取るものを「離散最適化問題」、整数の変数と連続値の変数の両方が含まれるものを「混合整数最適化問題」と呼ぶ。これ以外にもさまざまな最適化問題があり、この最適化問題ごとに解法（最適化アルゴリズム）が存在する。

　前述の例では、原料コストの最小化を目的関数とし、「洗浄力がレベル3以上」という制約条件を持つ最適化問題にモデル化できる。数理最適化の実施プロセスは、このように現実の問題を最適化問題にモデル化し、その最適化問題を解くためのアルゴリズムを選択・適用し、最適解（解決策）を求める（図表2-5-7）。モデル化された内容によっては、現実的な計算時間で解けないケースや、そもそも設定された制約条件をすべて満たすような解が存在しないケースもある。そのような場合は、現実の問題をモデル化するところからやり直したり、適用するアルゴリズムを再考したりする。たとえば、変数が整数値しか取らない条件を緩和して連続値になることを許容したりする。このように数理最適化の分析では、制約条件や目的関数をビジネス上許

図表2-5-7　数理最適化の分析の流れ

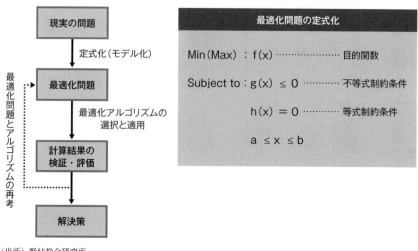

(出所) 野村総合研究所

容できる範囲で修正しながら、妥当な解決策が得られるまでモデルの再考と検証・評価を繰り返す。

　機械学習の活用では、機械学習アルゴリズムを1からプログラミングするのではなく、多くの場合Pythonなどで提供されるライブラリを活用する。数理最適化でも同様に、最適化アルゴリズムを1からプログラミングするのではなく、複数の最適化問題を解くことができる汎用ソルバーを利用することが多い。

　グーグルは、最適化問題の汎用ソルバー「Google OR-Tools」をオープンソースのソフトウェアとして公開している。Google OR-Toolsは、複数の最適化問題（線形計画、整数計画、制約つき最適化、割り当て問題、経路最適化、積載最適化、ネットワーク最適化、スケジューリング最適化など）と、複数のプログラミング言語（C++、Python、Java、C#）に対応している。一般的には、有償の最適化ソルバーのほうが大規模な問題に対して高速に解けるなど高性能であることが多いが、Google OR-Toolsは大規模な問題でも利用可能で、最適化ソルバーの国際コンペ「MiniZinc Challenge 2020」で入

賞するなど、実務でも活用できる性能を持っている。なお、代表的な有償の最適化ソルバーとして、Gurobi Optimizationの「Gurobi Optimizer」、IBMの「CPLEX Optimizer」、NTTデータ数理システムの「Numerical Optimizer」などが挙げられる。

ブラックボックス最適化（Black-Box Optimization）

問題を定式化（モデル化）した上で最適化アルゴリズムを用いて解く数理最適化で難しいのは、現実世界のさまざまな制約条件を踏まえてモデルを作る点である。現実の問題ではモデル化することが困難なケースや、モデル化できても複雑すぎて解析的な最適化が難しいケースが多数存在する。そのため、専門家の技術とノウハウが必要とされる。

しかし、このような場合でも最適化を実現できる「ブラックボックス最適化」という技術が注目を集めている。ブラックボックス最適化は、入力値とそれに対応する目的関数の値のみを使って最適化を行うため、専門的な知識を要するモデル化を必要としない。特定の問題に限定されず、汎用的に対応できる数理最適化の解法の一種であり、メタヒューリスティクス（発見的解法）に分類される。

ブラックボックス最適化は、機械学習アルゴリズムのハイパーパラメータ最適化の研究が契機となり、活用が活発になっている。機械学習アルゴリズムは、複数存在するハイパーパラメータの設定値によって性能（精度）が大きく変わる。そのため、「最も精度が高くなる設定値を求める」という最適化問題になる。

代表的なブラックボックス最適化ソルバーとしては、プリファードネットワークスの「Optuna」が挙げられる。Optunaは、ベイズ最適化などの数理最適化の手法を用いており、複数の目的関数を持つ多目的最適化問題にも対応している。メタ（旧フェイスブック）もオープンソースのブラックボックス最適化ライブラリ「Nevergrad」を公開している。また、グーグルはGoogle Cloud Platform上でブラックボックス最適化サービス「AI Platform Vizier」を提供している。クラウド上でブラックボックス最適化を利用でき

るため、解きたい問題の規模に合わせて計算資源を調整しやすい点が特徴である。これらは、機械学習の精度向上のために用いられるツールであるが、数理最適化のソルバーとしても利用できる。

大規模言語モデル（Large Language Models）

「言語モデル」とは、人間が話したり書いたりする言葉を単語の出現確率でモデル化したものである。コンピュータが人間の言葉を理解・処理するために使われ、通常は大量のテキストデータからディープラーニングの手法を用いて作成される。「大規模言語モデル」は桁違いに大量のテキストデータを使って学習した言語モデルのことで、代表的な例として米国の人工知能研究所OpenAIが2020年7月に公開した「GPT-3（Generative Pre-trained Transformer 3)」が挙げられる。

GPT-3は、WikipediaやCommon Crawl（Webサイトから収集されたデータ）などから集めた45TBもの膨大なテキストデータを前処理し、570GBのデータセットに加工した上で、1750億個ものパラメータを持つ自己回帰型言語モデル（ある単語の次に出てくる単語を予測するモデル）で学習して開発された、これまでにない巨大な言語モデルである。一般的な言語モデルは、大量のテキストデータを使って学習した後、テーマに合わせた専用のデータを使い再学習（ファインチューニング）して精度を高める。しかし、この再学習には教師データ（例題と答えのデータ）を使うため、そのデータの準備に多大な労力がかかるという課題がある。

これに対してGPT-3は、桁違いに大量のテキストデータを用いて学習することで、ファインチューニングを必要としない高精度の言語モデルを作り出した点が特徴である。ほかにも、グーグルが2021年1月に発表した「Switch Transformer」（1兆5000億パラメータ）や、2021年10月にマイクロソフトと米国大手半導体メーカーのエヌビディアが共同で発表した「Megatron-Turing NLG 530B」（5300億パラメータ）など、大規模言語モデルが続々と開発されている。

大規模言語モデルの活用によって、人間が書いたような自然な文章を生成

図表2-5-8　「IBM Decision Optimization for Watson Studio」のモデリング・アシスタント機能

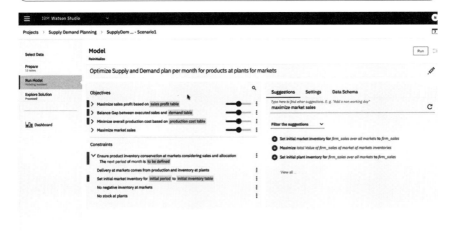

（出所）https://www.ibm.com/jp-ja/cloud/decision-optimization-for-watson-studio

することができるため、記事や小説の執筆、文章の要約、質問に対する回答の自動生成など、さまざまな用途が検討されている。その中で、少し変わった使い方として注目されているのが、自然言語（言葉）を使ったプログラミングの自動化である。マイクロソフトは2021年5月に、ローコード開発ツール「Microsoft Power Apps」内でGPT-3を活用し、自然言語からプログラミング言語のコードを自動生成する機能を発表した。たとえば、「名前が"Kids"で始まる商品を探す」と入力すると、「Filter（'BC Orders' Left（'Product Name',4）= "Kids"）」のようなプログラミング言語のコードに変換してくれる。

　数理最適化では、現実の問題を目的関数と制約条件の数式で表現するモデル化が重要なプロセスである。このように自然言語からコードを自動生成する技術を活用することで、専門的な知識を持たない人でも目的と制約条件を自然言語で指示してモデル化ができるようになる。IBMが提供する処方的アナリティクスに対応したAIプラットフォーム「IBM Decision Optimization for Watson Studio」では、自然言語で目的と制約を定義できる「モデリング・アシスタント機能」を提供している（図表2-5-8）。

図表2-5-9 処方的アナリティクスのロードマップ

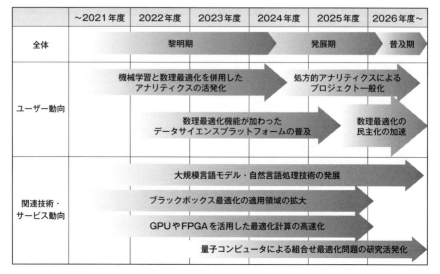

(出所) 野村総合研究所

図表2-5-9に、処方的アナリティクスのロードマップを示す。

2022〜2023年度：機械学習と数理最適化の取り組みの活発化

多くの企業で、機械学習を実業務に適用するための実証実験や本番システムへの展開が進められている。しかし、機械学習による将来の予測だけでは、実業務で得られる効果が限定的なケースが出てくる。

当初はこうしたケースを対象として機械学習を併用した数理最適化の活用が始まり、次第に活発になっていく。数理最適化は、現実の問題をモデル化する必要があるため、まずは最適化問題にモデル化しやすいテーマから取り組まれることになるだろう。たとえば、配送計画、生産計画、従業員のシフト調整、発注計画、価格最適化などである。

また、数理最適化の取り組みが活発化することで、現状では主に統計的手法と機械学習が対象となっているデータ分析環境（データサイエンスプラットフォーム）に、数理最適化の機能が加わり、機械学習も数理最適化も1つ

のデータ分析環境上で扱えるようになるだろう。前述のグーグルのブラックボックス最適化サービス「AI Platform Vizier」は、グーグルの統合AIプラットフォーム「Vertex AI」の一機能として提供されている。またIBM Decision Optimization for Watson Studioも、IBMのAI統合開発環境「IBM Watson Studio」の一機能として提供されており、すでにその兆しは現れ始めている。

2024～2025年度：処方的アナリティクスを適用するビジネス領域の拡大

このころになると、最適化問題にモデル化しがたいテーマに対しても、数理最適化を用いた取り組みが始まるだろう。ブラックボックス最適化は、入力値とそれに対応する目的関数の値のみを使って最適化を行うため、問題のモデル化を必要としない。これにより、数理最適化を用いた処方的アナリティクスの取り組みが、さまざまな業界・業務のテーマに拡大していくことになる。

当初は単純で小規模な問題への適用から始まるが、次第に膨大な計算量を必要とする、複雑で大規模な問題に対しての適用が求められるようになる。そのため、GPU（Graphics Processing Unit）やFPGA（Field Programmable Gate Array）のような、数値計算に特化した半導体技術の活用が本格化するだろう。GPUなどを製造する米国大手半導体メーカーのエヌビディアは、2021年11月に物流の最適化ソフトウェア「NVIDIA ReOpt」を発表した。NVIDIA ReOptは、GPUを使った超並列計算で、ルート計画、倉庫でのピッキング、輸送手段管理などの物流の最適化問題を高速に解く最適化ソルバーである。

また、東芝デジタルソリューションズは、2019年7月に大規模な組合せ最適化問題に特化した「シミュレーテッド分岐マシン（Simulated Bifurcation Machine）」をアマゾンウェブサービスのAWS Marketplaceに公開した。シミュレーテッド分岐マシンは、量子コンピュータ理論の研究から生まれた組合せ最適化アルゴリズムで、FPGAやGPUを使った高速な計算を実現している。

第2章　5年後の重要技術　107

2026年度以降：数理最適化の民主化と意思決定の自動化の始まり

大規模言語モデルの発展により、自然言語を使ったプログラミングの自動化が進む。処方的アナリティクスでも、問題のモデル化や計算が自然言語で指示できるようになるだろう。そして、処方的アナリティクスの分析活動がデータサイエンティストから、プログラミングスキルを持たないビジネスアナリストや市民データサイエンティストへと徐々に広がることで、処方的アナリティクスを用いたプロジェクトが特別なものではなくなっていく。AutoMLの登場により「機械学習の民主化」が進んだように、数理最適化の分野においても、「数理最適化の民主化」が始まることになる。

処方的アナリティクスが特別なものでなくなると、人間のチェックや判断を挟まずに分析結果を直接活用するケースが増えてくると考えられる。これは、処方的アナリティクスの結果がビジネスの行動にダイレクトにつながる「意思決定の自動化」を意味する。

 実現に向けた課題

大規模な最適化問題への対応

処方的アナリティクスがさまざまなテーマに適用されるようになると、より大規模で複雑な問題への対処が必要になる。最適化問題の一大領域として、変数が整数値の離散最適化問題の一種である「組合せ最適化問題」がある。現実の問題では、求めたい解は整数値であることが多い。たとえば、コンビニエンスストアへの配送計画で「ビールのケースを1.5箱納品する」、あるいは、アルバイトのシフト調整で「9時から12時まで1.5人シフトに入る」ことは、現実的にはあり得ない。なぜならば、人やモノの単位は、通常は整数値だからである。組合せ最適化問題では、有限個の"もの"の組み合わせの中から目的関数を最小または最大にする変数の組合せ（最適解）をみつける。このとき、組合せ最適化問題の取り得る解の数は、変数の組み合わせの数になる。前述の"5種類の原料を配合して洗浄力の高い洗剤を開発する"例では、5種類の原料の組み合わせは、1000の5乗（1000兆）通りあると示

した。このように、解の組み合わせが階乗や指数関数に比例して急激に大きくなり、現実的な計算時間で最適解をみつけることが困難になることを「組み合わせ爆発」と呼ぶ。一般的に、組合せ最適化問題は計算が大規模になってしまうケースが多く、計算の高速化は大きな課題になる。

課題解決に向けては、GPUやFPGAなどの数値計算に特化した半導体技術の活用だけでなく、将来的には量子コンピュータの活用も視野に入ってくる。量子コンピュータは、大きく分けると「量子ゲート型」と「量子アニーリング型」があり、前者は素因数分解やシミュレーションアルゴリズムの高速計算、後者は組合せ最適化問題を高速に解くことができると期待されている。

自動車部品メーカーのデンソーは、量子コンピュータを活用して、工場内の無人搬送車の経路最適化の実証実験を行っている。カナダのD-Wave Systemsが開発している量子アニーリング型の量子コンピュータを使用し、工場内の無人搬送車のシミュレーションを行ったところ、従来の方式では無人搬送車の稼働率が80%だったのに対し、量子コンピュータを用いたリアルタイム制御では稼働率が95%に上昇したという。

ただし、現時点では量子コンピュータよりも従来型コンピュータを使用するほうが、解ける問題の規模や計算速度の点で上回ることが多く、組合せ最適化問題への量子コンピュータの適用が実用レベルに至るまでは、もう少し時間がかかると考えられる。

ビジネス制約の正しい理解と最適解のビジネス活用チェックの徹底

数理最適化のビジネス適用は、一度モデルを作成し、計算をして終わりではない。計算結果がビジネスで利用可能かどうかを評価し、課題があれば再度モデルからつくり直す。このプロセスを繰り返す。ビジネスの目的と制約からモデルができるため、当初認識していなかったビジネス上の制約条件が現れ、モデルをつくり直すこともある。これは決して珍しいことではなく、日常的に発生する。こうした状況は、数理最適化の自動化が進んでも変わらない。

第2章　5年後の重要技術　109

将来、数理最適化の民主化が進み、専門知識に乏しいビジネスユーザーが
ツールの力を借りて最適化問題に取り組む際、ビジネス上の目的や制約を正
しく理解してからモデル化を行わなければ、計算して導き出した最適解が現
実のビジネスではまったく使えない結果になることもある。特に、人間の
チェックや判断を挟まずに分析結果を活用する「意思決定の自動化」が進ん
でくると、誤った最適解が直接ビジネスの行動に反映されてしまうおそれも
あり、注意が必要である。

　このような問題の解決に向けては、「シミュレーション」の活用が有効で
ある。シミュレーションとは「ある決定を行うと、どのような結果が得られ
るか」を検証するためのもので、最適解が現実のビジネスで問題を起こさな
いかどうかを机上で確認できる。シミュレーションを活用した最適解の
チェックにより、意思決定の自動化に対する不安感が解消されれば、処方的
アナリティクスの取り組みがいっそう加速することになるだろう。

> **コラム**

機械学習コンペティション

　近年、データサイエンス技術を自社のビジネスに活用する機運が高まっており、すでに何らかの取り組みを進めている企業も増えている。しかし、データサイエンス技術を用いて解決できそうな課題を発見しても、それを解くための実践的な機械学習技術の知識や経験を持っている人材は不足している。基本的な機械学習モデルの構築技術を習得した人材は増加傾向にあるが、ビジネスの具体的な問題に取り組むには、まだ経験の足りない人材が多い。そのような中で、機械学習技術を用いてより実践的な課題を解決する場として、「機械学習コンペティション」が注目を集めている。

■ 機械学習コンペティションとは

　機械学習コンペティションとは、主催者が設定した課題に対して、参加者のデータサイエンティストが、データサイエンス技術を用いてモデルを構築し、課題解決の精度の高さを競うものである。通常、データ分析課題を持つ企業（ホスト企業）が主催者と提携して、コンペティションを開催することが多い。精度の高さは、あらかじめホスト企業が設定した評価指標に基づき、定量的に評価される。

　開催形式は、オンラインで1〜3ヵ月程度の期間で開催されるものと、オフラインで1〜2日程度の短期間で開催されるものとに大別されるが、最近はオンラインが主流である。コンペティションには必ずしも仕事としてデータサイエンスを使っている人ばかりではなく、学生から社会人、ときには別分野の研究者までさまざまな立場の人が参加する。チームを組んで参加することもでき、チームメンバーと議論をしながら課題解決の方針を立てることも多い。オンライン形式の場合、開催期間中に何度もモデルを修正しながら、推論結果を主催者に提出し、スコアと順位の向上を目指し取り組んでいく。このような機械学習コンペティションの流れを整理すると図表1のよう

図表1 機械学習コンペティションの流れ（オンライン形式の場合）

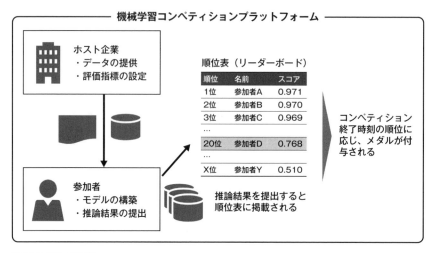

（出所）野村総合研究所

になる。

　機械学習コンペティションの多くは、主催者が提供するプラットフォーム上で開催されている。プラットフォームでは参加者向けにさまざまな機能が提供されており、代表的な機能として「順位表（リーダーボード）」「概説（オーバービュー）」「チームマージ」「ディスカッション」がある。

- 順位表（リーダーボード）：参加者が投稿した推論データの採点結果がリアルタイムで掲示される機能で、参加者が自分の分析精度を評価するのに用いる。評価指標の改善度合いが自動計算され、即時にわかるため、より順位を上げようとする動機づけにもなっている。
- 概説（オーバービュー）：各コンペティションでホスト企業が解決したい課題やデータの内容を解説する機能である。これにより、参加者はコンペティションの目的や課題意識に対する理解をより深められる。
- チームマージ：参加者が複数人で1つのチームを組んで参加する機能

で、各自の知見を共有し合いながらコンペを進めることができる。

- ディスカッション：参加者全員が課題に対してオープンに議論し合うことができる機能で、初心者向けのチュートリアル、課題解決のアプローチ案、参考にすべき外部情報などが書きこまれる。

参加者が双方向でやりとりしながら、課題への理解を深めて順位を競うしくみは、インターネットゲームと似た部分もあり、学びを深めつつ競争を楽しむ場として支持されている。

■ 世界最大の機械学習コンペティションプラットフォーム「Kaggle（カグル）」

2010年に米国で創業した「Kaggle（カグル）」は、これまで何百という機械学習コンペティションを開催しており、世界で最も有名な機械学習コンペティションプラットフォームの1つである。現在、よく使われている機械学習アルゴリズムの中には、Kaggleで用いられることで知名度を高めたものが多くある。たとえば、「XGBoost (eXtreme Gradient Boosting)」や「LightGBM (Light Gradient Boosting Machine)」に代表される勾配ブースティング決定木（Gradient Boosting Decision Tree）や、「Transformer」と呼ばれるニューラルネットワークの新しいアーキテクチャなどは、Kaggleの上位ランカーに多用される中で、その有用性を知らしめてきた。Kaggleは2017年にグーグルに買収され、現在はグーグル傘下の企業となっている。

Kaggleでは、毎年20〜30程度のコンペティションが開催されている。参加者は自身のアカウントを持ち、開催中の複数の中から好きなコンペティションを選んで参加することができる。コンペティションで優秀な成績を収めると「メダル」を獲得でき、メダル獲得を繰り返すと「称号」が与えられる（図表2）。メダルや称号は、定められた条件を満たすとKaggle上に自動的に表示されるようになる。参加者はライバルたちと競い合いながら、より多くのメダルを獲得し、より上位の称号を得られるように、継続的にさまざまなコンペティションに取り組んでいる。称号は、限られたデータサイエン

図表2　Kaggleにおけるメダル獲得と称号付与の基準（Competitionsの場合）

メダル獲得基準

メダルの種類	獲得基準（※）
金メダル	参加チーム総数の 上位0.2〜1%
銀メダル	参加チーム総数の 上位5%
銅メダル	参加チーム総数の 上位10%

称号付与基準

称号の種類	付与基準
Kaggle Grandmaster	金メダル5つ以上 （うち1つ以上は、 単独参加での獲得）
Kaggle Master	金メダル1つ以上かつ 銀メダル2つ以上
Kaggle Expert	銅メダル2つ以上

※参加チーム数1000以上のコンペティションの場合
（出所）https://www.kaggle.com/progression

ティストのみに与えられ、データサイエンススキルに加え、実務課題の理解力や、課題に即した応用的な開発力など、高い能力を有することの証明になる。たとえば最上位の称号である「Kaggle Grandmaster」は、世界でも約300人にしか付与されておらず（2021年11月時点）、その多くはデータサイエンスの専門家として、さまざまな企業・組織で活躍している。

■ 国内の機械学習コンペティションプラットフォーム

　日本にもKaggleのような機械学習コンペティションプラットフォームがいくつかある。最も古いのは「SIGNATE（シグネイト）」というプラットフォームで、登録会員数は2021年7月時点で5万人を超えており、開催されるコンペティションの参加チーム数も多い。新しいプラットフォームとしては、「Nishika（ニシカ）」「ProbSpace（プロブスペース）」「atmaCup（アートマカップ）」などがある。いずれのプラットフォームもオンライン形式で開催され、だれでも参加できるのが共通した特徴である。ディスカッションは日本語のため、参加のハードルも低い。

　国内のプラットフォームの場合、主に国内企業や自治体が分析課題とデー

図表3 国内の機械学習コンペティションプラットフォーム

プラットフォーム名	本社	平均的なコンペ参加チーム数（2021年公開実績より）	特徴
SIGNATE（シグネイト）	日本	約500〜1500	国内で最も古く、規模も最大級の機械学習コンペティションプラットフォーム
Nishika（ニシカ）	日本	約300〜600	中古マンション価格予測や、特許庁がホストとなっている画像処理コンペティションなどを開催
ProbSpace（プロブスペース）	日本	約300〜600	株価予測や、論文の被引用数予測コンペティションなどを開催。人材マッチングサービスで富士通グループと提携
atmaCup（アートマカップ）	日本	約300〜600	小売企業との提携によるコンペティションなどを開催。参加者層が幅広い。コロナ禍前はオフラインコンペティションも開催
【参考】Kaggle（カグル）	米国	約2000〜5000	世界最大の機械学習コンペティションのプラットフォーム。参加国籍数も200近く

（出所）各社公開情報をもとに野村総合研究所作成

タを提供している。それぞれのプラットフォームには特徴があり、Kaggleと掛け持ちして複数のプラットフォームのコンペティションに参加しているデータサイエンティストも多い。また海外のプラットフォームとしては「DrivenData」（米国）、「AIcrowd」（スイス）、「Tianchi」（中国）も有名である。

■ 機械学習コンペティションが注目されるようになった理由

機械学習コンペティションが注目を集めている理由は、企業側に実践的な機械学習モデルの知識や経験を持っている人材が不足していることに加え、分析技術・環境の進化により、機械学習コンペティションに参加するハードルが下がっているためである。具体的には、以下の4つの理由が挙げられる。

第2章　5年後の重要技術　115

①Webブラウザーで動作する機械学習プログラム統合開発環境（IDE）の普及

　一般的に、プログラミングを行う際には、コードの記述、実行をしやすくするため、統合開発環境（IDE）を使うことが多い。機械学習プログラミングにおいても有償・無償のさまざまなIDEが提供されているが、中でも人気があるのがWebブラウザー上で動作するオープンソースのIDE「Jupyter Notebook」である。プログラムを実行するのはJupyter Notebookサーバー側で、Webブラウザーはコードの記述と実行結果を確認できるWebアプリケーションの位置づけになる。そのため、クラウドサービスとの相性がよい。グーグルは「Google Colaboratory（Google Colab）」という、条件つきではあるものの、グーグルアカウントとWebブラウザーがあれば、Jupyter Notebookを無償で利用できるサービスを提供している。

　機械学習モデルの構築には、プログラミング言語としてPythonを用いることが多い。Google ColabにはPythonの実行環境があらかじめ用意されているため、初心者でもすぐにプログラミングができる。また、深層学習などでは、CPUよりも演算速度の向上がみこめるGPU（Graphics Processing Unit）や、グーグルが独自開発したプロセッサ「TPU（Tensor Processing Unit）」を使うことも可能である。

　このように、高性能な自前のオンプレミスの計算資源を持たなくとも、クラウド技術の進化により、手軽かつ安価に高度な機械学習モデルを構築できるようになっている。有償ではあるが、類似のサービスとして、マイクロソフトの「Azure Machine Learning」やアマゾン ウェブ サービスの「Amazon SageMaker」などもあり、選択肢が広がっている。

②オンライン論文投稿サイト「arXiv（アーカイブ）」の一般化

　オンライン論文検索サイト「arXiv（アーカイブ）」とは、1991年に物理学の論文投稿サイトとして始まり、その後、さまざまなサイエンス分野の論文投稿サイトとして普及したサービスである。現在は、米国コーネル大学の

Cornell Computing and Information Science（CIS）が運営している。

　このサイトには、「プレプリント」と呼ばれる査読前の論文が数多く投稿されている。そのため、世界トップクラスの研究者が考案した最新の技術であっても、arXivに投稿されれば、インターネットを通じてだれもが参照できるようになる。現在では、コンピュータサイエンスに関連する最新の論文が投稿されており、優れた論文は査読を経て、その分野の学術誌に掲載される。さらに最近では、「Papers with Code」というサービスの利用も広がっている。このサービスはarXivで発表された論文と、GitHub上に公開されている、その論文の内容を実装したプログラムとを紐づけるものであり、論文のアーキテクチャを実際のプログラムで試しながら理解することを容易にしている。

　機械学習コンペティションでは、与えられたテーマに対するアプローチを考える上で、よく知られた手法だけでなく、最新手法を適用することでよりよい成果が得られることがある。参加者の多くは、arXivを参照して出題されたテーマに合致するような論文がないかを調べてから、分析方針を立てる。また、開催中のコンペティションのテーマと合致した論文が新たに発表されると、前述の機械学習コンペティションプラットフォームの「ディスカッション」機能を使って情報共有される場合もある。arXivが一般化し、実装がより手軽になったことで、世界中の分析者が最新の技術にタイムリーにアクセスすることが可能になっている。

③実用的なオープンソースの深層学習ライブラリの拡充

　深層学習技術の普及当初は、ニューラルネットワークのアルゴリズムは、基本的にすべて一から手組みする必要があった。しかし、近年は深層学習のオープンソースライブラリが徐々に普及し、ライブラリを活用することで、開発時間を短縮でき、より本質的な課題の理解やモデル設計・検証に時間を割くことができるようになってきた。

　さらに最近では、世界中のデータサイエンティストの有志が、最新の深層

学習の手法を、Pythonのライブラリで公開し始めている。たとえば画像処理分野では「Pytorch Image Models（timm）」と呼ばれるライブラリがあり、「EfficientNet」や「ViT（Vision Image Transformer）」などの深層学習を用いた主要な画像処理アルゴリズムが実装されている。自然言語処理分野では「HuggingFace Transformers」と呼ばれるライブラリがあり、こちらも「BERT（Bidirectional Encoder Representations from Transformers）」に代表される最新の自然言語処理アルゴリズムの多くが実装されている。いずれのライブラリも画像や言語の一般的なデータセットを用いて事前学習をしたモデルも含まれており、モデル構築がより簡易にできるようになっている。これ以外にも、多種多様で実用的なオープンソースのライブラリが公開されており、日々更新されている。よく利用される深層学習フレームワークの「PyTorch」や「TensorFlow」などでも基本的なアルゴリズムは実装されているが、より高い精度を求めるには実用的なアルゴリズムを活用する必要がある。このような場合、有志が公開しているオープンソースの深層学習ライブラリは非常に有用である。

④競技人口の増加と企業の採用活動での評価
　近年のデータサイエンス需要の急速な高まりに対応して、機械学習コンペティションの競技人口は急増している。たとえば、Kaggleの登録人数は、創業翌年の2011年には約2万5000人であったが、2021年11月時点では、800万人を超えている（図表4）。競技人口の裾野が広がると共に、ディスカッションも活発になり、さまざまなアイディアが共有され競技のレベルも向上している。Kaggleでは、参加人数が増えるほどメダル獲得者数も増えるしくみになっているため、称号を持ったデータサイエンティストも数多く誕生している。また、称号保有者が増加することで、企業が採用活動などでコンペティションでの実績を評価するケースも増えており、機械学習コンペティションが注目される一因になっている。

図表4 Kaggle登録人数の推移

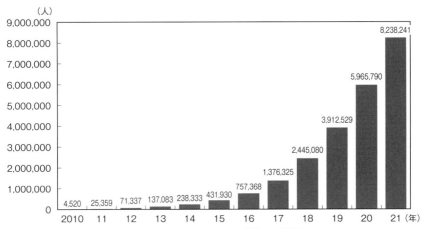

(出所）https://www.kaggle.com/kaggle/meta-kaggle（2021年の数字は11月時点）

■日本人データサイエンティストの活躍

　最新のデータサイエンス論文の多くは米国で発表され、データサイエンス技術の多くは米国企業が中心となって開発している。たとえば、前述の深層学習フレームワーク「PyTorch」はフェイスブック（現メタ）が、「TensorFlow」はグーグルが開発している。そのため、優秀なデータサイエンティストの多くが米国に存在していると思うかもしれない。しかし、実は機械学習コンペティションの上位入賞者には日本人が多い。たとえば、2021年10月時点のKaggleランクの上位1000人を国籍別にみると、日本人がトップで、全体の約23％を占めている（図表5）。

　優秀なデータサイエンティストが日本に数多く存在するものの、現状では所属する企業で有効活用されているとはいいがたい。データサイエンティスト協会が、会員のデータサイエンティストを対象に実施した調査によると、「所属する企業・組織内で、データ分析・解析に関わる人材のスキルが活かせていない」と回答した人は約半数の49％に達している（図表6）。

図表5　Kaggleランク上位1000人の国籍別内訳

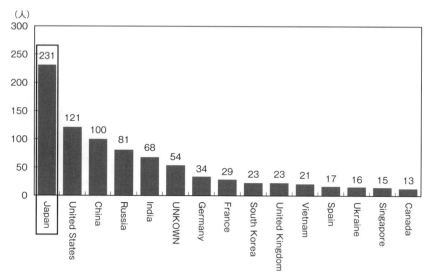

(出所) https://www.kaggle.com/hdsk38/comp-top-1000-data （2021年10月時点）

図表6　データ分析人材のスキル活用状況

Q. 所属する企業・組織内で、データ分析・解析に関わる人材のスキルが活かせていると感じているか

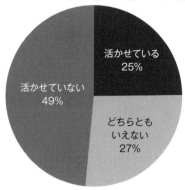

※「十分活かせている」「まあ活かせている」の合計を「活かせている」、「あまり活かせていない」「活かせていない」の合計を「活かせていない」とした
※四捨五入の関係で合計は100％にならない
(出所) データサイエンティスト協会2020年会員向けアンケート（n=599）をもとに野村総合研究所作成

■一般企業における機械学習コンペティションの活用

　一般企業が機械学習コンペティションをどのように活用するかを考えると、大きく「課題解決型」と「人材育成型」の2つが考えられる。

　課題解決型は、機械学習コンペティションでホスト企業になり、課題とデータを提供することである。国内でもKaggleやSIGNATEなどの機械学習コンペティションプラットフォームとタイアップし、具体的な課題解決の場として活用する企業や団体が増えている。

　人材育成型は、機械学習コンペティションでの入賞歴などを採用活動・人事異動、人材育成に活用するというものである。ただし、機械学習コンペティションのテーマは多岐にわたり、チームで参加するケースもあるため、一貫した評価基準の策定が難しい場合がある。企業側は、どのようなスキルを持つ人材を評価したいのか、自社での課題解決をある程度イメージした上で評価基準を策定すべきである。

　機械学習コンペティションは、外部のプラットフォーマーを使わず、社内に閉じて開催することもできる。参加者を自社の従業員に限定することで、コンペティションで提供するデータを社外参加者に公開しなくてすむという利点がある。また、普段はデータサイエンスとは関係ない業務をしている従業員が、社内コンペティションを契機にデータサイエンス技術に関心を持って学び始めたり、実は大学在学時の研究などで高い分析スキルを持っていた人材が発掘されたりするなどのメリットもある。

　社内からせっかく優秀なデータサイエンス人材を発掘・育成できても、優秀な人材は希少であるがゆえに流動性も高い。外部流出を避けるため、特別な人事制度を整備する企業も出てきている。優秀なデータサイエンス人材をどのように育成し、活用するかは、データサイエンス技術を自社のビジネスに取り入れたい企業にとって、今後の課題といえるだろう。

第2章　**5年後の重要技術**　121

2.6 カンバセーションインテリジェンス
自然言語処理技術を活用、リモート接客で脚光

エグゼクティブサマリ

●サマリ

・新型コロナウイルスの感染拡大に伴う店舗の閉鎖などにより、対面接客の代替策としてリモート接客が浸透した。

・リモート接客は商談シーンの録音・録画を容易とするため、売り上げや顧客満足度向上を目的に録音・録画データを活用して、セールストークを分析する取り組みが広がりつつある。

・カンバセーションインテリジェンスとは、自然言語処理技術を活用し、電話やリモート接客など顧客接点での会話内容を分析する技術である。

・カンバセーションインテリジェンスには、会話音声の文字起こしをし、キーワード検索により商談の特定のシーンを探す「商談検索」や、手本となるセールストークを共有する「ライブラリー」などの機能がある。話題内容を分析し、トレーニングや見込み案件の管理機能を提供する場合もある。

●ロードマップ

・〜2022年度：黎明期。限定的なシーンでの単体利用が中心である。

・2023年度〜2024年度：発展期。リモート接客の定着が進み、カンバセーションインテリジェンスの活用が高度化する。

・2025年度〜：普及期。カンバセーションインテリジェンスが商談結果を予測し、商談中や商談後に営業担当者がどうふるまうべきかを提案するようになる。

●課題

・顧客側の録音・録画への抵抗感。カンバセーションインテリジェン

スは録音・録画を前提とするため、センシティブな話題を扱う商談では導入のハードルが高い。
・パターン化させにくいセールストークは、分析精度を担保するのが困難である。

コロナ禍で浸透したリモート接客

新型コロナウイルスの感染拡大をきっかけに、営業担当者は顧客と直接会うことが難しくなった。特に緊急事態宣言下では、多くの企業が時短営業や休業を余儀なくされ、失われた顧客接点を挽回するためにリモート接客を採用する企業が目立った。伝統的に対面営業を重視してきた銀行や保険、証券会社などの金融機関も例外ではなく、相次いでリモート接客システムを導入、営業活動を再開した。

こうした企業の中には、リモート接客を実際に行って得られた知見をもとに、システムの見直しに着手する企業も出てきている。たとえば、保険業界では感染拡大が始まった2020年度前半に、急場しのぎでリモート接客の環境を整備した企業が多かった。しかし、商談終了後、申し込み書に署名・捺印してもらい、さらに郵送してもらう手間が発生するため、顧客にかかる負担は小さくない。そのため、商談中にPCやスマートフォンから申し込み書の記入や署名を直接できるようにし、ワンストップで手続きが完了するように機能強化を図る保険会社が増えている。

リモート接客では、一般的なWeb会議ツールである「Zoom」や「Cisco Webex」「Microsoft Teams」のほかに、リモート接客ツールや、オンライン商談ツールとも呼ばれる、接客に特化したツールを用いる場合がある。このようなツールには、顧客によるミーティングの予約機能や、事前に顧客の要望を確認したり、接客後に満足度や改善すべき点などを収集したりするアンケート機能、クレジットカード払いに対応できる決済機能などが備わっている。このような補助機能は、不便さを解消し、顧客満足度の向上に貢献するだけでなく、接客担当者にツールの利用を促す効果も期待できる。

リモート接客の次なる方策は、接客データの活用

リモート接客のメリットは感染リスクの回避だけではない。移動時間がなくなる上、会議室の手配も不要になる。さらには、商談の録音・録画がしやすくなるため、商談の状況を詳細に記録し、共有・分析できる点も大きな利点である。

通常、対面の商談では録音や撮影は行わない。担当者は自分の記憶やメモに基づき、上司や同僚へ内容を報告・共有するため、どうしても主観的な情報が混じってしまう。商談状況の録音・録画データをそのまま提出するようにすれば客観性は担保できるが、録音や撮影をしようとすると、顧客が緊張したり、警戒してしまったりするなど商談への悪影響も想定される。さらに、機材を持ち込まなければならないなど、オペレーション面でハードルが高く、難しい[注1]。

しかし、リモート接客であれば、事前に顧客に説明し、同意を得る必要はあるものの、ツールの機能を使ってボタン1つで簡単に録画できるため、接客中の様子をデジタルデータとして記録しやすくなる[注2]。昨今、このような利点に着目した企業がリモート接客中に収集したデジタルデータを分析し、売り上げや顧客満足度向上につながるように接客を改善する取り組みを開始している。

接客データ活用の鍵となるカンバセーションインテリジェンス

「カンバセーションインテリジェンス」とは、自然言語処理技術を活用し、電話やリモート接客など顧客接点での会話内容を分析する技術である。会話の文字起こし（テキスト化）をし、営業担当者が自身の商談を振り返ったり、営業マネージャーが部下の商談を確認したりできる。キーワードを手掛かりに特定のシーンを探す「商談検索」や、手本となるセールストークをほかの

注1 録音に関しては、集音の難しさもある。1本のマイクで収録した場合、営業担当者と顧客双方の音声が混じって区別がつかない。双指向性や多指向性マイクにより発言者の声が届く方向で音声を分離する方法や、ディープラーニングにより話者の特徴に基づいて分離する方法がある
注2 接続するパソコンやタブレット端末からのマイク入力により、1人ひとりの音声が別々に入力され、集音の難しさが解消される

図表2-6-1　カンバセーションインテリジェンス技術のインプットとアウトプット

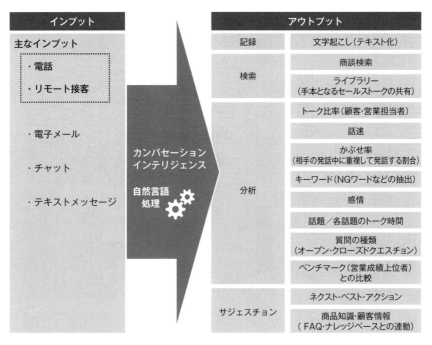

(出所) 野村総合研究所

メンバーと共有する「ライブラリー」が基本的な機能である。

　また、顧客・営業担当者それぞれの発言時間の比率や話すスピードを算出し、成績上位者と比較することでセールストークの改善に向けたアドバイスを提供する機能や、会話の文脈やキーワードをもとに、関連する商品知識や顧客情報を商談中の営業担当者に提示する、ナレッジベースとの連動機能を備えた製品もある（図表2-6-1）。

　このようなカンバセーションインテリジェンスの機能は、すでに国内の一部のリモート接客ツールに実装され始めている。リモート接客ツールを提供するベルフェイスは、以前から搭載していた「レコログ（録画録音機能）」の補助機能として、2020年度後半に他者との会話比較機能の提供を始めたほか、京都大学と共同研究を開始するなど機能強化を進めている。AI搭載

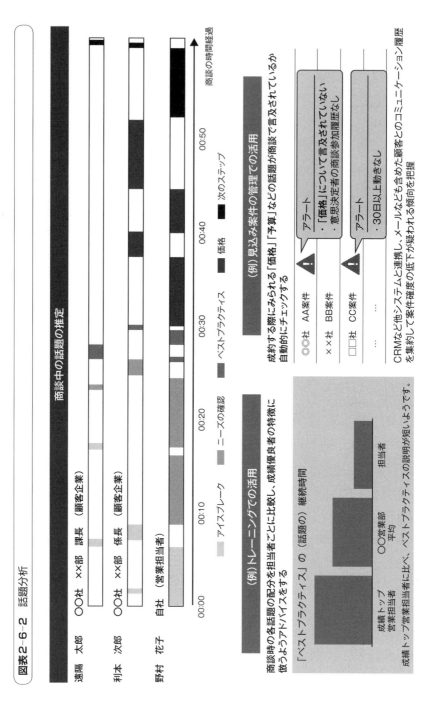

図表2-6-2 話題分析

(出所) 野村総合研究所

のIP電話システム「MiiTel」を提供するRevCommも、MiiTelの契約者向けに音声解析ができるオンライン商談ツールとして、「MiiTel Live」の提供を2021年1月に開始している。

先行する海外のカンバセーションインテリジェンス製品は、商談中の話題の推定ができる。これは商談中に触れた話題と、その話題に言及していた時間をもとに商談の傾向を分析（話題分析）し、指導や営業パイプラインの管理に活用する機能である。たとえば、商談時のアイスブレークや顧客ニーズの確認など、各話題の時間配分を分析してアドバイスしたり、成約率の高い商談で頻繁に言及される話題を特定し、営業担当者がその話題に触れているかどうかを自動的にチェックしたりして、見込み案件が確実にクローズするように管理できる（図2-6-2）。

ただし、商談の内容によっては、録音や録画に対し顧客が抵抗を示すケースがあり、その場合、カンバセーションインテリジェンスは使用できない。そこで、営業担当者が実際の商談を想定して行ったセールストークの様子を録画し、話し方や表情を分析した後、フィードバックする製品もある。たとえば、米国のBrainsharkの「Machine Analysis & Scoring」では、言及すべき単語をカバーしているか、避けるべき単語がトークに含まれていないか、話すスピードは適当か、言いよどみがないかといった分析ができる。

加えて、Happiness（幸福）、Surprise（驚き）、Sadness（悲しみ）、Anger（怒り）、Contempt（軽視、侮り）、Aversion（嫌悪）、Fear（恐れ）、Neutral（中立）など、表情による感情分析技術も提供している。これは、接客中の担当者の表情が顧客からどのようにみえるのか、どんな印象を与えているのかを可視化し、気づきを与える効果を狙っている。日本でも金融機関を中心に、このようなセルフトレーニングツールが採用されている。たとえば、第一生命保険はアビームコンサルティングの提供する「Virtual AI Training Solution」を採用し、新人教育研修での導入を目指し、2020年に実証実験を行った。将来的には全国展開を視野に入れているという。

第2章　5年後の重要技術　127

① 事例

　不動産・住宅情報サイトを運営するLIFULLは、営業組織の改編に当たって、新たにインサイドセールス組織を立ち上げ、カンバセーションインテリジェンスを導入した。インサイドセールスチームの担当者は、潜在顧客を見込み顧客に引き上げる役割を担っており、電話での会話を通じて顧客に商品理解を促し、ニーズを引き出す。そうしてアポイントメントを獲得した顧客のもとに、クローザーが赴き商談をまとめる。

　カンバセーションインテリジェンスを活用してインサイドセールスチームの担当者の会話を分析したところ、アポイント獲得率の高い担当者は、顧客との会話のラリー回数（やりとり回数）が多いことがわかった。そこで、会話のキャッチボールが生まれやすいようなトークスクリプトに修正するなどの改善活動を図っている。そのような改善の積み重ねにより、アポイント獲得率は4割も増加したという。

② ITロードマップ

　接客、特に営業シーンにおけるカンバセーションインテリジェンスの活用はまだ始まったばかりである。コールセンターなどでは、以前から顧客からの問い合わせ電話を録音し、音声分析をしてきた。しかし分析の目的は、主に、顧客応対品質の改善、問い合わせに対する担当者の受け答えに役立つナレッジの整備、FAQやチャットボットなどのセルフサービスの充実化であった。

　今後、リモート接客チャネルが顧客接点の主要なチャネルの1つとして定着していくにつれ、「売り上げの向上」といったより営業シーンに有用な分析機能の高度化が進んでいくと予想される。ここでは営業シーンを主な活用先と想定して、カンバセーションインテリジェンスのロードマップを説明する。

図表2-6-3　カンバセーションインテリジェンスのロードマップ

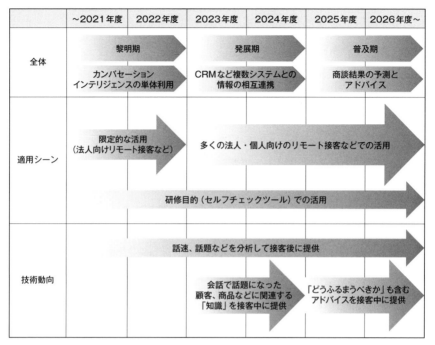

(出所) 野村総合研究所

　図表2-6-3にカンバセーションインテリジェンスのロードマップを示す。

～2022年度：黎明期。限定的なシーンでの単体利用が中心である

　新型コロナウイルスの感染拡大をきっかけに、対面接客の代替チャネルとしてリモート接客が浸透する。一部の企業は、リモート接客時や電話での商談の分析を目的に、カンバセーションインテリジェンスツールを活用するものの、活用シーンは限定される。

　たとえば、法人向けの一部のリモート接客や、個人・法人向けの電話でのセールスなど、録音・録画への抵抗感の比較的少ない接客シーンでの活用にとどまるだろう。また、営業担当者の研修を目的としたセルフチェックツールにカンバセーションインテリジェンスが活用される。

2023〜2024年度：発展期。リモート接客の定着が進み、カンバセーションインテリジェンスの活用が高度化する

　これまで対面営業を基本としてきた企業は、リモート接客はあくまで窮余の策であり、対面営業には及ばないと捉えがちである。しかし、必ずしも顧客が同じ考え（「対面営業に勝るものはない」という考え）とは限らない。たとえば、オランダのABNアムロ銀行は、以前からリモート接客チャネルを整備していたが、新型コロナウイルスの感染拡大により対面接客が難しくなったことを受け、リモート接客の強化を図った。この結果、個人向け住宅ローン相談の75％がオンラインになり、NPS（ネット・プロモーター・スコア）は対面接客を上回ったという（2021年2月時点）。顧客はわざわざ支店に出向くことなく、オンラインで必要な情報を得られるほか、住宅ローンの担当者だけでは対応しきれないトピックについては、その場で別の担当者を呼び出して相談できるなど、利便性の高さが満足度を押し上げた理由である。

　このような傾向は、おそらくポスト・コロナでも継続し、リモート接客は「ニューノーマル」として受け入れられるようになっていくだろう。接客中の録画に対する顧客側の抵抗感も徐々に薄れ、黎明期では限定的であった適用シーンが増加する。同時に、パンデミック下での一時的、あるいは対面の代替としての位置づけであったリモート接客が恒久的なチャネルとして認められるようになり、企業はカンバセーションインテリジェンスの高度化に投資しやすくなる。

　またCRM（顧客関係管理）や、営業資料を管理するコンテンツマネジメントシステムなど営業系のシステムと連携させるケースも増加する。たとえば、カンバセーションインテリジェンスで分析した結果をCRMに自動登録することで、営業日報作成の負担が軽減される。逆にCRMから連携された情報をもとに、会話中に話題になった顧客の名前や部署、以前の面談記録といった関連する情報を接客中に提示し、営業担当者の会話がスムーズに運ぶようにサポートする。

　リモート接客では、担当者と顧客の音声だけでなく、商談時に共有した資

料や顧客の表情、操作ログなどの情報を取得できる点が電話との大きな違いである。商品紹介に使用するプレゼンテーション資料やパンフレットなどを管理するコンテンツマネジメントシステムと連携させれば、会話の分析によって、商談が盛り上がったタイミングで表示していたページや、反対に顧客が関心を示さなかったページなどが把握できるため、資料の改善箇所を特定できるようになる。成約に当たり、顧客が疑問や不安を抱く点やタイミングを特定し、そうした点を解消する資料を差しこむなど、商談の勝率向上にも活用されるだろう。

2025年度〜：普及期。カンバセーションインテリジェンスが商談結果を予測し、商談中や商談後に営業担当者がどうふるまうべきかを提案するようになる

このころには、会話中の話題や感情のトーン、顧客と営業担当者の発言割合、それぞれの年齢、性格などの情報から商談の結果を予測できるようになる。それが実現すれば、予測結果を踏まえ、現時点でどのようにふるまうのが得策かのアドバイスをリアルタイムに提示できるようになるだろう。さらには人に判断を求めることなくマーケティング施策を調整するなど、他システムも含めた営業・マーケティングのより高度な自動化に発展していく。

③ 5年後の利用イメージ

会話の分析から商談が成功する条件が明らかになり、その条件に対し、営業担当者が自身の行動を合わせていくようになる。それによって営業活動が標準化され、だれもが一定の営業成績を収められるように変わっていく。新しく営業組織に加わった担当者の研修期間が短縮され、短期間で一人前の営業担当者として活躍できるようになる。

担当者がカバーすべきトークや避けるべきトークが徹底されることで、広告やWeb、ダイレクトメールなど、ほかの顧客接点とも整合する一貫したイメージを、顧客に印象づけることができる。それにより、ブランドの価値

第2章　5年後の重要技術　131

観が体現しやすくなっていく。企業は精度高い予測モデルや気の利いた営業シナリオにより、カスタマージャーニーをどう演出するか、といった戦略面で差別化を図っていくことになる。

 普及に向けた課題

　カンバセーションインテリジェンスを採用するには、まず、録音・録画のハードルを越えなければならない。たとえば法人向けのリモート接客など、録音・録画に対する抵抗感が強くない接客シーンから始め、徐々に広げていくのがよいだろう。現状では、個人の資産の状況や健康状態などセンシティブな情報を扱う商談では導入のハードルが高い。リモート接客の浸透と共に、顧客の抵抗感が和らいでいけば、このような商談での活用も広がっていく。

　また、セールストークのパターンがシンプルであれば会話のパターンが捉えやすく、音声認識精度や音声認識結果に基づく会話内容の分析精度が安定する。しかし、商材や話題の内容、折衝のステップが商談ごとに大きく異なる場合には、分析精度が保てず、効果を発揮しにくいケースもある。

2.7 コンポーザブルアプリケーション

ビジネスアジリティを高めるアプリケーション開発手法

エグゼクティブサマリ

●サマリ

・コンポーザブルアプリケーションでは、ビジネス機能単位にモジュール化されたアプリケーションを「レゴブロック」のように組み合わせる。この結果、拡張性と可用性に優れたITシステムの開発が可能になる。

・APIとPBC（パッケージド・ビジネス・ケイパビリティ）を利用する。PBCは、「決済」「与信」「買い物かご」などのビジネス部門が理解・扱いやすい単位のモジュールである。

・海外では、銀行や保険、小売り向けのバックエンドサービスとして、コンポーザブルアプリケーションを提供する事業者が登場している。

・新型コロナウイルスによってビジネスを取り巻く環境が急激に変化する中、コンポーザブルアプリケーションはビジネスのアジリティ（俊敏性）を高める手法として重要な役割を果たす。

●サービス・ソリューションのロードマップ

・〜2021年度：黎明期。APIを利用したサービス開発。

・2022〜2024年度：展開期。PBCの導入。

・2025年度以降：普及期。APIエコシステムの実現。

●課題

・PBCの開発体制。

第2章　5年後の重要技術　133

コンポーザブルアプリケーションとは

　ビジネスを取り巻く環境が劇的に変化する中、企業には「変化への対応力」が強く求められている。特にDX（デジタルトランスフォーメーション）の実践や新型コロナウイルス対応は、企業にとって喫緊の課題である。2020年4月に発出された緊急事態宣言によって、多くの企業がリアル店舗での接客やオフィス業務を大幅に縮小し、オンラインへの移行を模索した。しかし、コロナ前と同等のビジネス規模をスピーディに対応し維持できた企業は少なかったのではないだろうか。

　海外では、この「変化への対応力」を表すキーワードとして「コンポーザブル（Composable）」に注目が集まっている。とはいえ、「構成可能、組み立て可能」を意味するコンポーザブルをITに当てはめて議論するのは初めてではない。2015年にはオープンソースの推進コミュニティである「OpenStack（オープンスタック）」やシスコシステムズが、クラウド時代のITインフラのアーキテクチャとして「コンポーザブルインフラ」という概念を提唱していたからである。コンポーザブルインフラは、ベアメタルサーバー（OSやソフトウェアがインストールされていない物理サーバー）に仮想マシンを組みこむことによって、サーバー、ネットワーク、ストレージを自由に組み合わせてインフラを構築する、コンピューティング環境の構築に必要な部品を、あたかも「レゴブロック」のように組み立てられるシステムアーキテクチャである。

　米国調査会社のガートナーは、この考えをビジネスに当てはめ、2020年および2021年の戦略キーワードとして「コンポーザブルビジネス」を提唱した。コンポーザブルビジネスは、「不確実性に直面した際にリアルタイムの適応性と回復力（レジリエンス）を備えたビジネスアーキテクチャ」と定義される。ビジネス環境の急激な変化に直面する可能性は今後も高い。そこで、環境の変化に対し、顧客の要望を迅速に捉えて、既存の枠組みにとらわれない柔軟な対応策をITで即座に提供する――。この柔軟性と俊敏性こそがコンポーザブルビジネスの本質である。

　本稿で紹介する「コンポーザブルアプリケーション」は、このコンポーザ

ブルの概念をアプリケーション開発に適用する。ビジネス部門が理解できる単位で構成された機能をソフトウェアモジュールとして用意し、それらをレゴブロックのように組み合わせて、ユーザーが利用するアプリケーションを作り上げる。コンポーザブルであればモジュールの追加や再利用が容易なため、企業はサービス提供までの期間を短縮でき、アプリケーション開発の生産性も高まる。全体が1つのモジュールで構成された従来からのモノリシック（一枚岩）なシステムでは難しかった「変化への対応」を、柔軟かつスピーディに実現できる。ビジネスの俊敏性を実現する次世代アプリケーションアーキテクチャとして重要な役割を担う。

 事例

New10：構想から10ヵ月で新銀行を設立

New10は、オランダのABNアムロ銀行が2017年9月に設立したオンライン専用銀行で、中小企業向けに2万ユーロから100万ユーロまでのローンを提供する。ローン管理やリスク管理、顧客情報管理・分析などのシステムをAWS（アマゾン ウェブ サービス）上で構築している[注1]。

利用企業は財務諸表や取引文書などの必要書類をNew10の審査用ページにアップロードすれば、15分以内にローンの審査結果が通知され、2日後には資金を受け取れる。New10は設立から6ヵ月で2000以上の口座を獲得し、100以上の新しいローンを提供した。さらにNew10の顧客の65%がABNアムロの新規顧客となるという相乗効果も生まれた[注2]。

新銀行設立の構想から、実際にNew10がオープンするまでにABNアムロが要した期間はわずか10ヵ月である。同行はドイツのMambu（マンブー）が提供するコンポーザブル・バンキングエンジンをAWS上に構築した。Mambuがあらかじめ用意した銀行向けの機能を利用し、約4ヵ月でMVP（ミニマム・バイアブル・プロダクト：顧客に価値を提供できる最小限のプ

注1　https://aws.amazon.com/jp/solutions/case-studies/new10/?nc1=h_ls
注2　「New10: a speedboat by ABN AMRO」https://www.mambu.com/customer/new10

ロダクト）の開発に成功している。

KLMカーゴ：機能モジュールを再利用し、アプリケーション開発スピードを向上

エールフランス–KLM–マーティンエアーカーゴ（KLMカーゴ）は、エールフランス–KLMグループの航空貨物事業部門である。国際貨物輸送では、航空機が空港に停留している短い時間に貨物を積載しなければならない。このロジスティクス・ワークフローを最適化するには、さまざまな機械、および資格を有する十分な数の人員、そして複雑なキャパシティ・プランニング[注3]が必要になる。

KLMカーゴは、オランダのNovulo（ノブロ）が提供するローコードアプリケーション開発プラットフォームを利用して、キャパシティ・プランニングソフトウェアを開発した。開発時には、アジャイル開発手法を採用し、サプライヤーや業務部門の担当者、貨物積載計画設計者などのさまざまなステークホルダーとNovuloの担当者が参加しながら、必要なビジネス機能を定義して段階的に実装していった。

その際には、グループ会社であるエールフランスでのアプリケーション開発実績が大きく貢献したという。エールフランス向けの開発では、Novuloのエンジニアも参加して航空機整備のアプリケーションに必要な機能群を定め、それらを機能モジュールとして整備した。KLMカーゴではこれらの部品を再利用し、開発の工期を大幅に短縮させることに成功したのである[注4]。

② 関連技術の紹介

マイクロサービスからコンポーザブルアプリケーションへ

アプリケーションアーキテクチャは、前述したモノリシックと呼ばれる

注3　リソース要件（機器、従業員、設備、システムなど）を算出し、無駄なリソースや過剰生産を最小限に抑えたり、リソースや製品の不足を防いだりすること

注4　https://www.novulo.com/en/klm-cargo/

アーキテクチャからSOA（サービス指向アーキテクチャ）へ、そしてマイクロサービスへと進化してきた。マイクロサービスではシステムで実現したい機能を小さな単位に分割し、サービス同士の依存性を軽減させている。

　マイクロサービスは2015年ごろからアマゾン・ドット・コムが世界規模で採用し、2017年にはネットフリックスの取り組みが公表されたこともあり、日本でも注目を集めている。しかし、国内の場合、大手ECサイトなどを除き、マイクロサービスを大規模に適用するケースは少ない。技術者の少なさもさることながら、細分化されたマイクロサービスは運用が煩雑になりがちで、保守性が低下してしまう課題があるためである。

　これに対し、コンポーザブルアプリケーションは、マイクロサービスアーキテクチャが進化した次世代のアーキテクチャである。アプリケーションはクラウド上に実装され、API（アプリケーション・プログラム・インタフェース）を利用して、さまざまなシステムやサービスと連携する。実現の要となるのが、マイクロサービスの開発生産性や保守性の課題を解消するPBC（Packaged Business Capabilities）というモジュールである。

PBC

　PBCは、「口座管理」「決済」「ECの買い物かご」などのビジネス機能を持つソフトウェアモジュールであり、それぞれが1つのレゴブロックに相当する。ガートナーはPBCを「明確に定義されたビジネス機能を表すソフトウェアコンポーネント」と定義し、①自律性（モジュールが独立であること）、②オーケストレーション（組み合わせて利用できること）、③ディスカバリ（検索が可能であること）——の3つの特性を持つと説明している。

　PBCはマイクロサービスの1形態でもある。マイクロサービスアーキテクチャでは、「あるサブシステムの変更による影響が、他のサブシステムに及びにくくする」ことを目的として、個々のサービスの独立性を維持するためにAPIによる疎結合化を推奨している。PBCも、マイクロサービスとデータスキーマ、イベントチャネルで構成され、それぞれのPBC同士はAPIを介して通信する。マイクロサービスとPBCの違いは、PBCは再利用と再構

第2章　5年後の重要技術　　137

図表2-7-1　PBC（パッケージド・ビジネス・ケイパビリティ）の概要

	従来型アプリケーション		コンポーザブルアプリケーション
	モノリシック	SOA	PBCとAPI （ビジネス機能のモジュールをAPIで連携）
アプリケーション	 モノリシックアプリケーション	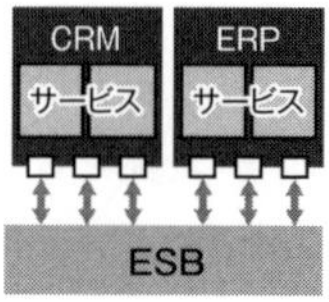 CRMサービス　ERPサービス ESB	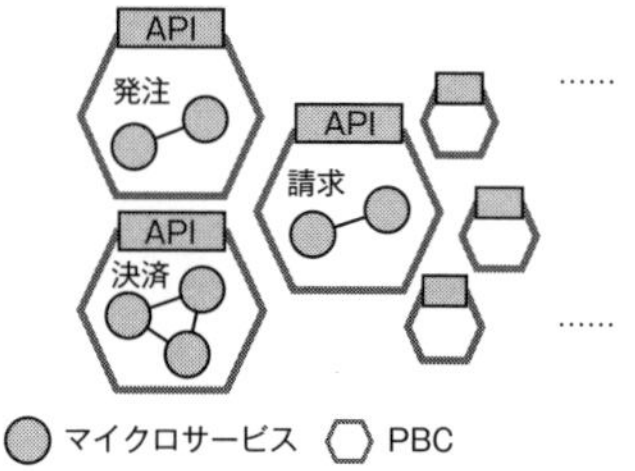 発注（API）　請求（API）　決済（API） ●マイクロサービス　⬡PBC
実装・改修	アプリケーション単位で 入れ替えや改修が必要		PBCはカタログで管理され、 ビジネス要求に応じて 追加・再構成され、デリバリ
開発組織	IT部門		IT部門、ビジネス部門 （ビジネス部門による機能の定義が必要）

（出所）野村総合研究所

成が前提になっていることと、ビジネス部門のユーザーもアプリケーション開発に積極的に参加できる単位で各々のPBCが定義されることである（図表2-7-1）。

コンポーザブルアプリケーション・プラットフォーム

　AWSやマイクロソフトの「Microsoft Azure」上で利用可能なPBCを提供するベンダーが登場している。前述のドイツのMambuや中国のeBaoTech（イーバオテック）、カナダのElastic Path（エラスティックパス）が代表例である（図表2-7-2）。これらのベンダーは、銀行や保険、小売りなど、各業界の企業がオンラインサービスを提供する際に必要となるビジネス機能のモジュールを用意し、バックエンドサービスを提供している。利用企業は、各社のマーケットプレイス上で必要なモジュールを選択し、レゴブロックを積み上げていくようにアプリケーションを開発できる。

　このうちMambuは、預金やローンなどの銀行サービスに必要な機能を提

図表2-7-2 主なコンポーザブルアプリケーション・プラットフォーム提供ベンダー

ベンダー		採用企業例
銀行	Mambu（ドイツ）	New10、オークノース
	Thought Machine（英国）	Atom Bank、Lloyds Banking Group、スタンダードチャータード、JPMorgan Chase & Co.
	Tuum（エストニア）	
保険	eBaoTech（中国）	Aegon Life
EC	Elastic Path（カナダ）	スイスコム、Tモバイル
	Commercetools（ドイツ）	AT&T、LEGO、BMW、Burberry、Boots
CMS	Contentful（ドイツ）	
通信	Vonage（米国）	Fisher & Paykel、HeyHi、StoryCorps
	Plivo（米国）	Deckers、Yodlee、Houst

（出所）野村総合研究所

供するベンダーとして、従来の銀行だけでなくNew10のようなフィンテック企業に対しても全世界でサービスを提供している。顧客企業数は200社を超え、ユーザーアカウント数は5200万、1日のAPIコール数は1億に達している（2021年11月末時点）。

　また、Elastic Pathは、eコマースに必要な機能をAPIで提供するコマースプラットフォームを展開しており、PCやスマートフォンだけでなく、リアル店舗に設置されているデジタルサイネージなど複数のタッチポイントからの購買もサポートしている。オムニチャネル時代に必要な機能を選択できる点を強みにしており、Tモバイルやスイスコムの直販サイトで採用されている。

　一般的なSaaS（Software as a Service）ベンダーとは異なり、これらのベンダーが提供するのは「口座管理」「商品カタログ管理」「決済」など、バックエンド領域の部品である。そのため、PCやスマートフォン画面などのフロント領域はユーザー企業が開発しなければならない点に留意する必要がある。また、自社システムとの通信にはAPI利用が前提となっている（図表2-

第2章　5年後の重要技術　139

図表2-7-3　Elastic Pathの提供範囲例

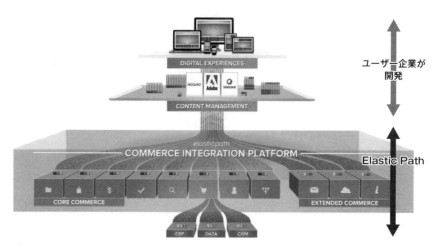

（出所）Elastic Path「Commerce Feature Guide」[注5]をもとに野村総合研究所作成

7-3)。

　これらは、プラットフォームの活用によってアプリケーション開発のスピードアップが図れる一方、必ずしもフルスタックなバックエンドプラットフォームではないため、本人確認や与信、分析などの付加機能を利用する場合、他のサービスとの組み合わせが必要になる点にも注意したい。

PBC開発プラットフォーム

　PBC開発プラットフォームとは、ユーザー企業が自社専用のPBCを開発できるアプリケーション開発環境である。

　KLMカーゴが開発に使用したNovuloプラットフォームでは、あらかじめ2500以上の構成部品（コンポーネント）が用意されている。ユーザーはPBCを1から設計するのではなく、実現したい機能に合わせて、メニューの中から必要な構成部品を選択し、PBCを組み上げる（図表2-7-4）。

注5　https://www.elasticpath.com/sites/default/files/Elastic-Path-Commerce-Feature-Guide.pdf

図表2-7-4　PBC開発画面（EXPRESSION EDITOR）

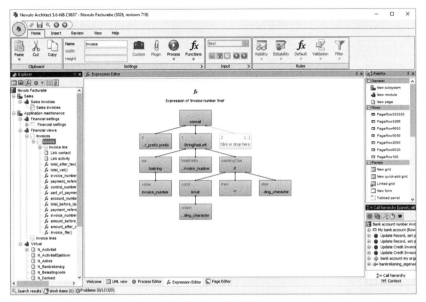

（出所）Novulo（https://www.novulo.com/en/evaluation-guide/643）

　Novuloは、ユーザーにPBCのアプリケーションテンプレートを提供せず構成部品のみを提供する。PBCをあらかじめ提供すると、ユーザー側のビジネス要件に合わなかったり、カスタマイズしたPBCが生成されてしまったりして版管理が煩雑になってしまう。この構成部品は、機能の最小単位、すなわち標準部品であるため、将来的なPBCの拡張や再構成が容易になる。

❸ ITロードマップ

　コンポーザブルアプリケーションのロードマップを図表2-7-5に示す。

〜2021年度：黎明期。APIを利用したサービス開発

　2021年までは、日本におけるコンポーザブルアプリケーションの知名度は決して高いとはいえない。しかし、一部の事業者はマイクロサービスを使っ

図表2-7-5 コンポーザブルアプリケーションのロードマップ

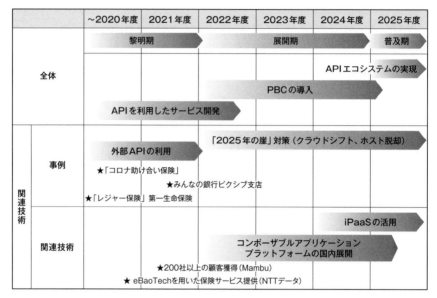

(出所) 野村総合研究所

てクラウド上に基幹システムを構築し、APIでサービス提供するなど、コンポーザブルアプリケーションが目指す世界観を一部先取りした事例が登場している。

　たとえば、第一生命保険は、2019年8月からjustInCase Technologiesが提供する「保険API」を利用した「レジャー保険」を提供している。第一生命保険が保険代理店となり、justInCase Technologiesの兄弟会社のjustInCaseが少額短期保険の商品提供と運営を担う。また、国内初のデジタル専業銀行「みんなの銀行」は、2021年9月に、イラスト・漫画・小説の投稿プラットフォーム「pixiv（ピクシブ）」に対してAPIを公開し、pixivユーザー向けの「ピクシブ支店」を開設している[注6]。ピクシブ支店では、みんなの銀行で提供中のサービスラインアップがすべて利用できるほか、メイン口

注6　みんなの銀行プレスリース「【BaaS事業】新たな価値共創に向けたピクシブ株式会社との基本合意について」（2021年6月21日）

座とは別に創作活動向けの口座開設も可能である。

2022〜2024年度：展開期。PBCの導入

経済産業省は、企業システムにおける過度なカスタマイズが技術的負債に陥る状況を「2025年の崖」と呼び、警鐘を鳴らしている[注7]。2025年が強調される背景には複数の要因があるが、最も大きいのはホストなどのレガシー資産の存在とブラックボックス化、COBOL言語でプログラミングができるIT人材の減少である。

レガシーシステムを保有する企業の中には、コンポーザブルアプリケーションプラットフォームをマイグレーション（移行）の実現手段として利用する企業も現れる。基幹システムのビジネス機能がPBCとして提供され、レゴブロックのように組み立てることができるため、ユーザーは既存システムの補完部品の提供元としてプラットフォームを利用できる。さらに、デジタル専業銀行やデジタル専業保険など新たなビジネスの立ち上げにも利用できる。国内では、NTTデータが2020年12月にeBaoTechのコンポーザブルアプリケーション・プラットフォーム「InsureMO」を用いた保険ソリューションの国内提供を開始した。この時期には海外で台頭している銀行や保険、EC、通信向けのコンポーザブルアプリケーションプラットフォームを担ぎ、国内提供を検討するベンダーが増加するだろう。

2025年度以降：普及期。APIエコシステムの実現

「2025年の崖」対策として、クラウド活用に本腰を入れて取り組む企業の中には、PBCを用いたシステムの開発生産性の高さや拡張のしやすさに着目し、自社システムのコンポーザブル化を検討する企業も登場する。その際、クラウドサービス型インテグレーションプラットフォームのiPaaS（Integration Platform as a Service）を利用すれば、APIを経由した各種クラウドサービスとの連携やパートナー企業とのビジネスエコシステムが構築でき

注7　経済産業省「DXレポート 〜ITシステム「2025年の崖」克服とDXの本格的な展開〜」https://www.meti.go.jp/shingikai/mono_info_service/digital_transformation/20180907_report.html

第2章　5年後の重要技術　143

る。

iPaaSは、API連携が可能なコネクタやワークフロー、通信ログの統合管理などの機能を持つ。Workato（ワーカート）やMuleSoft（ミュールソフト）、Dell Boomi（デル ブーミー）が代表的なiPaaSベンダーである。iPaaSを利用すれば、サービスの管理負荷を軽減できるだけでなく、ワークフローやイベントの発生に応じて外部のクラウドサービスを呼び出して利用できるなど、ITシステムの高度化が可能になる。

④ 5年後の利用イメージ

新型コロナウイルスが5年後に完全に収束しているかどうかを予測することは難しい。また、足元には「2025年の崖」もあり、変化への対応力がよりいっそう求められる。そこで自社システムをコンポーザブルアプリケーション化すれば、新サービスがスピーディに導入できるという俊敏性に加え、困難さを増すビジネス環境へのレジリエンスも獲得できる。

たとえば、リアル店舗の業務を縮小せざるを得なくなった場合には、自社のホームページにWebチャットなどの相談機能を実装したり、ECサイトを即座に立ち上げたりできる。コンポーザブルアプリケーションであれば、要件定義の時間やテスト工数を削減し、サービス提供までの期間を最小化できるなど、機会損失の影響を最小化できる。

⑤ 実現に向けた課題：PBCの開発体制

コンポーザブルアプリケーションでは、「ドメイン駆動設計」の採用が推奨されている。ドメイン駆動設計では、ビジネス上のドメイン（領域）を議論し、ソフトウェア開発のひな形となる「モデル」を定義する。

ドメイン駆動開発を提唱したエリック・エヴァンス氏は、モデルを「問題解決のために、物事の特定の側面を抽象化したもの」と定義したが、実践のハードルは高い。なぜなら、モデルの定義は一度で決まることはまれで、ビ

144

ジネス側のフィードバックを受けて何度も見直されるからである。特に、再利用・再構成できるPBCの場合は、製造部門、ロジスティクス部門、研究開発部門、さらにパートナー企業などにも適用先を拡大可能なモデルが必要とされることもある。

　そのため、ITシステムとビジネスの全体を見渡せる、組織横断の中核的な組織が求められる。このような両者のコミュニケーションを円滑にするチーム体制の構築こそが、コンポーザブルアプリケーション成功のカギとなるだろう。

第 **3** 章

複合的なＩＴの活用による新サービスの可能性

3.1 デジタルESG

ESG経営を情報管理で支える

エグゼクティブサマリ

●サマリ

・ESG情報の開示にかかわる法整備が活発化し、企業はサプライチェーンも含めた企業活動の実態をESGの観点で把握し、対処する必要がある。

・ESG経営のプロセスにおいて、情報を収集・可視化する情報管理基盤を「デジタルESGツール」と呼ぶ。

・デジタルESGツールは、ESGにかかわる情報の属人化、サイロ化を防ぎ、データに基づく意思決定をサポートする。以下のようなツールがある。

- プロセス全体をサポートするツール：近年、GRCツールのモニタリング機能をベースに、ESG観点でのリスクやその対処状況などを設定・管理できるようになった。

- 実行管理・モニタリングを支えるツール：衛星データやAIの活用により、サプライチェーンも含めた事業活動にかかわる情報を広範にリアルタイムに把握する。

- そのほかに、戦略策定や情報開示を支えるツールがある。

・広範なサプライチェーンも含め、事業の実態を把握するには、自動化による効率的なオペレーションと、客観性や真正性といったデータ品質の確保がカギとなる。そのために衛星やIoT、AI、ブロックチェーンが活用されるケースもある。

●ロードマップ

・短期（2021〜2022年度）：企業の情報開示の効率化が進む。

・中期（2023〜2024年度）：サプライチェーンを含めた事業活動

の効率的なモニタリングと業務改善結果のタイムリーな開示が可能になる。
・長期（2025年度～）：開示基準の統合が進む。
●課題
・非財務情報の企業間比較手法の確立。

昨今、ESG（E：Environment, S：Social, G：Governance）に着目した投資や経営への関心が高まっている。ESGに配慮した企業経営は、社会全体への貢献をビジョンに据える視座の高さやガバナンスの有効性から、企業のレジリエンス（回復力、復元力）を高め、中長期的な企業価値の向上につながると期待されている。

持続可能な社会の実現を目的として、機関投資家などに対し、ESGの観点を投資の意思決定プロセスに組み込むことなどを提唱するPRI（Principles for Responsible Investment：責任投資原則）[注1] に署名した機関投資家は年々増加し、2021年9月末時点で4375にのぼる[注2]。それに伴い、署名機関による運用資産も右肩上がりで増加している。

機関投資家が、投資対象企業のESGに対して適切な開示を求める中で、「グリーンウォッシング」への懸念も広がっている。「グリーンウォッシング」とは見せかけだけの環境対策を意味し、ESGと銘打ちながらも、実態を伴わない投資ファンドや企業への疑念である。こうした状況の打開に向けて、先進国を中心にESG情報の開示にかかわる法整備が進められている。たとえばEUでは、2021年4月、企業に対し、気候変動や人権の尊重など幅広くESG情報の開示を義務づけるCSRD（Corporate Sustainability Reporting Directives：企業サステナビリティ報告指令）（案）が公表されている。

そのような中、一部の企業では、投資家や社会からの要請に応え、規制要

注1　2005年に国連のコフィ・アナン事務総長（当時）が提唱したことをきっかけに策定作業が開始された
注2　「PRIホームページ」https://www.unpri.org/signatories/signatory-resources/quarterly-signatory-update「Q4 2021 Signatory Relationship Presentation（English）」による（visited Dec.13,2021）

件をクリア可能な情報公開に向けて、データ収集基盤の整備を進めている。さらに、社内外から収集した自社の事業運営に関するデータを継続的な事業改善に役立てている企業もある。

ESG経営を支えるデジタルESGツール

企業がESGを考慮した経営をしていくには、まず「戦略を策定（あるいはリスク要素を洗い出し）」し、その後、戦略策定で定義した対応事項や目標の進捗状況の「実行管理・モニタリング」を行う。そして、その状況を投資家や顧客、さらには広く社会に向けて定期的に発信する「情報開示」というプロセスを踏む。

一部のプロセス、または全体のプロセスを通じて、社内外の情報を収集し、可視化する情報管理基盤を総称して、本稿では「デジタルESGツール」と呼ぶ。このツールにより、ESGにかかわる情報の属人化・サイロ化を防ぎ、データに基づく意思決定をサポートする（図表3-1-1）。

図表3-1-1　ESGデジタルプラットフォームの全体像

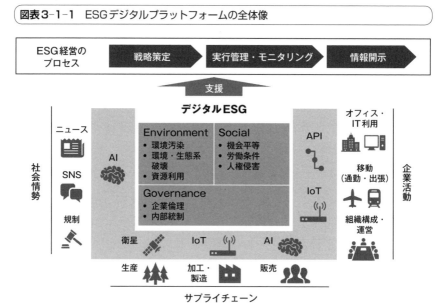

（出所）野村総合研究所

デジタルESGツールには以下のようなツールがある。

ESG経営のプロセス全体をサポートするツール

　ESG経営の「戦略策定」「実行管理・モニタリング」「情報開示」というプロセス全体をサポートするツールである。それには、企業による統合的なリスクマネジメントを実現するGRC（Governance, Risk, Compliance）ツールや、健康、衛生、安全を一体的にマネジメントしていくEHS（Environmental, Health, Safety）ツールをベースとした製品がある。これらは近年、モニタリングの機能にESGの要素を追加し、ESGの観点でのリスクへの対処状況やKPI（Key Performance Indicator：重要業績評価指標）の達成状況を設定・管理できるようになった。

　一般的な機能概要を図表3-1-2に示す。まず、「戦略策定」としてチェックリストを用い、対処すべきESGリスクを特定する。チェックリストはESG情報の開示基準などに準拠していることが一般的である。その上で「実行管理・モニタリング」プロセスで、その状況を追跡する。メールなどでの通知をトリガーに、担当者にWebブラウザーやスマートフォンのアプリ経由で報告してもらう。そのほかの手段としては業務アプリとAPI連携する方法がある。たとえば、CO_2の排出量を追跡する場合に、出張管理システムなどと連携して、交通手段からCO_2排出量を計算する。こうして収集したデー

図表3-1-2　プロセス全体をサポートするツール

戦略策定
チェックリストを使い
対処すべきESGリスクを特定

チェックリストは
ESG情報の開示基準などに準拠

実行管理・モニタリング
Web・アプリや
システム連携により、
リスクの対処状況を収集

- Web・アプリ経由での報告
- 業務アプリとのAPI連携

情報開示
レポートを出力

- 内部向けレポート
- 外部向けレポート
  （サステナビリティレポート、評価機関向けレポート）

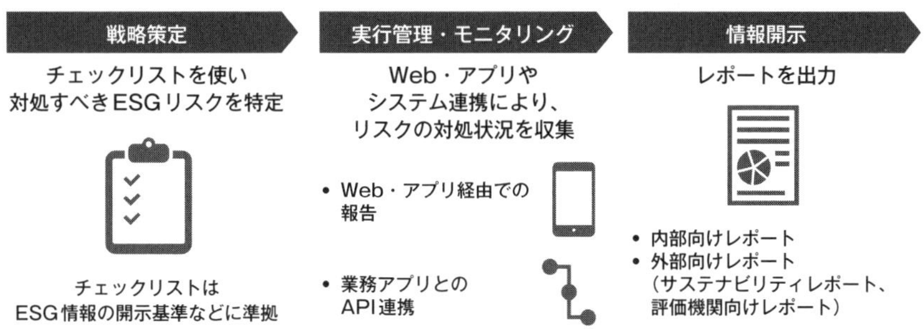

（出所）野村総合研究所

タをもとに、社内のESGリスク管理業務のためのレポートや、外部向けの
レポートを作成する（「情報開示」）。

戦略策定を支えるツール

　戦略策定を支えるツールには、開示基準などに準拠したチェックリストを
用いて、企業が自社のリスクや取り組むべき事項を特定するためのセルフ
チェックツールや、設定した目標の達成に向けた計画を立て、担当者を割り
当てるワークフローツールがある。

　これらは通常、GRCツールなどの一部として提供されているが、それ以
外に自然言語処理技術を活用してインターネット上の情報を収集し、企業が
取り組むべき重要課題である「マテリアルイシュー」を優先順位づけし、意
思決定を支援する製品もある。

　インターネット上の情報をもとに、企業が自社の提供サービスや商品に関
する評判をモニタリングしたり、投資先企業の株価に影響するリスクを投資
家が分析したりする製品やサービスは以前から存在する。しかし、ESG経営
の戦略策定プロセスをカバーできるツールは、現時点では多くない。

　このうち、英国のスタートアップ企業のDatamaranは、インターネット
上の情報を自動で収集・評価し、マテリアルイシューの特定を支援するツー
ルを提供している。具体的には、まず同業他社が発行するコーポレートレ
ポートや企業活動に影響をもたらす規制に関する情報、ソーシャルメディア
やオンラインニュースで取り上げられている話題を自動的に収集する。そし
て、「業界」や「地域」といった切り口で分析し、マテリアルイシューを特
定することによって、分析作業の省力化や期間短縮を図るようにしている。

　こうしたツールを利用すれば、年に一度、あるいは数年に一度のタイミン
グで数ヵ月かけていた分析を短期間ですませたり、頻度を上げたりできる。
また、あらかじめ設定した条件に従って情報を収集・評価できるため、客観
性も保たれる。

実行管理・モニタリングを支えるツール

サプライチェーンも含めた事業活動にかかわる情報をAIや衛星データ、IoTなどの活用により、広範かつリアルタイムに把握できるのが「実行管理・モニタリング」ツールである。これらのツールは、ESGのうち、特にE（環境）やS（社会）に焦点を当て、事業活動に問題がないか、各種規制や企業が独自に定める基準をクリアした運営がされているかどうかをモニタリングする目的で活用されている。

E（環境）では、たとえば、衛星や航空機によるセンシングデータやGNSS（衛星測位システム）による測位データを分析し、事業を展開している地域での森林破壊の状況を捉えることが可能である。

一方、S（社会）の面では、この数年、企業活動にまつわる人権侵害など負の対応を特定、予防、軽減し、これからの対応に関する情報を公開する「人権デューデリジェンス」への対応力が厳しく問われるようになっている。しかし、サプライチェーンが世界中に広がり、かつ委託関係が複雑で何重にもなると、全体状況を把握するのは容易ではない。

そこで最近では、スマートフォンのアプリを使って委託先の従業員を対象としたアンケート調査を実施することで、人権侵害の有無を確認している企業もある。劣悪な労働環境に置かれているにもかかわらず、助けを求めることが難しい外国人労働者に対しては、母国語で回答できるアプリも用意している。

また、委託元の求める基準に沿って公平な賃金の支払いがされているかどうかをアセスメントしたり、製品の来歴を管理し、消費者に公開したりする機能を備えたツールもある。

情報開示を支えるツール

企業は、GRI（Global Reporting Initiative）、CDP、TCFD（Task Force on Climate-related Financial Disclosures：気候関連財務情報開示タスクフォース）、SASB（Sustainability Accounting Standards Board：サステナビリティ会計基準審議会）といった団体の推奨する基準に留意し、情報を開示し

第3章　複合的なITの活用による新サービスの可能性　153

ている。ESG関連のデータを、目的に応じて管理や変換できるツールを活用することで、報告作成の労力や時間の削減が期待できる。これらのツールでは、開示基準に沿った報告事項に対し、あらかじめ割り当てた担当者にデータを入力してもらう。その後、入力されたデータをもとに報告要件に合致したレポートを自動作成するなどして情報開示をサポートする。

 事例

熱帯雨林の破壊状況のモニタリング

　食品や洗剤、化粧品の原材料として使用されているパーム油の生産には、熱帯雨林を切り開いて農園を開発する必要がある。そのため、熱帯雨林や野生動物の生態系を破壊していると指摘されている。たとえば、パーム油の生産が盛んなインドネシアのスマトラ島では、この30年間で森林面積が半分以下に減少している。WWF（World Wide Fund for Nature：世界自然保護基金）の呼びかけにより設立されたRSPO（Roundtable on Sustainable Palm Oil：持続可能なパーム油のための円卓会議）は、パーム油の原料であるアブラヤシの持続可能な栽培、流通に関する認定制度を確立し、加盟する企業や団体に働きかけている。

　RSPOの設立当初からのメンバーでもあり、パーム油を原材料とするユニリーバは、携帯端末の位置情報と衛星データを活用して生産による森林破壊状況をモニタリングしている。同社は、匿名化された携帯端末の位置情報によって、サプライヤーがどの農園とのやりとりが多いのかを把握している。頻繁に往来している農園を特定して、その付近で熱帯雨林の破壊が進んでいないかどうかをモニタリングするためである。

　ネスレも衛星を活用して熱帯雨林をモニタリングしている。天候に左右されずに観測できるSAR（Synthetic Aperture Radar：合成開口レーダー）というセンサーを搭載した衛星を活用しているため、天候が安定しない地域が多いパーム油の原産地のモニタリングもできる。衛星で取得した地表データからサプライヤーの森林破壊の可能性を検知すると、実際に調査を行い、是

正措置を求める。改善しない場合には契約を打ち切るなど厳しく対処している。

　サプライチェーン全体を頻繁にモニタリングすることは容易ではない。しかし、自社でもサプライヤーでもない第三の「目」である衛星データを活用すれば実態を客観的に把握し、管理体制を強化できる。

アパレル業界におけるサプライヤーのモニタリングと消費者への開示

　サステナブルなデニムの製造・販売を目指す米国のBoyish Jeansは、ドイツのスタートアップ企業のRetracedが開発した、製品の来歴追跡と消費者への情報開示機能を備えたプラットフォームを導入している。Boyish JeansのECサイトを訪れた消費者は、同社のジーンズが製造された工場の概要や所在地、環境負荷の低いコットンの使用を証明する認証を取得していることを確認できる。このような情報をECサイトで公開したところ、コンバージョン率（ECサイトを訪問し、実際に購入に至った割合）が2倍に増加したという。

　企業のESGへの取り組みは、リスクや規制対応、あるいは社会貢献といった面がクローズアップされることが多く、コストとして認識されがちである。しかし、デジタルESGツールが消費者との接点になることで、ブランド価値向上や購買の促進といった、売り上げへの直接的な効果も期待できる。

関連技術の紹介

　デジタルESGツールの用途や管理する情報は、業界や業態により異なる。そのため、各業務やビジネススキームに対応した「オペレーション効率」と「データ品質」が求められる。とりわけ、サプライチェーンまで含めた広範囲での事業活動を対象にする場合、オペレーション効率に関しては「データ収集の自動化」や「網羅性」が、データ品質に関しては「客観性」や「真正性」が重要となる。

　たとえば「実行管理・モニタリング」のプロセスでは、AIやIoT機器、衛星、APIを用いることで、広い事業範囲を対象に人の手を極力介さずに

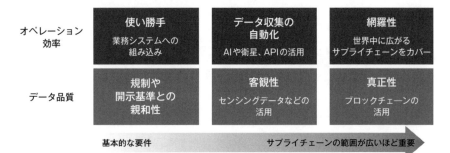

(出所）野村総合研究所

ESGにかかわる情報収集が可能で、これにより「データ収集の自動化」と「網羅性」が実現できる。

　また、業務システムをESGツールに組み込めば、従業員に大きな負担を強いることなくESGへの配慮ができるため、大きな効果を得られやすい。たとえば、サプライヤーのリスクをAIなどによりモニタリングするツールによって収集したデータと連携させ、発注先の選定時に候補企業のESGリスクを提示する購買システムを活用すれば、リスクの高い企業への発注を慎重に検討したり、逆にダイバーシティの観点で優れた企業に積極的に発注したりできる。

　海外の取引先や工場から報告を受ける場合は、文化による考え方の違いによって意図した情報が得られないことや、情報の変質・抜け落ち、手入力ゆえの入力ミスなどが想定される。そのため、データ品質が担保されない事態をあらかじめ考慮しておく必要がある。

　データの客観性を担保する手段の1つは、IoT機器や衛星でセンシングしたデータを活用することである。また、真正性の確保のために、ブロックチェーンが活用されるケースもある。

❷ ITロードマップ

図表3-1-4にデジタルESGに関するロードマップを示す。

短期（2021〜2022年度）：企業の情報開示の効率化が進む

GRCやEHSツールの活用により、「Excel」やメールなどによる手作業であった企業内の情報収集・報告業務がデジタル化される。

また、ESG情報の開示基準に沿って報告可能なデジタルESGツールの活用により、報告業務の効率化が進む。

中期（2023〜2024年度）：サプライチェーンを含めた事業活動の効率的なモニタリングと業務改善結果のタイムリーな開示が可能になる

企業はサプライチェーンなど広範な事業範囲のリスク管理を目的に、衛星やAIを用いて効率的に情報収集するようになる。そして、収集した情報をもとに対策を施し、結果を継続してモニタリングすることで改善につなげる。それらの結果は、改竄されないようにブロックチェーン上に記録・管理され、状況をタイムリーに投資家や消費者、金融機関、NGOなどのステークホルダーに開示できるようになる。

長期（2025年度〜）：開示基準の統合が進む

現在、ESG情報の開示に関する基準は複数存在している。開示基準には、GRIスタンダード、CDP、TCFD提言、SASBスタンダードのほか、IIRC（International Integrated Reporting Council：国際統合報告評議会）がまとめた国際統合フレームワーク（International〈IR〉Framework）やCDSB（Climate Disclosure Standards Board）フレームワークなどがある。

各基準には特色があり、開示の対象や考え方、想定する読み手、要求する記述レベルが異なる。そのため投資家は、投資先企業がそれぞれ異なる基準を採用すると、横並びの比較が難しくなる。一方、企業にとっては、複数の

第3章　複合的なITの活用による新サービスの可能性　157

図表3-1-4 デジタルESGのロードマップ

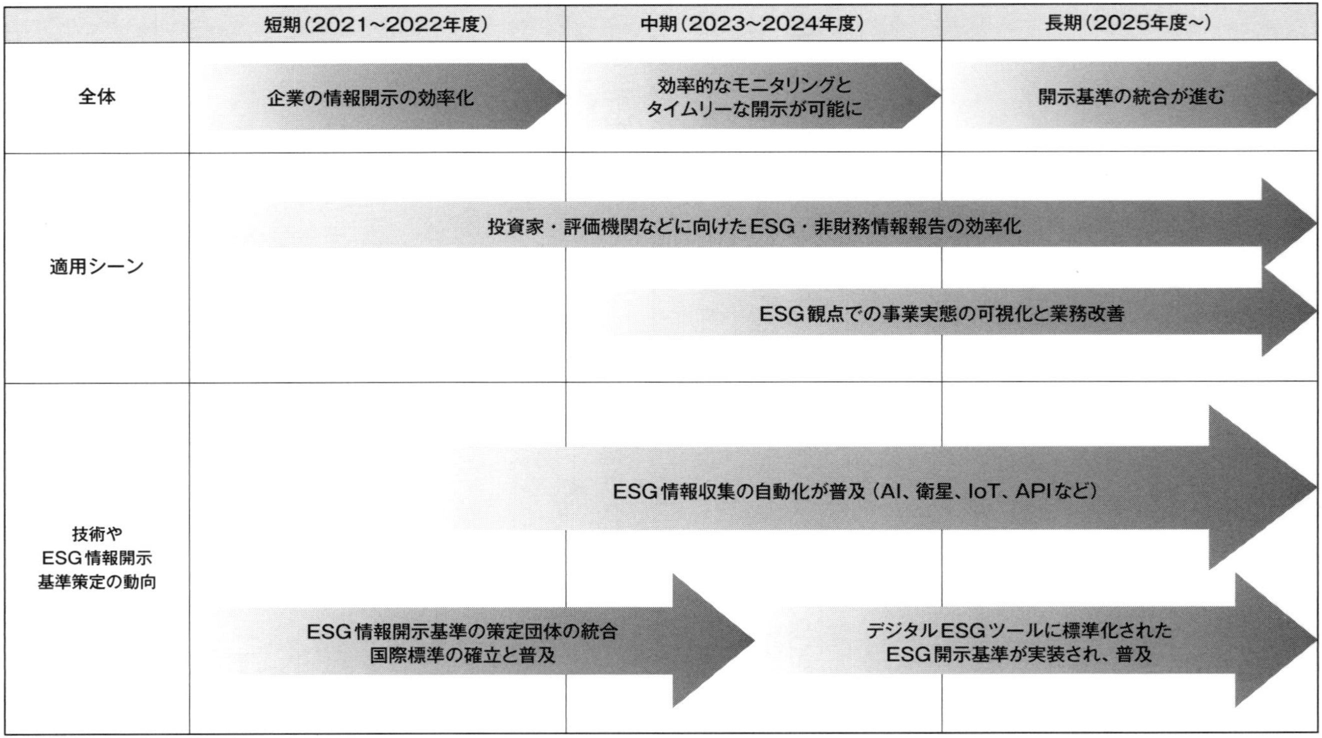

	短期(2021~2022年度)	中期(2023~2024年度)	長期(2025年度~)
全体	企業の情報開示の効率化	効率的なモニタリングとタイムリーな開示が可能に	開示基準の統合が進む
適用シーン		投資家・評価機関などに向けたESG・非財務情報報告の効率化	
			ESG観点での事業実態の可視化と業務改善
技術やESG情報開示基準策定の動向	ESG情報開示基準の策定団体の統合 国際標準の確立と普及		
		ESG情報収集の自動化が普及(AI、衛星、IoT、APIなど)	
		デジタルESGツールに標準化された ESG開示基準が実装され、普及	

(出所)野村総合研究所

基準に沿って開示することによる対応コストの増加が問題である。

こうした状況を受け、基準の策定団体の統合が始まっている。たとえば、IIRCとSASBは2021年6月に合併を完了し、VRF（Value Reporting Foundation）という団体を設立している。2021年11月には国際会計基準（IFRS）の策定を担うIFRS財団が、同財団傘下に国際サステナビリティ基準審議会（ISSB：International Sustainability Standards Board）を設置することを発表し、そして、2022年6月をめどにVRFとCDSBを統合する予定である。

このような統合によって国際標準が確立されれば、比較可能性やコスト増の問題は解決に向かうだろう。そして、2025年ごろにはデジタルESGツールに標準化された基準が実装されるようになる。

❸ 普及に向けた課題

会計基準に基づき成果が明確化している財務と異なり、ESGに代表される非財務の活動成果を定量的に計測することは困難であり、したがって、企業が開示している非財務情報を他社と比較することは難しい。そのため、自社のESGへの取り組みが環境・社会へ与えるインパクトを金額ベースに換算する手法の開発が始まっている。

たとえば、ドイツ銀行やノバルティス、SAP、ミシュランなどが中心となって2019年に設立された非営利団体「Value Balancing Alliance[注3]」は、企業が環境・人・社会に与える影響を金額換算し、企業間で比較・分析できるようにする新たな企業価値算出の手法の開発を目的としている。デロイトやEYなどの監査法人とも協力しており、開発した手法に基づく会計基準の確立も目指している。2021年には「Impact Valuation methodology v0.1」が策定され、試験運用が始まっており、今後さらに見直し、試行を重ねる予定である。

このような標準的な手法が確立し普及することで、非財務情報を金額とい

注3　日本企業では、三菱ケミカルホールディングスが参加している

う単一の指標で評価できるようになり、比較が容易になる。そのため、投資家にとっては投資先を比較する際の強力な参考指標になるだけでなく、企業にとっても自社の施策の優先順位づけに活用できる。たとえば、GHG（温室効果ガス）の削減とサプライヤーの人権問題に関連する施策とを天秤にかけ、「どちらの施策を優先するか」という問いに対する答えを導きやすくなる。さらに、デジタルESGツールに金額換算のインパクト算定ロジックを実装することで、品質が担保された正確なデータをもとにした金額換算も可能になる。

3.2 共感技術

消費者の体験価値向上や信頼関係構築を図る

エグゼクティブサマリ

●サマリ

- 消費者の感性・価値観が短期間で劇的に変化する中、企業は「共感」を通して自社のサービス・製品の体験価値を見直し、最適な伝え方を検討する必要がある。
- 共感技術を利用すれば、企業は消費者や顧客を客観的・定量的に分析できる。消費者や顧客への多面的で深い理解は、体験価値向上や信頼関係構築につながる。
- 共感の分析手法を複数組み合わせるマルチモーダル分析が注目されており、分析結果を統合するプラットフォームの登場によって普及する。
- いっそうの信頼関係構築のため、共感に着目した従業員のコミュニケーションスキル向上のトレーニングや、顧客と従業員のマッチングが進む。

●ロードマップ

- ～2021年度：測定手法の個別利用。
- 2022～2024年度：マルチモーダル・プラットフォームの黎明期。
- 2025年度～：マルチモーダル・プラットフォームの普及期。

●課題

- 各測定手法の特性の理解と、実践を通した経験値の蓄積。

　新型コロナウイルスの感染拡大により社会の不安定さが増す中、消費者の「ブランド・スイッチ」が起こっている。ブランド・スイッチとは「近くのスーパーではなくECサイトへ」「地元の銀行支店ではなくオンラインに強い

第3章　複合的なITの活用による新サービスの可能性　161

図表3-2-1　共感の種類と効果

認知的共感
- 相手の思考・感情・行為を相手の立場・視点で理解する
- 発言や行動など外に現れる面だけでなく、直接観察できない内面も含める

情動的共感
- 相手の反応をみながら、伝わる表現で適切にやりとりをする

(出所) 野村総合研究所

ネット銀行へ」のように、利用するサービスや企業を消費者が切り替えることを指す。ブランド・スイッチ後の消費者の多くは切り替えたほうのサービスをそのまま使い続けるという調査結果もあり、ブランド・スイッチは一時的ではないとみるべきである。こうした現実を踏まえ、企業は自社のサービスや製品の魅力をあらためて見直し、最適な情報の伝え方を検討すべき段階にきている。

　昨今、サービス・製品の魅力を決める大きな要素は「顧客体験価値」であるといわれている。ある調査では、59％が「体験が購入に大きな影響を与えた」と答えている[注1]。しかし、一方で人々の感性の多様化やコロナ禍による価値観の劇的な変化を受け、何が体験価値を向上させるのかがみえにくくもなっている。そこで企業が注目しているのが「共感」である。

　心理学では共感を、①相手の思考・感情・行為を相手の立場や視点で理解する「認知的共感」と、②他者の情動を自分のこととして経験する「情動的共感」——とに分ける（図表3-2-1）。たとえば、消費者ニーズの発掘には

注1　https://thepetrovaexperience.com/customer-experience-strategy/2021-customer-experience-trends

認知的共感が重要になる。消費者の置かれている状況や価値観の理解が欠かせないからである。そしてそれらを理解した後に求められるのが、対応相手の反応をみながらその相手に伝わる表現で伝える情動的共感である。そして、企業がこの認知的共感と情動的共感の2つの共感を実践し、体験価値向上や信頼関係構築に活用することが可能な技術を総称して「共感技術」と呼ぶ。

認知的共感により消費者ニーズを読み解く

体験価値向上のために一般的に用いられる手法は、アンケート調査やヒアリングである。これらは消費者や顧客の声に向き合うには有効であるが、課題もあった。「回答者の発言や行動をはじめ外部に現れる情報が中心になる」「回答者の主観やインタビュアーの解釈といったバイアス（偏見）が含まれる」「結果が定性的で課題の優先順位がつけにくい」などである。

ところが、こうした手法に表情や視線、脳波や発汗などの生体反応を含めると、消費者や顧客など対象者の外面だけでなく、思考や感情など内面にまで踏み込んだ分析が可能になる。そうした情報には、本人が意識していない行動や反応までもが含まれ、これらをアンケート調査やヒアリングと組み合わせると、対象者に深く共感し、体験価値の客観的・定量的な分析が可能となる（図表3-2-2）。

たとえば、コロナ禍のもとの消費者心理の変化を読み解こうとしても、コロナ禍は前例のない災禍のため、消費者は自分の気持ちを的確に言語化できない。そこで、英国の感情分析企業Realeyesは動画広告を視聴する消費者の表情に着目する。動画広告を視聴するとき、消費者はサービス・製品を利用している自分を連想し、それが表情に現れることを利用する。現れる表情の変化をコロナ禍前と後とで比較すると、「笑顔」が32％減少し、それは「旅行」「家電」「高級品」の広告で顕著であった[注2]。どの商品やサービスでどのくらい表情が変化しているのかを正しく把握できれば、企業は具体的な

注2 https://www.clickz.com/emotional-ai-platform-reveals-that-smiles-are-down-32-due-to-covid-19/261500/

第3章 複合的なITの活用による新サービスの可能性

図表3-2-2 顧客体験価値を向上させる共感技術

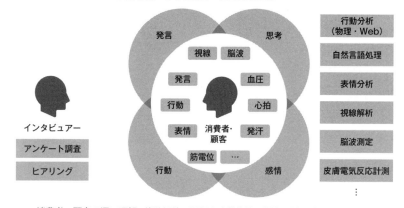

（出所）野村総合研究所

対応策を検討できる。

情動的共感により信頼関係を構築する

　AIを活用したチャットボットが高性能・多機能化で進化を続けている。こうした環境下において、たとえば非対面営業での営業社員やコールセンターのオペレーターに求められるのは、顧客の信頼を得られる人間味のある

対応である。この流れを受け、非対面営業の様子を録画した映像を分析し、会話時間、発言量、表情や言葉の抑揚などから営業職員のコミュニケーションスキルを評価し、それを高めるアドバイスをするしくみがすでに登場している。営業職員の共感スキルを高めることで、伝える力を伸ばし、営業力を向上させる工夫である。米国の自動車販売店はこのしくみを用い、顧客とのより短い会話時間で商談の成約率を上げることに成功している。

　一方、納得感を得られる会話や本音を引き出せる会話を実現するには、顧客と企業の担当者との相性も重要で、それには相性のよい人同士をマッチングさせることも有効である。実際、一部のコールセンターでは、顧客属性や過去のやりとりから顧客の性格を分析し、オペレーターの特性と照らし合わせることで、より情動的な共感を得ようとしている。

　共感技術を活用した従業員の伝える力の向上や、よりよいマッチングによって企業は顧客との信頼関係を構築できる。その関係を通してサービス・製品を適切に説明すれば、その価値をより訴求できるようになる。

❶ 事例

共感技術の事例として、以下の2つを取り上げたい。

事例1　JPモルガン・チェース銀行：
　　　　モバイル・バンキングの顧客満足度の改善

　米国のJPモルガン・チェース銀行は、モバイル・バンキングにおける課題理解に共感技術を生かしている。具体的には、自動積立預金の申し込み画面デザインの顧客満足度を改善するため、Entropik Technologiesの視線解析と表情分析ソリューションを活用し、顧客に実際に申し込み手続きをしてもらい、被験者の視線から画面のみている場所を、また、表情からそのときの情動を分析した。すると、入力項目をネガティブな感情で何度も注視していることが明らかになった。この分析に基づき、同行は「入力項目数の多さが顧客満足度の低下を招いている」と推定し、必須ではない項目を削除し

第3章　複合的なITの活用による新サービスの可能性　165

た。その結果、コンバージョン率は12%向上したという[注3]。

インドの会員制倉庫型小売りチェーン企業Reliance MarketもEntropik Technologiesのソリューションを活用し、什器に置かれる商品配置の最適化を検討した。具体的には、店舗の実際の写真をもとに複数のパターンで什器に商品を配置したVRコンテンツを作成し、VRヘッドマウントディスプレイを装着した被験者の反応を視線解析と脳波測定により評価した。被験者の視線からはみている商品やその注目度を、脳波からはそのときの情動を数値化し、最終的に商品配置ごとの売り上げ貢献度を算出した。こうして得られた商品配置を実店舗に適用した結果、売り上げは14%向上したという。そしてもう1点注目したいのは検証コストで、Entropik Technologiesのソリューションは、実店舗を使った場合に比べて34%削減された[注4]。顧客の行動や反応をもとに顧客の共感を導出し、それを定量的に評価することで企業は優先的に対応すべき課題を発見でき、最適な改善策を講じることができる。

事例2　PTC：営業職員の表情と会話を分析し、コミュニケーションスキルを向上

米国のソフトウェア企業であるPTCは、営業職員の育成にBrainsharkのソリューション（図表3-2-3）を導入している。企業向けに営業スキルの向上を目的とした研修コンテンツを提供しているBrainsharkは、ほかにも、表情や会話分析によるAIコーチング・ソリューションを開発している。コミュニケーションスキルの向上には、座学だけでなく、実践および客観的な評価も欠かせない。これにはBrainshark のAIコーチングが有効で、受講者は相手がいなくとも、いつでも1人で繰り返し研修ができる。

話している受講者を撮影し、その表情から、感情を「幸福」「驚き」「悲しみ」「怒り」「軽蔑」「嫌悪」「恐怖」「中立」の8つのカテゴリに分類するのがAIコーチングのしくみである。この8つのカテゴリは、話を聞く相手が受ける、話し手（受講者）の印象である。また、AIコーチングは、会話の内

注3　Entropik Technologies提供資料より
注4　Entropik Technologies提供資料より

166

図表3-2-3　米国Brainsharkの AIコーチング・ソリューション

会話中の表情やその内容や発言量から営業職員が自分の印象を客観的・定量的に理解。

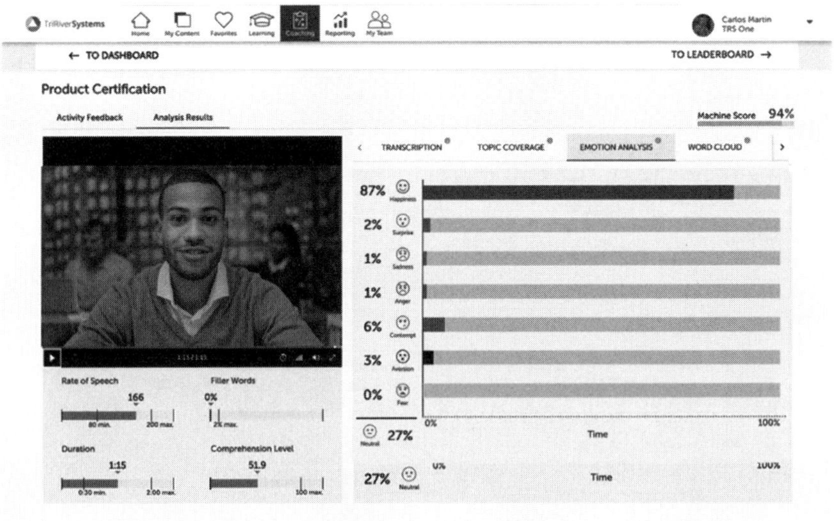

（出所）https://www.brainshark.com/platform/machine-analysis

容や会話時間、発言量からその話しぶりも評価する。実際の営業現場では、話し手の適した表情や話しぶりは状況に応じて変わるが、相手に与える自分の印象が可視化できるということは、相手との信頼関係を構築する上では重要である。

② 関連技術の紹介

　消費者・顧客理解のための分析手法は複数ある（図表3-2-4）。そのため、企業はこれらを目的に応じて使い分ける必要がある（図表3-2-5）。たとえば、Webサイトをどのように使っているかは「Web行動分析」、どう感じているかは「表情分析」、どこを見ているかは「視線解析」、集中度合いや情動を精緻に測定するには「脳波測定」──を用いる。以下に技術動向を紹介する。

第3章　複合的なITの活用による新サービスの可能性　　167

図表3-2-4　主要な分析手法の概要と特徴

手法	概要	特徴
Web行動分析	・Webサイトにおけるページ遷移や操作時間、カーソルの動きなどの操作ログを記録し、その意図を予想する	・テスト未実施でデータ収集が可能で全ユーザーが対象 ・カーソルの動きから注目箇所を推定可能 ・意図の確認にはヒアリングが必要
自然言語処理	・人が日常的に使う言語を読み解く技術（NLP）、自然言語理解（NLU）、自然言語生成（NLG）からなる	・急増したSNS、Web記事などのデータをそのまま利用可能 ・精度を高めるにはシーンに応じたアルゴリズムの調整が必要
表情分析	・カメラで顔を記録し、その表情変化から誘発される情動の種類と強度を測定する	・比較的安価・簡易に実施可能 ・不快など、ネガティブな情動の取得は困難 ・文化・人種による調整が必要
筋電位解析（顔）	・顔の筋肉が発する電気信号を測定し、感情喚起の度合い、瞬間を特定する	・カメラで捕捉できない動いているユーザーも対象 ・表情に現れないネガティブな感情も取得可能 ・高価な専用機器が必要
会話分析	・声の大きさや内容、発言量などから、会話を通して受ける印象や品質を評価する	・コールセンターやWeb会議などの既存の音声データを利用可能
視線解析	・眼球運動などをもとに、注目している場所を推定する ・注目をひきつける要素、注目までにかかった時間、注目する順番（フロー）を分析する	・無意識も含めた分析が可能 ・意図の確認にはヒアリングが必要 ・高価な専用機器が必要
皮膚電気反応計測	・皮膚の電流の流れやすさから、感情喚起の度合い、瞬間を特定する	・感情喚起の瞬間を捕捉可能 ・高価な専用機器が必要
脳波測定	・刺激に対する注意の有無を測定する ・情動の種類と強度、発生する瞬間を特定する	・感情喚起の瞬間を捕捉可能 ・快・不快など、ネガティブな感情も取得 ・高価な専用機器が必要

（出所）野村総合研究所

図表3-2-5　消費者・顧客理解のために確認すべき点と、対応する分析手法の例

（出所）野村総合研究所

168

Web行動分析

　Webサイトやモバイル・アプリケーションユーザーの行動を理解するため、画面上での操作やページの遷移、表示時間などを分析する技術である。

　テスト環境下だけではなく、近年は実際の利用データからでも分析できるようになっている。あらためてテストをしなくともすべてのユーザーの自然な操作が分析できるものの、とはいえ、情報を収集したいページやリンク、画像ごとに専用のタグを記述する必要があり、導入のハードルおよび運用負荷が高かった。ところが最近では、収集したいページに1つのタグを追記するだけで、リンクや画像などの要素を自動認識するソリューションが登場している。

　その中には、ブラウザー上でのマウス操作まで記録し、ユーザーの操作をありのままに再現できるソリューションや、カーソルで触れている時間の長さから、リンクや画像へのユーザーの注目度を推定できるソリューションもある。

表情分析

　顔の筋肉の動きから、情動の種類と強度を推測する技術である。Webカメラの映像が利用できるため、Web会議や非対面営業の増加により活用機会が拡大している。他の手法に比べて表情分析は比較的安価で簡易ではあるが、「ネガティブな情動の判別が難しい」「文化圏や人種によりアルゴリズムの調整が必要」といった課題もある。

　たとえば、一般的なアルゴリズムを日本人に適用した場合、「幸福」や「驚き」の表情は他の文化圏・人種と同様だが、「嫌悪」や「怒り」、「恐怖」の表情の判別は難しい。海外のソリューションを利用する場合はこうした点での考慮が必要である。

　表情分析には、映像だけではなく、眉と頬の筋肉が発する電気信号をセンサーで直接測定する手法もある。センサーを装着する被験者、環境を準備する実施者共に負担がかかるが、表情の小さな変化までも捉えられる、また、「不快」などのネガティブな情動も判別できるというメリットがある。企業

は測定したい情動の種類、かけられるコストや時間、被験者との関係性を考慮し、手法を選択する。

視線解析

被験者の眼の動きから、被験者のみている場所や注目度合いを、また、視線からサービスや製品の使われ方を解析する技術である。人間は多くの情報を視覚から得ているため、眼の動きにかかわる情報は、被験者に共感し、その体験を理解する上で非常に重要である。こうした情報を直接測定できるのが視線解析である。眼に直接センサーを装着する手法もあるが、一般的に用いられるのは非接触方式で、これは、眼に照射した赤外線の移動をカメラで検出することで、眼球の回転角度を計算し、みている場所を推定する。メガネ型のウェアラブルタイプや、PCや棚に設置する固定タイプなど、用途に応じてさまざまな専用機器がある。

視線解析の導入実績の歴史は長いものの、高価な専用機器を必要とするため期間やコストの点で採用が難しかった。しかし、状況は変わりつつある。複数のセンサーを搭載したスマートフォンの普及や、マシン・ラーニングを活用したアルゴリズムの進化により、スマートフォンでも専用機器と同等の精度で視線解析ができる可能性が高まってきた。実際、グーグルの研究チームは、「専用機器の100分の1の価格のスマートフォンでも専用機器と同等の精度で注目領域の解析ができる」と発表している[注5]。これはユーザーが所有している機器でも視線解析が可能になることを意味する。つまり、わざわざ専用機器の設置場所まで出向くことなく、ユーザーの自宅で分析ができるようになる。視線解析はリモートでも可能になった。

脳波測定

脳の電気的な神経活動をセンサーにより測定し、情動の種類と強度を分析する技術である。1秒間に数百から数千回測定できるため、テレビCMのよ

注5　https://ai.googleblog.com/2021/05/accelerating-eye-movement-research-for.html

図表3-2-6　脳波測定のテスト風景

（出所）https://imotions.com/blog/what-is-eeg/

図表3-2-7　VRヘッドマウントディスプレイに組み込み脳波を測定するLooxid Labsの製品

- 既存のVRヘッドマウントディスプレイに装着
- 被験者の額（前頭前野）に接するセンサーで測定

（出所）https://looxidlabs.com/

うに短時間で素早く変化する映像も評価対象になる。脳に電極を刺して直接計測する手法もあるが、ビジネス・シーンでは頭皮に電極を接触させて計測する手法が主流である。脳活動による電位変化を受けにくい耳の後ろなどに配置された電極と、頭皮を覆うように配置された電極の電位差を測定し、脳の活動を測定する。被験者は帽子のような専用機器を着用する（図表3-2-6）。以前からある測定手法であるが、ただし、機器の準備に手間がかかることと、専用機器を着用することへの被験者の心理的な負担が大きいため利用は限定的であった。しかし、VRの普及を見据えて新たな機器も登場している。たとえば、韓国のハードウェア・スタートアップ企業のLooxid Labsは、「HTC Vive」や「Oculus Rift」などの既存のVRヘッドマウントディスプレイに着脱可能なセンサーを開発している。被験者の額にこのセンサーを当て、毎秒500回測定する（図表3-2-7）。脳波測定はVRとの組み合わせによって利用が進むと予想される。

会話分析

　会話の内容、声の大きさ、発言量から会話の質を分析する技術である。「会話の内容」の分析の場合、音声を文字化する音声分析と、キーワード分析や自然言語処理を組み合わせる。たとえば、サービス・製品の説明時に入れるべき用語が含まれているか、不適切な言葉を使用していないか――などを確認する。

　「声の大きさ」は、発言者の情動も加味する。大きな声は感情の高まりを示すが、それだけでは、大きな声で笑っているのか、それとも声を荒げてクレームを発しているのか判断できないためである。たとえば、アマゾンが提供するコンタクトセンター向けソリューション「AWS Connect」では、評価された情動と声の大きさを、発言ごとに組み合わせて分析する。ネガティブな感情で、かつ声が大きい発言が検知された場合はクレームであると判断し、マネージャーにアラートが送られる。

　「発言量」では、一方的に話しすぎていないか、会話の中断時間が長すぎないかなどを確認する。たとえば、会話分析プラットフォームを提供する米

国のCyrano.aiは、打ち合わせ時の発言量や発言内容から参加者の参加度合いを算出するソリューションを提供している。また、打ち合わせ中の振る舞いから各参加者の性格特性も分析し、次回の打ち合わせの際の改善点を自動生成し、参加者に伝える。

相手に共感を示し、人間味のあるコミュニケーションを実現する上で会話は重要である。会話分析は、会話の質の可視化や改善に利用される。

マルチモーダル・プラットフォーム

消費者・顧客を深く理解するための分析手法を複数組み合わせる「マルチモーダル分析」はこれまでも実施されてきた。お互いの分析結果の信頼性を補強し合い、情報量を増やすことで分析精度が向上するからである。しかし、製品やソリューションは手法ごとに異なることから、分析結果は手作業で取りまとめる必要があり、それに要する時間や手間が課題であった。こうした課題を解決するのが、分析結果を自動で統合するマルチモーダル・プラットフォームである。

実例として、デンマークのiMotionsは、表情分析、視線解析、皮膚電気反応計測、脳波測定などを提供する主要メーカー20社と提携し、測定結果をリアルタイムに収集し、統合可能なプラットフォームを展開している。この場合、企業の分析担当者は1つの画面ですべての測定結果を確認でき、分析に集中できる。分析精度の向上や準備低減は、これまでこうした取り組みをしてこなかった企業の消費者・顧客理解のモチベーションを高めると同時に、ハードルを下げる。マルチモーダル・プラットフォームの普及は、企業による共感技術の活用を促進するだろう。

❸ ITロードマップ

図表3-2-8に共感技術のロードマップを示す。

図表3-2-8 共感技術のロードマップ

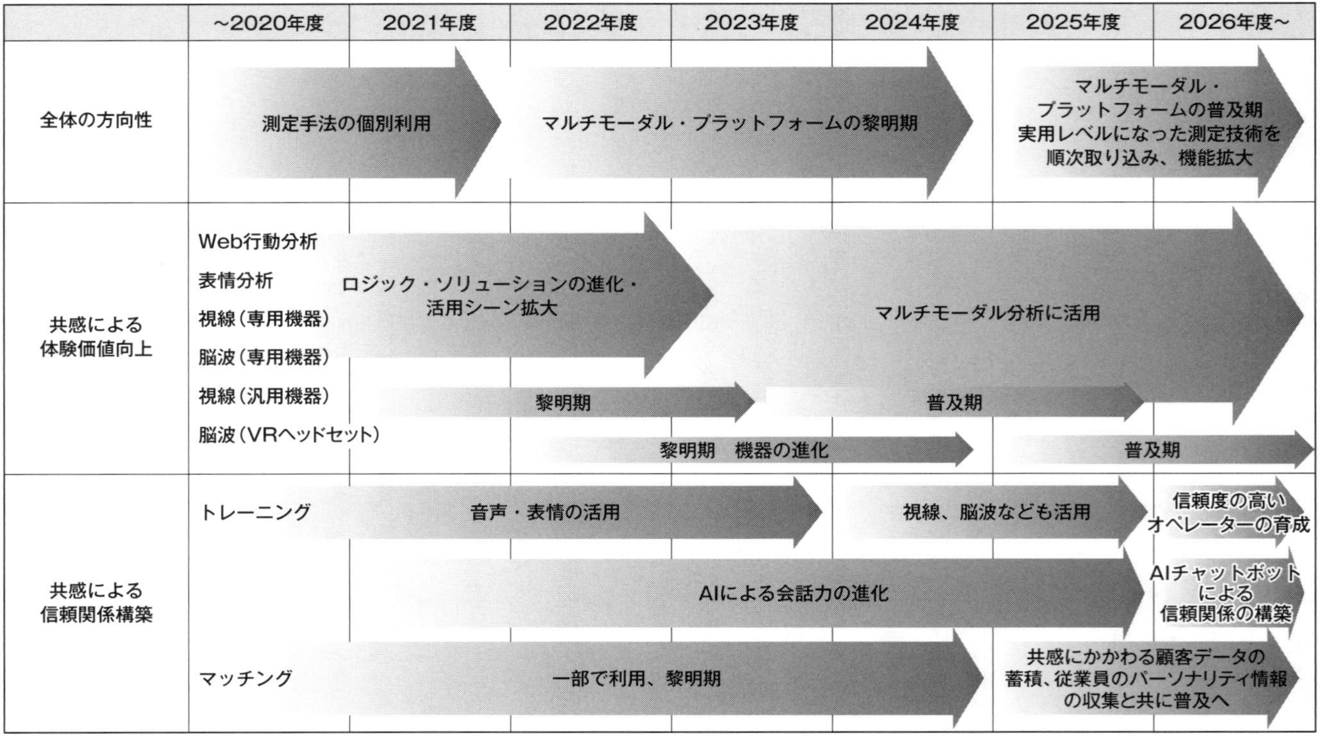

	~2020年度	2021年度	2022年度	2023年度	2024年度	2025年度	2026年度~
全体の方向性	測定手法の個別利用		マルチモーダル・プラットフォームの黎明期			マルチモーダル・プラットフォームの普及期 実用レベルになった測定技術を順次取り込み、機能拡大	
共感による体験価値向上	Web行動分析 / 表情分析 / 視線（専用機器） / 脳波（専用機器） / 視線（汎用機器） / 脳波（VRヘッドセット）		ロジック・ソリューションの進化・活用シーン拡大		マルチモーダル分析に活用		
			黎明期	機器の進化	普及期	視線、脳波なども活用	
共感による信頼関係構築	トレーニング	音声・表情の活用		AIによる会話力の進化			信頼度の高いオペレーターの育成
	マッチング		一部で利用、黎明期		AIチャットボットによる信頼関係の構築	共感にかかわる顧客データの蓄積、従業員のパーソナリティ情報の収集と共に普及へ	

（出所）野村総合研究所

～2021年度：測定手法の個別利用

　顧客や消費者をより深く理解するための行動分析や表情分析、専用機器による視線解析などを介した「共感」に注目が集まる。ロジックやソリューションが進化し、活用シーンが拡大する。

　サービスや製品の品質・デザインを評価する際に、スマートフォンによる視線解析のような、ユーザーが所有する機器を利用したリモート調査が可能になる。こうして、共感技術を活用した調査が遠隔地間で実施可能な環境が整うと共に、リモート調査の登録者数自体も、新型コロナウイルス感染拡大の影響で消費者が外出を控えたことで増加しており、このことも、企業による共感を分析する土壌づくりを後押しする。しかも、リモート調査はこれまでの対面調査に比べるとリードタイムが短縮化でき、コストを軽減できる点も企業にとっては追い風である。

　また、新型コロナウイルス感染拡大のような災禍により社会への不安が高まると、消費者は企業の共感姿勢に対して敏感になる。このことは、米国のセールスフォース・ドットコムが実施した調査で、消費者の71％が「共感する姿勢を持つ企業へのロイヤルティが高まった」と回答したことでも示されている[6]。企業は消費者の期待に応えるため、社内研修に表情分析や会話分析を活用し、従業員の「共感力」を高めていく。

2022～2024年度：マルチモーダル・プラットフォームの黎明期

　大きく変化する消費者の生活様式をいっそう理解し、新たなサービス・製品を生み出すことを目的に、共感に着目した分析が進む。また、マルチモーダル・プラットフォームの進化により複数の分析手法を組み合わせやすくなり、消費者を多面的にも理解しようとする企業が増える。

　加えて、メタバースへの注目が高まり、その高まりと共にVRヘッドマウントディスプレイユーザーが増加する。2021年12月時点で、メタ（旧フェイスブック）のVRヘッドマウントディスプレイ「Oculus Quest 2」の出荷

注6　https://www.salesforce.com/ap/blog/2020/12/deliver-service-that-customers-love.html

台数は1000万台近いといわれている。1000万台は、アップルが「iPhone」の出荷台数を大きく伸ばした2008年当時の数量と同程度である。VRヘッドマウントディスプレイユーザーが増えると視線解析や脳波測定がしやすくなり、こうしたユーザーを被験者とする、VR空間上でのリモート調査も盛んになる。

2025年度以降：マルチモーダル・プラットフォームの普及期

　複数の分析手法を組み合わせたマルチモーダル・プラットフォームが普及し、企業は消費者や顧客をいっそう多面的に深く理解できるようになる。消費者の価値観は今後も多様化していくであろうから、企業は体験価値の向上を継続する必要があり、その指標としての共感技術の活用も進む。

　非対面営業での営業職員やコールセンターのオペレーターなどにはこれまで以上に「共感力」が求められる。AIの会話力は年々向上しており、2020年にフェイスブックが発表したチャットボット・エンジン「Blender Bot」は、被験者の約半分が、同ボットの会話の質を「人間以上」と評価した。また、2021年5月にグーグルが発表した言語モデル「LaMDA」は、質問に単に回答できるだけでなく、人間同士のように、文脈に合わせて話題が変わっていく自然な対話を目指している。AIを活用したチャットボットが年々進化して「できること」が増える中で営業職員やオペレーターなどに求められるのは、より人間味のある対応である。そのとき企業には、相手に深く共感し信頼関係を構築できる人材の育成は必須である。

❹ 実現に向けた課題

各分析手法の理解と、実践を通した経験値の蓄積

　今後、消費者・顧客理解のためのソリューションや機器の進化、マルチモーダル・プラットフォームの普及により、企業は複数の分析手法を使い分けるようになる。

　たとえば、小売企業が棚の商品配置を検討する場合は、棚に設置した固定

カメラで被験者の視線や表情を分析する。店舗全体の商品配置を検討する場合は、被験者にセンサーやカメラを取りつけ、入店から退店までの視線や表情を追跡する。あるいは、コストを抑え期間を短縮するためにVRを活用する手法もある。このように、測定手法は目的に応じて適切に選択する必要があり、企業は各手法の特性を熟知していなければならない。

　一方、測定結果の評価は、業種ごと企業ごとに異なる点にも注意しておきたい。たとえば、小売店で食品パッケージを見る場合と、銀行で金融商品の説明を受ける場合とでは、期待する行動に違いがある。前者は「ポジティブな感情で商品に注目し、購入してもらいたい」、後者は「真剣な表情で商品に興味を持ち、検討してもらいたい」である。このように、業界や商品の種類、加えて各企業のポリシーによっても分析手法や評価方法が異なるため、実践を通してノウハウを蓄積していくことは欠かせない。

　こうして各測定手法の理解が進み、経験値が積み重ねられていくことによって効率的で高精度な分析が可能になる。そして分析効果を実証するサイクルを回転させることで、企業における共感の活動はさらに進んでいくであろう。

コラム

バイタルセンシングとデータ活用

■ パンデミックで重要性が増す健康データ

　新型コロナウイルスによるパンデミックは、人々の健康意識に大きな変化をもたらした。

　特に、変異株の流行による「ブレークスルー感染（ワクチン接種済みであっても感染すること）」が報告され始めてから、重症化リスクを低下させるには「日ごろからの健康維持が必要である」という認識が広まりつつある。マスクの着用や従来のソーシャルディスタンス基準、ワクチン接種だけでは感染を十分に防ぐことができない以上、肥満、高血糖・高血圧などの生活習慣病、あるいはそれに近い予備軍の状態を改善してリスクを下げなければならない。

　平時であれば健康を維持するための努力や意識は個人に任され、指導できるのは医療機関だけと考えられてきた。しかし、パンデミック下においては、社会全体としての予防的な健康維持が重要になる。感染拡大と共に医療設備がひっ迫し、病院で適切な医療が受けられなくなるからである。

　また、これまで定期的に病院に通っていた人々が受診を控える「受診控え」により、新型コロナウイルス以外の疾患も増えている。米国では受診控えによって心疾患の前兆を見落とす人が増加し、発作で命を落とす人がこれまでの2倍近いペースで増えているという。

　医療機関を訪れることができなくても健康を維持し、体調の変化を察知するためには、「自分自身の健康に関する情報＝生体データ（バイタルデータ）」を取得し、客観的に判断できることが重要になる。

■ 活動量計からバイタルセンシング機器へと進化するウェアラブル端末

　このような状況の中、ウェアラブル端末がさまざまなバイタルデータを取得可能なセンシング機器として新たな進化を遂げている。

図表1 ウェアラブル端末に搭載されている主なバイタルセンサー

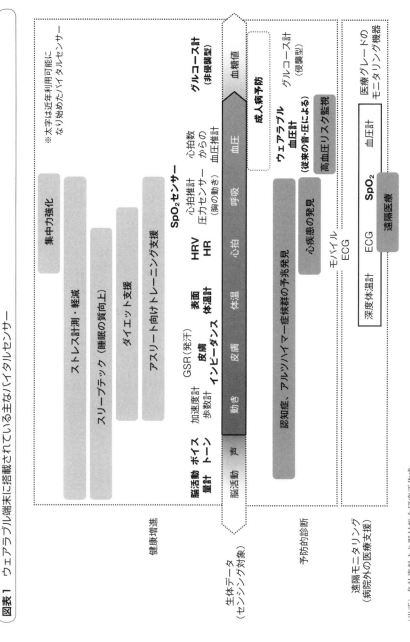

(出所) 各社資料より野村総合研究所作成

第3章 複合的なITの活用による新サービスの可能性 179

図表1に、現在、市場で入手可能なウェアラブル端末に搭載されている主なバイタルセンサーを分類した。太字で示したのが、2020年ごろより新たに搭載されるようになったセンサーである。

　スマートウォッチに代表されるウェアラブル端末は、登場してから長らく、1日に歩いた歩数や心拍数といった基礎的な活動量を測ることしかできなかった。しかし、ようやく最近、疾病と関係の深いバイタルデータを取得できるようになりつつある。

　新型コロナウイルスの感染拡大が始まった2020年の春には、体温計測機能を搭載したスマートウォッチが数多く登場した。アップルは同年秋に発表した「Apple Watch Series 6」に血中酸素飽和度（SpO$_2$）センサーを搭載した。さらに、一部の国で2018年には利用可能になっていた心電図アプリが、厚生労働省から管理医療機器としての承認を受けて日本でも利用できるようになった（2021年1月）。これにより、心疾患の一種である「心房細動」の兆候を検知できるようになり、先進的な医療機関での活用も始まっている。

　ほかにも、連続して計測することで従来の脈拍数を用いる血圧計よりも血圧を高精度に推計可能な端末や、ストレス状態の分析が可能な端末も登場しつつある。近い将来、糖尿病と関係が深い血糖値を連続的に計測できる機器の実用化も期待されている。

■ AIとセンサーフュージョンが加速するバイタルセンシング

　グーグルもヘルスケア関連の技術への取り組みを続けている。2021年1月には同社のスマートフォン「Google Pixel」向けに、スマートフォンのカメラを用いてユーザーのバイタルデータを取得するアプリケーションを利用可能としている。

　常に体に装着するウェアラブル端末の接触型センサーではなく、カメラで撮影した顔や皮膚の画像から微細な変化を認識し、心拍の揺らぎや血中酸素

飽和度を推計する点が特徴である。

　画像からのこのようなバイタルデータの推計は、AIの進化に伴う画像認識技術の向上が背景にある。大量の画像データを学習することによって、微細な顔色の変化や呼吸の際の動きを判別し、身体状況を推定できるようになったのである。

　さらに今後は、複数のバイタルセンサーから得られるデータを融合して分析し、健康リスクを総合的に予測できるようになるだろう。2021年に開催されたCES（Consumer Electronics Show：家電見本市）では、咳・心拍・体温センサーなど複数のセンサーを組み合わせることによって、新型コロナウイルスが発症する予兆を早期に検知できる機器が複数出展された。アクティビティトラッカーの老舗企業であるFitbitも、大量に収集したユーザーのバイタルデータをAIに学習させ、コロナウイルスの発症予測アルゴリズムの精度向上に取り組んでいる。

　新型コロナウイルスだけではない。パーキンソン病や認知症の予兆検知にも複数のセンサーを融合（センサーフュージョン）させ、それに機械学習を適用する研究が続けられている。デジタル技術の活用によって、多様な疾病に備えることのできる世界が実現に近づきつつある。

■ ビジネスにおけるバイタルデータの活用機会

　バイタルセンシングによって得られるバイタルデータは医療機関だけでなく、企業の健康経営や消費者向けサービスにおいても活用されるようになる。

　飲食・小売業などでは感染拡大防止のため、出社前に毎日検温や体調報告を従業員に義務づけている企業が多い。しかし、従業員が手動で体温を計測して報告するのではなく、デジタルデータを自動的に取得して感染リスクの高い人をいち早くケアできれば、職場クラスターの発生を抑制し、感染者への早期の対処と重症化の予防ができるようになるだろう。

第3章　複合的なITの活用による新サービスの可能性　181

一方、長引くリモートワーク環境下でメンタルヘルスに問題を抱える従業員も増加している。ストレスの予兆や身体的な疲労を示すデータから、従業員が健康的に働ける環境を整備し、問題の発生を事前に防ぐことも可能になる。

　健康への関心が高まっている現在、生活者向けのサービスでも、健康見守りサービスや健康チェックサービスを提供することは、顧客との関係を維持する上で有用である。

　たとえば、SOMPOひまわり生命では、自社のスマートフォンアプリに健康チェック機能を組み込んで契約者向けに提供している。JAL（日本航空）では、歩いた分だけマイルを付与するサービスを開始し、健康に関心が高い顧客と継続的な接点を創出しようとしている（第2章2節「ハイパーロケーション技術」参照）。

　残念ながら、世界がコロナ禍を抜け出すまでにはまだ時間がかかりそうである。逆にいえば、健康にかかわるサービスやバイタルデータの活用には高い関心が集まり続けると予想できる。企業は、ニューノーマル時代の新たなサービス分野として捉え、社会的にも意義のあるかたちで利用していくべきであろう。

第4章 DXを推進するセキュリティ

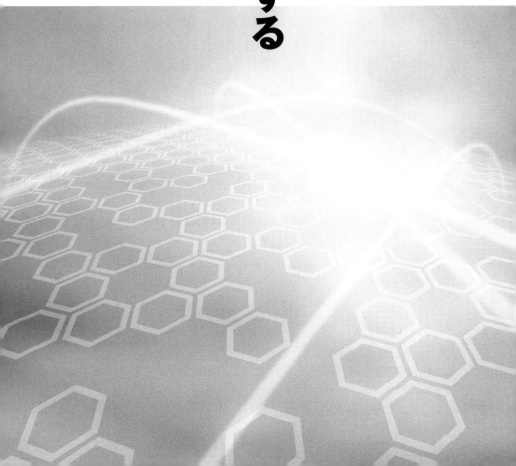

デジタルトラスト
4.1 信頼の起点と連鎖の構築に向けて

> **エグゼクティブサマリ**
>
> ●サマリ
> - デジタルビジネスの発展により、デジタル上で実現できることの範囲や規模が拡大するにつれ、デジタル空間で扱われるヒト・モノが偽りであったり、それらが不当に扱われたりした場合のリスクも高まっている。そこで、「デジタルトラスト（デジタルビジネスの信頼性）」が重要になる。
> - デジタル空間でのトラスト検証手段は、対面・接触を前提とした従前の検証手段から大きく変わるため、データ・相手・プロセスの各確認ポイントにおいて採用すべき構成要素やルールの再定義が必要になる。また、データ・サービスを広く連携するには、連携元・連携先で準拠すべきルールの相互承認や、ルール準拠時に持つ効力の取り決めなども重要となる。
>
> ●ロードマップ
> (1) 2021〜2023年度：プラットフォームとベース・レジストリの整備推進。
> - 広く多様なデータを活用して新たな価値を創出するには、「データ連携」とそれを「利活用したサービスを提供する基盤（プラットフォーム）の構築」がカギとなる。データを連携するために必要なデータ標準やフレームワーク、ガイドラインが整備される。
> - また、データ連携のカギとなるベース・レジストリ（正確性・最新性が確保された社会の基幹となるデータベース）の設計も並行して進む。
> (2) 2024〜2025年度：実装、試行運用から本格運用が順次拡大。

・2023年ごろからトラストアンカー機能や認定スキームが創設され、2025年ごろをめどにトラスト基盤が構築されるとみこまれる。このトラスト基盤に基づき、プラットフォームやベース・レジストリの実装・運用も進む。

●課題

・ベース・レジストリの整備、およびベース・レジストリへの有効性検証が可能なデジタル上でのしくみの整備。

・トラスト形成に必要なサービスや機能に対する認定のしくみの策定、認定機関の設立、また、認定の効力の適応範囲の整理（たとえば同等性や相互承認など、諸外国横断での効力を持つ、など）。

・統一されたルール・標準仕様の策定。

・デジタル化への一時的な投資コストの発生。

・リテラシーの低い利用者を包摂するため、専門的な知見・知識を必要としないしくみの提供、オペレーションを代行する職種の整備。

❶ はじめに

　2021年は、前年に引き続き新型コロナウイルス感染症の影響下にある一方で、ワクチンが広く行き渡った後もリモートワーク主体の働き方が継続するなど、「withコロナ」を前提としたニューノーマルが定着した年となった。たとえば、押印制度の見直しや、リモートワーク拡大に伴い転勤・単身赴任を廃止する企業の登場など、デジタルワーキングが確立されそれが当たり前のスタイルになると共に、社会全体がデジタルトランスフォーメーション（DX）に大きくシフトしており、非対面・非接触を前提とする社会基盤の構築も進む。こうした中では、従来、対面・接触も含むさまざまな確認から成り立っていた相手自身やその行動・振る舞いへの信頼を、デジタル世界でどのように実現するのかという「デジタルトラスト」の確保が重要になる。

第4章　DXを推進するセキュリティ　185

デジタルトラストの確保における考慮事項

（ア）トラストの構成要素の再定義

　コロナ禍前は相手と直接向き合い、やりとりを通じてさまざまな情報を明示的・暗黙的に取得し、相手が信頼に足るかどうかを判断していた。身近な例として、ある人が店舗で何らかのサービスの利用を申し込むケースを考えてみる。その際、申込者はサービス提供者に自身の身元を明らかにするのが一般的で、口頭での情報提示だけでなく、身分証明書などの提示を求められることもあるだろう。このような場合、申込者が明示的に提出した情報だけではなく、申込者の様態や立ち居振る舞いなどから店舗の担当者が暗黙的に取得した情報までもが加味され、その結果、申込者が信じるに足るかどうか、サービスを提供してよいかどうかが判断される。

　相手（この場合は申込者）のトラストを確保する上でのサービス提供事業

図表4-1-1　トラスト確保における確認ポイントと確認内容

確認ポイント	確認内容の例
【データ】 提示された情報は 信頼できるか	・信頼に足る機関・組織・事業体などが生成した情報か
	・どのようなプロセスで生成された情報か
	・いつつくられた情報か、現在も有効か、取り消し・失効されていないか
	・偽造・改竄されていないか
【相手】 提示元・提示先は 信頼できるか	・提示元は、本当にサービスを利用しようとしているエンティティ（ヒト・企業・モノ〈携帯電話・スマート機器など〉）自身か
	・提示先は、目的としたサービスの（偽でない）提供事業者か（往訪店舗の立地・概観・担当者名刺など複数情報から判断）
	・相手（提示元・提示先）に怪しい挙動・振る舞いはないか
【プロセス】 経路や取り扱いなど は信頼できるか	・経路上での窃取・盗聴・改竄の懸念はないか（来店では手渡しだが、郵送やオンライン送付の場合はどうか）
	・本人の意に沿った情報の提示か（なりすまし目的での拾得情報の提示、などの疑いはないか）
	・過剰な取得ではないか、利用目的に沿った取得となっているか

（出所）NRIセキュアテクノロジーズ

者における一連の作業の確認ポイントは、暗黙的に得られる情報までも含め、図表4-1-1に示す「データ」「相手」「プロセス」に分類できる。

とはいえ、このようなトラスト確保をデジタル上で試みようとすると確認手法は大きく変わる。特に、これまで対面・接触によって暗黙的に得られていた情報までも組み込んで、「何をもって信頼に足るとすべきか」、すなわち、デジタルトラスト上の「データ」「相手」「プロセス」の構成要素として再定義する必要がある。

（イ）トラストの相互運用（トラストフレームワークの展開・連携）

デジタル化が進むと、さまざまな所で生成された多様なデータが相互に連携し合い、それに基づいた機能・サービスの提供機会が増加する。これらを実現するには、特定の範囲内ではなくトラストが広範に確保された環境下でデータが円滑に流通すること、逆にいえば、トラストが確保されていないデータやエンティティ（実体）が適切に検知・排除されるしくみが欠かせない。

国内でも、2019年6月に閣議決定された「世界最先端デジタル国家創造宣言・官民データ活用推進基本計画（以下、国家創造宣言。その後2020年7月17日に変更)[注1]」において、デジタルデータの活用に向けた各種の取り組みが盛り込まれている。国家創造宣言では「官民連携による円滑なデータ流通に向けた環境整備」が重要な取り組み施策として掲げられ、「今後、パーソナルデータをはじめとしたデータを円滑に流通させるためには、特定の分野、あるいは分野を超えて、各プレーヤー（個人、データ保有者及びデータ活用者）の間のデータの取扱いや機能、品質及び信頼性等に関する共通認識を持つことが必要不可欠」であると述べられている。

また、国内に閉じず、国際連携を想定したデータ利活用の戦略についても、2019年の「G20大阪サミット」において「Data Free Flow with Trust（信頼性のある自由なデータ流通）：DFFT」のコンセプトがすでに合意され

注1 「世界最先端デジタル国家創造宣言・官民データ活用推進基本計画」（令和2年7月17日閣議決定）

ており、デジタル経済におけるデータ流通や電子商取引に関する国際ルール作りを進めていく「大阪トラック」が創設され、多様なステークホルダーを交えたグローバルなルール形成の検討が始まっている。

以上から、広範なデジタルトラストを確保するには、①トラスト確保のためには何が必要か、②その定義をどのようにルール化し効力を持たせていくのか──の2点が肝要となる。

❷ 事例

デジタルトラスト確保の具体的な取り組み事例については、海外の以下の4つを取り上げたい。

(1) モバイル運転免許証
(2) 米国ヘルスケア業界におけるサプライチェーン整備
(3) 米国航空業界におけるサプライチェーン管理
(4) フェイクニュース対策

(1) モバイル運転免許証

2021年9月、米国のアップルは、「iPhone」と「Apple Watch」のアップルウォレットに運転免許証や州の身分証を入れて提示できる取り組みを一部の州と進めていると発表した[注2]。本リリースの中でアップルは、「モバイル機器を介して運転免許証等のIDを提示する際の消費者プライバシー等の保護は、ISO/IEC 18013-5（mobile driving license: mDL〈モバイル運転免許証〉）規格に基づいた」としており、モバイルID実装という点においても、本規格は注目を集めている。

「ISO/IEC 18013」とは、運転免許証のデータコンテンツやデザインフォーマットに関するガイドラインを定めた規格であり、このうち18013-5は運転免許証をモバイル機器に実装する際の要件を規定した規格で、2021年9月に

注2 Apple, "Apple announces first states signed up to adopt driver's licenses and state IDs in Apple Wallet"（September 1, 2021）

公表された。「mDLとmDLリーダー間」、および「mDLリーダーと発行機関インフラ間」とのインターフェースが規定されると共に、mDLがセキュアに利用されるための各種の要検討事項が規定されており、今後モバイル端末上で身分証を実装する際に検討される国際規格として注目を集めている。

(2) 米国ヘルスケア業界におけるサプライチェーン整備

医薬品のサプライチェーンの安全性確保には、製薬企業から卸売業者、ドラッグストアなどが相互に信頼して取引できるしくみが求められる。取引実績のない相手先とも医薬品を安全に売買するために、それぞれの取引先のステータスをリアルタイムで確認できなければならない。

米国では、2013年11月に成立した「医薬品サプライチェーン安全保障法（DSCSA）」は、本法成立から10年間をかけて、すなわち2023年11月までに医薬品のトレーサビリティー管理のしくみを段階的に導入することを求めており、体制整備に向けこれまでさまざまな取り組みが進められてきた。

その事例の1つとして、ドイツの大手ソフトウェア会社SAPの取り組みがある。SAPは薬品梱包時に取引相手のステータスを確認するために、ウォレットプロバイダーのSpherity（ドイツ）、検証可能な認証情報を発行するLegisym（米国）、そして大手製薬会社や卸売業者などと連携し、自己主権型アイデンティティ（Self-Sovereign Identity: SSI）によるしくみを構築し、パイロットプログラムを完了させている[注3]。これは、分散型識別子（Decentralized Identifier: DID）と、検証可能な資格情報（Verifiable Credential: VC）を基盤とするSSIに基づいている[注4]。

(3) 米国航空業界におけるサプライチェーン管理

米国航空業界では、サプライチェーン管理にICチップを組み込んだ顔写真入りの身分証であるPIV（Personal Identity Verification）カードが活用

注3　https://news.sap.com/japan/2021/04/sap、製薬業界におけるサプライチェーンの信頼性/
注4　SSIやDID、VCの詳細については、『ITロードマップ 2020年版』「第4章 3節 デジタルアイデンティティがもたらすデジタル変革」を参照

されている。

PIVカードは、米国連邦PKI（Federal PKI: FPKI）のルート認証局[注5]が発行し、連邦政府職員ならびに政府の調達先契約業者が保有している。電子証明書（認証用・暗号用・電子署名用）を含み、制度面・周辺部を含めた技術面・運用面での多角的な安全性が確保されている。

FPKIは、政府部門だけではなく、民間利用とビジネスイノベーションも視野に設計されている。具体的には、政府側の認証局と基準に適合する民間認証局との間をブリッジすることで、各電子証明書の有効性を相互に認証しデジタルトラストの確保範囲を広げている。このデータのサプライチェーンのしくみは航空産業でも活用されている。

航空機を構成する部品は点数が多く、かつそれらすべてに対する適切な点検と交換が絶対であることから、これまでも厳格な部品の標準化と管理が求められてきた。近年はソフトウェアが組み込まれたことで部品の状態のモニタリングや部品間の相互通信が可能となってより高度化し、また、航空機に搭載され運用開始後でもソフトウェアのアップデートが可能な部品であるLSAP（Loadable Software Aircraft Parts）も増加しつつある。このLSAPには、関連企業の電子署名・検証プロセスが組み込まれていることでソフトウェア認証を厳格化する。加えて、技術員・職員の身分証にPIV-AV（Personal Identification Verification-Aviation）を採用することで、システムの利用者にも強力な制限をかけている[注6]。

注5　階層構造で発行・検証される電子証明書のしくみのうち、最上位に位置する認証局。国際的な基準を満たす

注6　A Report from the Aviation Rulemaking Advisory Committee（ARAC）Aircraft System Information Security ／ Protection（ASISP）working group to the Federal Aviation Administration
https://www.faa.gov/regulations_policies/rulemaking/committees/documents/media/ARACasisp-T1-20150203R.pdf
Compilation of Cyber Security Regulations, Standards, and Guidance Applicable to Civil Aviation
ATA Spec 42 Aviation Industry Standards for Digital Information Security
https://www.iata.org/contentassets/4c51b00fb25e4b60b38376a4935e278b/compilation_of_cyber_regulations_standards_and_guidance_1.0.pdf

（4）フェイクニュース対策

　人々の認識や思考を歪める「フェイクニュース」（本稿ではニュースの形態であるか否かを問わず、誤情報・偽情報を含む、インターネット上で拡散される正しさを欠いたあらゆる情報と定義する）は、選挙結果、政策効果、社会・経済活動のほか、人権や安全保障にも多大な悪影響を及ぼすことから、デジタル世界のみならず現実世界にとっても看過できない脅威となっている。たとえば、2016年には、米国大統領選挙において、ロシアがソーシャルメディア上でフェイクニュースを拡散することで干渉していたとされる[注7]。

　機械学習アルゴリズムを用いるまでもない簡単なフェイク（チープフェイク）技術によるフェイクニュースであっても、少なからぬ人がこれを本物だと誤認してしまうことがある。2019年には米国民主党ナンシー・ペロシ下院議長があたかも酔って演説しているかのようにみえる動画がフェイスブック上に拡散し、氏と対立関係にあった共和党のドナルド・トランプ大統領（当時）の公式ツイッターによってさらに拡散された。しかし、その動画は本物の演説を加工したフェイク動画であった。さらにやっかいなことには、ディープフェイク技術で生成されるフェイクニュースもあり、そうなるとフェイクを見抜くことが難しくなる。

　このような深刻な負の影響が顕在化していることを重くみて、各国はフェイクニュースへの対策を講じている。米国ではSNSや動画配信サービスのプラットフォーム事業者による自主的な対応（フェイクニュースの削除や配信者の追放、外部のファクトチェック機関との連携など）が進められているが、事業者によって対応方針が異なる事態も生じている。また、2020年には、ディープフェイク技術の脅威や対策への理解を深める目的で、政府に年次報告の作成を義務づける「Deepfake Report Act」や、ディープフェイク技術により変更・合成されたメディアに対する研修の支援を全米科学財団（NSF）および米国国立標準技術研究所（NIST）に義務づける「Identifying Outputs of Generative Adversarial Networks Act（IOGAN Act）」が可決

注7　Report On The Investigation Into Russian Interference In The 2016 Presidential Election（March 2019）

された。

米国と同様、EUにおいてもフェイクニュースに関しては事業者の自主的な対応を軸としており、2018年から2019年にかけて、フェイスブックやグーグル等の主要プラットフォーム事業者は、フェイクニュース対策を講じる内容の行動規範に合意し、ロードマップを策定、公表した。

❸ デジタルトラストの確保に向けた取り組み

以上のように、デジタルトラストの確保に向けてはすでにさまざまな取り組みが進められているものの、解決すべき課題も多い。ここでは代表的な課題として、

(1) ワクチンパスポートに対する取り組み

(2) デジタル庁の取り組み

(3) マイナンバーカードの活用

——の3点に絞って論じる。

---

(1) ワクチンパスポートに対する取り組み

新型コロナウイルス感染症の拡大抑止策として高い効果がみこまれる新型コロナワクチン接種証明書(ワクチンパスポート)は、議論の余地を残しつつも、効果の期待度の高さから複数の国で運用が開始されている先進的な証明書で、書類の形態だけではなく、スマートフォンなどに搭載できるデジタル証明書も登場している。証明書の仕様や運用は国により異なるが、基本的に以下が実装もしくは検討されている。

Ⓐ偽造困難かつ検証可能な仕様で各国の公的機関が発行し、証明書が有効期限内であることを判定できるようワクチン接種日の情報を持たせ、本物と有効性を確認できる。Ⓑ必要に応じて公的身分証明書と照合できるよう、氏名をはじめ基本的な個人属性情報を持たせ、証明書提示者が本人であることを確認できる。Ⓒワクチンパスポートとしての必要最小限の情報しかない。そうすることで、情報が本人の意図を超えてさらされるリスクを抑える。

図表4-1-2　ワクチンパスポートの主な課題と対応例

課題	対応例
接種証明書非保持者（接種困難者など）の権利確保	代替証明（検査の陰性証明）の併用
相互運用性	外国との共通仕様の採用 共通仕様に非準拠な外国証明書の保持者への対応の規定
プライバシー侵害懸念	証明書発行側や受け入れ側が、知り得た情報を目的外に利用しないことの（法令・規約などでの）担保
仕様の柔軟性	ウイルスの変異などを踏まえ、ワクチンパスポート運用時の参照属性（証明書発行機関、ワクチン製造元、接種回数、接種間隔、接種後経過期間など）の変更・追加を想定した仕様の採用

（出所）NRIセキュアテクノロジーズ

　ただし、ワクチンパスポートについては図表4-1-2のような課題がある。課題と対応例を示す。

（2）デジタル庁の取り組み

　日本では、2021年6月18日に閣議決定された「包括データ戦略」において、デジタルトラストに関する課題と対応の必要性が指摘されると共に、取り組みの方向性が示され、これらは2021年9月に発足したデジタル庁が担うことになった。

　具体的な取り組みの方向性としては、「データ戦略におけるアーキテクチャ」として図表4-1-3に7層が示されている。

　これらの層のうち、特にデジタルトラストと関係するのは、さまざまな活動の基礎となるデータを整備する第2層の「データ（ベース・レジストリ等）」と、データを安心して利活用するためのトラスト基盤などのルールを整備する第5層の「ルール」である。

　具体的には、第2層の「データ」は、「公的機関等で登録・公開され、様々な場面で参照される、人、法人、土地、建物、資格等の社会の基本データであり、正確性や最新性が確保された社会の基盤となるデータベース」[注8]であ

第4章　DXを推進するセキュリティ　193

図表4-1-3　包括的データ戦略のアーキテクチャ

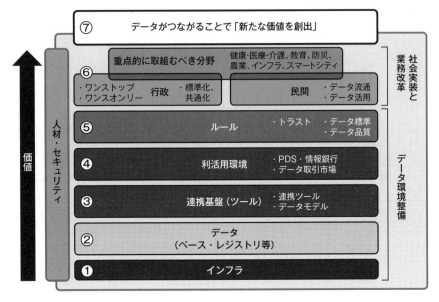

※連携基盤（ツール）、利活用環境と、データ連携に必要なルールを包括的・有機的に提供する基盤をプラットフォームとする
※上記に加え国際連携についても考慮する必要がある
(出所)「包括的データ戦略」2021年6月18日
　　　https://www.kantei.go.jp/jp/singi/it2/kettei/pdf/20210618/siryou3.pdf

るベース・レジストリを整備することとされており、「2025年までにデータ標準の整備、2030年には世界各国と同じレベルでのデータ環境を実現していく」[注9]とされている。

　第5層の「ルール」では、トラストを担保する基盤の整備が示されている。具体的には、人、法人、機器といったサイバー空間の存在＝IDの正しさの立証（審査・登録・発行・管理等）や、トラストの連鎖を担保するトラストアンカー機能の創設を検討する。たとえば、自然人においては、マイナンバーなど本人を同定する情報との紐づけにより、当該自然人であることの確

注8　「ベース・レジストリ・ロードマップ（案）」（2020年12月）
　　　https://www.kantei.go.jp/jp/singi/it2/dgov/data_strategy_tf/dai4/siryou1-2.pdf
注9　注8と同上

からしさを担保する。マイナンバーに関する検討課題は次の（3）で述べる
が、「包括データ戦略」ではこれらについて2020年代早期の実装を目指すと
している。

（3）マイナンバーカードの活用

日本では、マイナンバーカードがデジタルトラストのアンカーとして期待
されている。マイナンバーカードがデジタルトラストのアンカーとして期待
されるのは、以下の複数のセキュリティ対策が組み込まれているからでもあ
る。

- 顔写真により対面での悪用が困難
- カード券面・ICチップへの限定された個人情報の組み込み
- オンラインでの悪用が困難
  - ▶ 用途ごとに異なる暗証番号の設定、ロック機能
  - ▶ 不正行為に対するICチップの耐タンパー性、メモリ内容消去
  - ▶ 国際標準のセキュリティ要件の具備
- 24時間365日の利用停止受け付け
- 番号確認と身元確認を要するカード受け取り時の対面での本人確認
- 用途別の電子証明書
  - ▶ 利用者認証用（ログインのため受け取る乱数の暗号化に利用）

図表4-1-4　マイナンバーカードへの機能追加（予定）

機能	期間
マイナポイント付与	2020年から2021年まで実施
健康保険証として利用	2021年より順次プレ運用〜2024年3月までをめどに医療機関などへ導入
運転免許証の統合	全国でのシステム統合後、2025年3月までの実現を目標
スマートフォンへの搭載	2023年3月までにアンドロイド対応を目指し、別途iPhoneも検討

（出所）総務省、厚生労働省、首相官邸の公表情報をもとにNRIセキュアテクノロジーズ作成

第4章　DXを推進するセキュリティ　195

▶署名用（電子申請の送信者の証明に利用、基本4情報含む。政府認証基盤ブリッジ認証局と相互認証）

今後は、健康保険証としての利用、および国家公務員・地方公務員のマイナンバーカード取得を段階的に進めることで、2023年3月にはほとんどの住民がマイナンバーカードを保有する状態になることを目指す[注10]。加えて、運転免許証の統合やスマートフォンへの搭載により、マイナンバーカードの取得と利便性向上を、省庁、地方公共団体、民間企業の連携により促進する。2021年10月時点で公表されているマイナンバーカード取得促進の取り組みは図表4-1-4の通りである。

❹ ITロードマップ

図表4-1-5にデジタルトラストのロードマップを示す。

2025年までを大きなターゲットに、国内でのデジタルトラスト基盤の構築に向けた活動が進展し、それに必要となるデータ、ルール整備が進むと想定

図表4-1-5　デジタルトラストのロードマップ

（出所）NRIセキュアテクノロジーズ

注10　マイナンバーカードの普及利活用の取組及びシステム標準化について
　　　https://www.kantei.go.jp/jp/singi/it2/dgov/kaizen_wg/dai1/siryou2.pdf

される。ルール整備に際しては、国内に閉じず、諸外国との連携が肝要となる。国内での議論と共に、諸外国に対する相互承認を求める活動が展開される。

2021〜2023年度：プラットフォームとベース・レジストリの整備推進

広く多様なデータを活用して新たな価値を創出するために「データ連携」と、それを「利活用したサービスを提供」する基盤（プラットフォーム）の構築がカギとなる。データを連携するために必要となるデータ標準やフレームワーク、ガイドラインなどが整備される。

また、データ連携でカギとなるベースレジストリの設計も並行して進められる。

2024〜2025年度：実装、試行運用から本格運用が順次拡大する

2023年ごろからトラストアンカー機能や認定スキームが創設され、2025年ごろをめどにトラスト基盤が構築されるとみこまれている。このトラスト基盤に基づき、プラットフォームやベースレジストリの実装・運用も進められる。

❺ 普及に向けた課題

本稿「はじめに」で述べたように、デジタルトラストがさまざまな分野・サービスで広く実現されるには、「（ア）トラストの構成要素の再定義」と「（イ）トラストの相互運用（トラストフレームワークの展開・連携）」が鍵となる。これらを解決しデジタルトラストを確立するには、以下の5点の課題を解決する必要がある。

（1）トラストアンカーの機能整備

生成されるデータのトラストを確保するには、そのデータの発行者の確からしさを担保する「トラストアンカー」機能が必須となる。データを受け

取ったヒト・モノなどは、トラストアンカーに受け取ったデータの検証を再帰的に依頼し、その検証結果を受け取ることによってはじめて、受け取ったデータを信じてよいかどうかの判断が可能になる。流通するデータのトラストアンカーが明確になると共にデジタル空間での検証も容易となることで、データの受け取り手は安心してデータの活用が可能となる。

（2）認定スキームの創設

　トラスト確保のための各観点の検証に用いられるサービス・機能などに対し、透明性・中立性を持った適合性評価機関が一定の基準に基づき評価・認定する必要がある。また認定基準およびその準拠に伴って、法的効力を持ち得る、あるいは業界団体などの要求水準を保証するなど、提供されるトラストサービスのレベルが可視化されることで、事業者としても自身の提供するサービスに見合ったレベルのトラスト確保が可能となる。

　また、トラストサービス認定のフレームワークに関し、国際的な同等性や相互承認、相互運用性を実現することで、諸外国横断でのトラストを確保したデータ連携につながり得るなど、国際競争力の維持への貢献も期待できる。

（3）標準仕様の整備

　データフォーマットや連携方式など、標準仕様として規定・整備を進めることで、相互接続性・相互運用性を担保したデータ連携が可能となる。広範な衆目にさらされ、パブリックコメントやイシューなどを通じて改善を図ることで、独自仕様の「ガラパゴス化」を避け、セキュリティ品質を保った方式の検討につながる。

（4）デジタル化への投資

　トラスト確保はそれ単体では収益性を評価しにくい。また、データ連携は自社に閉じず、関係ステークホルダーとの間での施策でもあるため、協調部分のインフラコストおよび普及促進には国や当局による投資支援が必要との

指摘もある[注11]。このような指摘に対しては、デジタル化以前のアナログ運用下での埋没コストやインシデント発生時のリスクを適正に評価した上で、当該コストの低減効果も加味した包括的な施策としてとらえることでデジタル化への投資促進を検討する。

(5) デジタルディバイドの回避

利用者に高いリテラシーを要求するなどの制約がある場合、それに対応できない利用者にはサービスを供与できない懸念も生じ得る（デジタルディバイド）。利用者を包摂し、利用者に負担をかけない共通インフラを意識する必要がある。また、すべてをシステムのみで対応するとはせず、デジタル活用を苦手とする人々には、たとえばオペレーションを代行する職種を設けるといった柔軟な運用・対処法も求められる。

注11 World Bank Group, "Public Sector Savings and Revenue from Identification Systems: Opportunities and Constraints" (2018)

4.2 Security by Design
デジタルビジネス推進に欠かせないセキュリティ企画・設計

> **エグゼクティブサマリ**
>
> ●サマリ
> - 企画・設計の段階からセキュリティを考慮する「Security by Design」は、以前からある概念だが、近年、デジタルビジネスの進展に伴いサービス仕様の不備に起因する事故が多発したことを背景に再認識され、注目を集めている。
> - デジタルビジネスにおけるSecurity by Design成功のカギは、リスクシナリオの洗い出しにある。サービス仕様の不備に起因するリスクや、新技術にまつわるリスクを網羅的に洗い出すには、事故事例・攻撃事例を集めたデータベース(事例DB)や、脅威モデリングといったフレームワークを活用して分析する。
> - デジタルビジネスでは要件が頻繁に変更され、また、技術の進歩、業界動向の変化、攻撃手法の多様化も激しいため、リスクシナリオやそれに基づくセキュリティ対策方針は継続的に更新・改善していく必要がある。
> - すでにデジタル化を進めている企業では、開発プロセスにSecurity by Designを取り入れる動きが広まりつつあるが、今後のデジタルビジネスのさらなる進展に伴い、Security by Designは標準的な取り組みとして広がっていく。
> - 一方で、セキュリティの観点からシステムの企画・設計ができる人材は少なく、その人材を効果的に生かすための役割やタスクを定義した開発プロセスの構築にも時間を要する。これが、Security by Designの普及、ひいては安全なデジタルビジネスの迅速な実現に向けての大きな課題となる。

❶ Security by Designとは何か

「Security by Design」とは何か。内閣サイバーセキュリティセンター（NISC）の定義によれば、「情報セキュリティを企画・設計段階から確保するための方策」とされている。つまり、システム開発の後段でセキュリティ対策を講じるのではなく、システムの企画や設計の初期段階からセキュリティ対策を考慮し組み込むことである。

Security by Designという言葉は、2000年前後にはすでに各政府機関や民間企業によって使われている。また、2007年には、情報セキュリティ政策会議によってまとめられた「セキュア・ジャパン2007」の中で電子政府等の情報セキュリティ強化のための具体的施策の1つとして取り上げられてもいる。

このように、Security by Designは、概念としても用語としても新しいものではない。従来のシステム開発においても、セキュリティはシステム構築の1要素として取り入れられてきた。しかし、デジタルビジネスの進展に伴って、「セキュリティはサービス仕様であり、機能を提供するための本流である」と捉える機運が高まっている。Security by Designは、このトレンドを支援するための考え方として、新たな脚光を浴びつつある。その背景を、ビジネス、システムそれぞれの観点から概観してみよう。

ビジネスリスクに対応するためのSecurity by Design

昨今、ビジネスのデジタルトランスフォーメーション（DX）化に伴い新たなサービスが次々と登場している。特にキャッシュレス化の波に後押しされ、ポイントサービスや新たな決済サービス、会員獲得を目的としたキャンペーンサイトなどが多くリリースされている。こうした新しいサービスを提供するデジタルビジネスでは、企画段階で十分に考慮しておかなければ防ぐことが難しいリスクシナリオが存在する。

たとえば、利用者の新規登録に必要とされる身元確認レベルは、サービス

第4章　DXを推進するセキュリティ　201

仕様とそれに伴うセキュリティリスクの内容ごとに異なる。ここで「身元確認レベル」とは、利用者の実在確認の厳格さを表す。対面での身分証明書確認は身元確認レベルが高く、利用者の自己申告のみはレベルが低いとみなされる。

　提供するサービスが金銭移動を伴う場合には、不正送金などのリスクを回避するために、利用者の厳格な身元確認が必要である。これに対し、販売促進を目的としたキャンペーンサイトは複雑である。

　というのは、キャンペーンサイトでは、最初から厳格な身元確認を求めると新規登録をしてもらえない可能性が高いからである。このため、最初の登録時には身元確認のレベルを低くとどめ、利用者が利用する機能の拡大に合わせて、身元確認レベルを追加的に高めていく。しかし、キャンペーンサイトであっても初回登録時に金銭的価値のある特典を提供するような場合には、1人が複数の登録をする、入会と退会を繰り返す、といった手段で特典を大量に取得されるリスクがある。

　特典の不正取得というリスクに対しては、特典を得られる回数を1人1回限りとすることが1つの対策手段である。しかし、その対策には、自己申告だけではなく、より厳格な身元確認が必要となり、最初の登録のハードルを下げたいというニーズと相反する。

　こうしたトレードオフがある中で、どのリスクを受容するかはそのビジネスの特性も含めての判断が求められ、これはシステム仕様ではなく、サービス仕様として決定しなければならない。

システムリスクに対応するためのSecurity by Design

　従来型のシステム開発では、開発ガイドラインの遵守と、リリース前のセキュリティ診断によってセキュリティを保証するというプロセスが広く取られていた。まず、全社共通に守るべきルールを開発ガイドラインとして規定する。たとえば、SQL（データベースに対してデータの操作や定義を行うための問い合わせ言語）インジェクションやクロスサイトスクリプティングのようなコーディング上の脆弱性を作りこまないようにすること、パスワード

の最低文字数や文字種について安全な仕様を採用すること、アカウントハッキング対策には知識認証に加えて所有物認証や生体認証を検討すること——などを記述する。そして、そうした共通ルールが正しく実現されているかどうかをリリース前にセキュリティ診断で確認するというアプローチである。

このアプローチの場合、リリース直前のセキュリティ診断で脆弱性が発覚すると、そこから修正・再試験といった手戻り対応を行い、その後ようやくリリースすることになるため、非常にコストが大きい。サービス改善のスピードを重視し、高頻度でリリースを繰り返すデジタルビジネスではこうした手戻りが複数回にわたることがあるため、さらにコストが大きくなる。

そこで、脆弱性をより早い段階で検出し修正するために、開発・テストの段階からセキュリティリスクを自動的に検知できるツールが普及しつつある。これらのツールによって、実装上の脆弱性の多くに対処できる。

また、「ローコード」「ノーコード」という、プログラミング量を抑えてアプリケーションを構築できるツールも普及しつつある。このツールでは、十分にテストが重ねられた共通部品がツールによって提供されるため、これらを組み合わせるだけでアプリケーションが構築でき、通常はコーディング上の脆弱性はほとんど発生しない。

このような取り組みにより低減されるものの、脆弱性は依然として残る。たとえば、2要素認証用の電話番号紛失時の再登録処理を悪用することで、2要素認証を迂回する、あるいは、パスワードリセットの際に入力を求める情報が不十分であることを利用してアカウントを詐取する、といった、仕様自体に起因する脆弱性である。しかも、こうした仕様自体の脆弱性の対処には大きな仕様変更が求められることが多く、手戻り対応のコストが大きい。

実装やテストを補助する開発ツールの活用が進み、システム開発の新たな手法が流行することでコーディング上の脆弱性が減る一方、それらでは対応できない仕様上の脆弱性は依然として残っている。セキュアなシステムを構築するには、開発ツールの活用と並行して、セキュアなシステム設計を実行することが欠かせない。中でも、とりわけ高いセキュリティが求められる金融機関やペイメントアプリケーションを提供するデジタル先進事業者では、

その重要性が注目されてきている。

なお、設計やセキュリティテストの自動化を通じて、早い段階でセキュリティ対策を講じるという考え方は、「設計→実装→テスト→リリース」という開発の流れの、より「左側」のセキュリティ対策という意味で、「SHIFT LEFT（シフトレフト）」と呼ばれている。

② Security by Designを実現するために

Security by Designの重要性を理解したところで、それをどのように実現すればよいのだろうか。実現のカギは、リスクをいかに網羅的に洗い出せるか、にある。

「システムのリスク評価や網羅的なセキュリティ対策はこれまでも実践されているではないか」と思われる方も多いだろう。しかし、この場合のリスク評価やセキュリティ対策とは、セキュリティ管轄部署が作成するセキュリティ考慮事項のリストをもとに、自システムに必要な対策項目をチェックし、対策を実施する、ということを指しているケースが多い。

共通のルールセットを事前に作成するこうしたアプローチは、セキュリティのベースラインを構築する上では非常に重要である。しかし、これだけでは、デジタルビジネスに特有のリスクに対処しきれない。

たとえば、上述した「キャンペーンサイトにおける身元確認の程度」を一般化し、チェックリストの一項目に挙げることは難しい。チェックリスト化したとしても、「利用者にアカウントを登録させる場合は、必要とする身元確認の程度を検討すること」というような抽象的なレベルにとどまってしまうだろう。身元確認の方式を列挙して、その方式に優劣をつけたとしても、個別サービスごとに、どの程度の身元確認レベルが適切かを決定することはできない。適切な身元確認レベルの決定には、サービスに特有のリスクシナリオを考え、その対策としてどのような身元確認の方式が適切かを検討する。その前提として網羅的なリスクシナリオの検討が必要になり、リスクシナリオはサービスの要求・要件ごとに変化し得る。

さらに、デジタルビジネスでは、それまで利用してこなかった新しい技術や仕様を採用することも多い。たとえば、クラウドサービスの利用を始める際には、人やプログラムによるアクセスの種類を整理し、そのアクセスに必要な認証要素など、アクセス管理要件を事前に設計することが求められる。実際にクラウドはすでに広く利用されているが、いまだに設定ミスによる大規模な情報漏えいの事例が後を絶たない。クラウドに特徴的な、多段階のアクセスポリシーを適切に理解した設計ができていないケースも多いと考えられる。メジャーなクラウドサービスでは、クラウド事業者自身によってクラウド設定がセキュアかどうかをチェックするしくみが機能の1つとして用意されているが、漏えい事故の多さをみると、これらを十分に活用したシステム設計がなされているとはいえない。

　クラウドサービスの数多くの機能について、事前にそれぞれの仕様と安全な設定を確認し、すべての対策を網羅的にルール化しておくことは現実的には難しい。その理由は、各種のカンファレンスで、毎週のように新しい技術や機能が発表されており、その結果、クラウドと組み合わせたサービスがどれほど複雑になり得るかを考えれば容易に理解できる。

　クラウドをはじめとした新技術の利用においても、一律のルールセットだけでセキュリティを担保するのではなく、それをベースラインとしつつも、個別サービスごとに、そのサービスで実際に利用している技術や機能、その利用目的を考えた上で、安全な設計を組み立てていくことが重要だ。

　このように、デジタルビジネスにおいては、共通のルールで縛るのではなく、サービスごとに存在する固有のリスクをビジネスとシステムの両面から洗い出し、対策を組み立てる必要がある。次に、このリスクの洗い出しについてもう少し具体的にみていく。

システム設計に関連するリスクの洗い出し

　それぞれのサービスに内在するセキュリティリスクを考慮するには、まず、サービスで取り扱う情報を情報資産として一覧化し、情報の重要度をもとにリスクを検討する。

メールアドレス、氏名、住所などの個人情報や、ID・パスワードなどの認証情報、ECサイトでは購買情報などの利用者の履歴情報など、これらすべての情報が、その重要度と共に一覧に挙げるべき情報である。特に、個人情報と利用者の履歴情報は、サービスの特性やサービス事業者のポリシー、社会情勢の変化によって重要度の評価が異なる場合がある。そうした事情を見落とし、「重要な情報を取り扱っている」という事実を認知できていなかったために第三者へ情報を漏えいさせてしまう事例も後を絶たない。情報の一覧化と重要度の決定は、サービスのオーナーであり、取り扱う情報やユースケースをよく知るビジネスの担当者が責任を持たなければならない。

　情報を一覧化し、その重要度が確認できたら、次に各情報資産を扱うユースケースや機能ごとに、想定されるリスクシナリオを洗い出す。リスクを網羅的に洗い出すためには、各種の脅威分析フレームワークを利用した脅威モデリングを実行することの有効性がよく知られている。

　たとえば、それぞれの情報に対するアクセス経路ごとに、「なりすまし（Spoofing）」「改竄（Tampering）」「否認（Repudiation）」「情報漏えい（Information Disclosure）」「サービス停止（Denial of Service）」「特権昇格（Elevation of Privilege）」の各脅威について検討する方法は、各脅威の頭文字をとって「STRIDEフレームワーク」と呼ばれ、マイクロソフトも推奨している脅威分析手法である。ほかにも「Attack Trees」「Attack Libraries」などの脅威モデリングの分析手法がある。

ビジネス企画にかかわるリスクの洗い出し

　デジタルビジネスのビジネス企画にかかわる仕様の不備は、前述の脅威分析フレームワークでは十分に洗い出せない場合がある。たとえば、先に挙げた「販促サービス特典の不正な大量取得」は、フレームワークで見出すことが困難な例である。

　このような未知の脅威の分析に関しては、他社の被害事例を参考にリスクシナリオを作成することが効果的である。そのため、常に最新の被害事例や事故事例を収集し、データベース（事例DB）として蓄積した上で、これら

の事例を参考にしながらリスクシナリオを組み立てていく。

　事例を集めるといっても、被害を受けた会社が、必ずしもその手口などを詳細に明らかにするとは限らない。このような場合には、構築しようとしているサービスで、過去の事故や事件と同様の被害を与えるとしたらどのような手口を用いればよいかを考える。つまり、攻撃者の観点でのユースケースを作り上げるのである。

　また、すべての情報資産に対する未知の脅威を詳細に検討するのはコストが膨大になり、難しい。金銭被害の程度や個人情報などの重要情報にかかわる被害を考慮し、特に守るべき情報資産に集中してリスクシナリオを検討するという手法も考えられる。

リスクシナリオに対する対策案の検討

　対策すべきリスクシナリオのリストが完成したら、次は対策案の検討に移る。対策案の検討に当たっては、システム全体で整合性が取れた対策とするために、セキュリティ対策にかかわる考え方の全体像を整理する。そして、具体的な対策検討に際しては、複数の観点から対策を検討する。たとえば、一般的な「予防」「検知」「回復」といった観点から方式を検討する。

　「予防」とは、発生し得るリスクシナリオを防止することである。たとえば、情報を暗号化することで漏えいした場合の影響を小さくすることや、その情報へのアクセスを制御することなどである。

　「検知」とは、リスクシナリオが実際に発生した場合に、その発生を検知することである。たとえば、不正侵入検知（IDS）による自動的な検知やログの分析などである。

　「回復」とは、リスクシナリオが発現した後に、その影響から復旧し、対象のサービスを継続することを指す。たとえば、データのバックアップや災害復旧用のシステムの構築が考えられる。

　考え得るすべての対策を必ずしも取る必要はないものの、一方で、それぞれの対策が完全ではないことを前提に、複数の対策の組み合わせを考えるべきである。セキュリティの基本は「多層防御」であり、1つの対策が破られ

たとしても他の対策で対応できるようにしておく。同時に、多層で対策を実施したとしても、リスクがまだ残る可能性への配慮も怠ってはならない。

リスクシナリオと対策の検討タイミング

リスクシナリオの洗い出しと対策案の検討はいつ実施すべきであろうか。検討開始は、そもそものビジネス企画の段階である。そこからシステムアーキテクチャの検討までの間に継続的に実施し、さらにその中でも随時改善を図っていく。

また、対策案を検討する際には、ビジネス上のリスクシナリオをシステムによって対策するだけでなく、逆にシステム上の課題をビジネス的な判断によって解決できる場合があることを意識したい。

システム設計に当たっては、定期的なシステムメンテナンスによる利用不可時間の設定などの制約事項を設けることは珍しくない。これは、ビジネスとして譲歩することにより、システムのメンテナンスにかかわるシステム課題を解決する例である。

セキュリティリスクについても同じことがいえる。場合によっては、ビジネス判断を前提とした対策や緩和が有効となる。たとえば、個人情報の厳重な保護にはコストがかかるため、そもそも個人情報を必要最小限しか持たないようにサービス要件を変更することなどが考えられる。このように、システムとビジネスの課題を双方向に解決するために、企画段階からの継続的な検討が重要である。

リスクシナリオと対策のドキュメント化

リスクシナリオとその対策が整理されたら、その内容をドキュメント化し、また、継続的に改善していく。

特に、どういったリスクシナリオが存在していて、それらに対してどのような対策をどのレイヤー、どの観点で実行するかを明示する（図表4-2-1）。

これらの整理された情報をドキュメント化することで、実際にシステム構築を担う担当者がセキュリティ観点では何を考慮して作業すべきかを具体的

図表4-2-1　レイヤーごとに可視化したリスクシナリオ、対策の整理の例

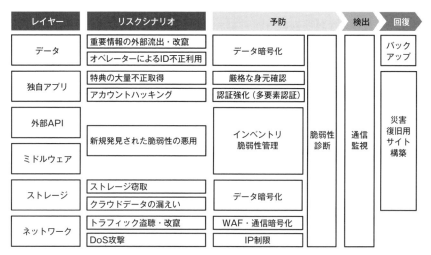

(出所) NRIセキュアテクノロジーズ

に理解できるようになる。また、経営層などの意思決定者にも、デジタルビジネスのリスクとその対策状況が明示される。

このように、ドキュメントによる可視化を経てはじめて、デジタルビジネスのセキュリティ対策が効果的に実現される素地が整うといってもいい。

リスクシナリオと対策の有効性を維持する

サービスやシステムに大きな改善・変更が発生する場合は、ドキュメントにその内容を反映する。特に、デジタルビジネスにおいては、サービスのユースケースが目まぐるしく変化することも多い。取り扱うデータの種類が増えたり、機能が追加されたりする都度、ドキュメントの内容を確認し、変更の要否を確認することを忘れてはならない。

当初は、金銭を直接的には取り扱っていなかったシステムやサービスに、ペイメント機能や口座連携の機能が追加されたことをきっかけにセキュリティ事故が続出したことは記憶に新しい。それまでの身元確認や認証をそのまま利用していたために、守るべき対象として新たに追加された金銭などの

情報資産に対する適切なリスクの考慮がもれ、必要な防御策が取られていなかった例である。システム改修をする際には、機能変更や追加する箇所だけではなく、既存機能を含めたリスクの見直し作業をしなければならない。

加えて、サービスそのものは変わらなくとも、利用している技術の変化や、サービスを取り巻く環境の変化は非常に速い。このため、新たな攻撃手法が出現し、扱っているデータの重要性が変わったり、新たなリスクが顕在化したりする場合がある。

たとえば、あるクラウドサービスにおいて、クラウド内部のオブジェクトにアクセスするための新規APIが追加されたことがあった。いいかえれば、内部情報にアクセスするための経路が新しくできたことになる。経路が開放されても、内部に配置されたオブジェクトへのアクセスが適切に制限されていれば問題ないはずだが、この機能追加を境に、数百万件規模の情報流出が相次いだ。

機能追加以前は、内部オブジェクトのアクセス制御を明示的にしていなくてもオブジェクトアクセスの経路がないので問題なかった。しかし、利用者が何も変更していないにもかかわらず、情報漏えいにかかわる新たなリスクに突如としてさらされ、大規模なセキュリティ事故につながったのである。

このように、リスクシナリオとその対策については、継続的な見直しと改善が必須である。ドキュメントを作成する際には、その内容を見直すタイミングや条件も事前に検討し、盛りこんでおく。たとえば、国内外の同様のサービスでセキュリティ事故が発生した際に、自社のサービスで同じ攻撃があった場合を想定したレビューをする、などである。この観点に乏しいと、新たなリスクに気づかず、結果としてセキュリティインシデントにつながってしまうことがある。また、すべてのリスクを事前にみつけることは難しくても、状況を定期的に見直すことで、被害を最小限に抑えられる。

そのためには、プロジェクトやシステムの単位にとどまらず、組織全体としてセキュリティリスクやその対策の見直しタイミングを検討すること、対策の網羅性や妥当性を確認するためのレビュープロセスを開発、運用サイクルの一部として定義すること、加えて必要に応じてレビューの支援を行える

体制を確保しておくこと——が欠かせない。

　セキュリティリスクを継続して見直すには、脅威モデリングに対する習熟、最新のセキュリティ知識、他社の被害事例といった知見が必須のため、セキュリティ専門家による支援が有効である。一方で、サービスで取り扱う情報やサービスのユースケースを最もよく知っているのはサービスの開発担当者自身である。セキュリティ専門家へのアウトソースと内部の開発担当者の適切な役割分担は、Security by Design成功の重要なカギの1つである。

❸ ITロードマップ

2022〜2023年度

　すでに一部の部門でSeurity by Designを採用している事業者が、その取り組みを組織全体に広げ始める。特に、セキュリティインシデントの影響が大きい金融業界やデジタルビジネス先進企業において、Security by Designをサービス開発プロセスの一部として社内標準にする動きが始まる。

　しかし、ビジネスリスクや新規技術にかかわるリスクまでは踏み込まず、システムの脆弱性にかかわる開発ガイドラインの策定やチェックリスト運用など、事前に画一化されたルールにより何とかSecurity by Designを実現しようとする企業がまだ大きな割合を占める。

2024〜2025年度

　ビジネスのデジタル化が進展するにつれ、Security by Designの実践において、デジタルビジネスに特有のビジネスリスクとシステムリスクを、共に検討することの重要性がいっそう高まる。

　また、2021年現在、ローコード・ノーコードなどの技術の検討が多くの企業で始まっている。トライアル利用を通じた包括的な利用ルールの策定も始まっており、2024〜25年度には利用が本格化しているだろう。これらの技術を利用することで新しいシステムの構築が比較的容易になり、ビジネス部門担当者によるシステム構築の例が増加する。特に、大企業やデジタルビジネ

図表4-2-2　Security by Designのロードマップ

~2021年度	2022~2023年度	2024~2025年度	2026年度~
システムリスクを中心とした Security by Designの実施			
		ビジネスとシステムの両面を考慮した Security by Designの実施	
			Security by Designの一般化 標準的なプロセスの定着

（出所）NRIセキュアテクノロジーズ

ス先進企業においては、新しいサービスの立ち上げなど、スピードが求められるシステム開発では内製化が広がり、システム開発のスピードが加速する。

　しかし、ローコード・ノーコードなどの技術を利用する一方で、Security by Designの検討が十分ではない事業者において、ビジネスや仕様の不備を企画・設計段階で検出しきれず、個人情報の漏えいなどの大規模なインシデントにつながってしまう事例の発生が予想される。

　迅速で、かつ、セキュアなシステム開発の要求に対応するため、組織内でSecurity by Designを担うセキュリティ人材の育成に力を入れる傾向が強くなる。たとえば、大企業など人材に比較的余裕のある会社においては、人材育成も視野に入れ、それまでは専門会社に依頼していたセキュリティレビューについても内部人材で実施するというプロセスの内製化が進む。従来のシステム担当者はビジネスを、ビジネス担当者はシステムを、それぞれ理解するという、「相互乗り入れ」の必然性がいよいよ高まる。

2026年度以降

Security by Designの取り組みは、事前に脆弱性を検知し、対策ができるというかたちで実を結び、しっかり取り組んでいる事業者は、セキュリティ事故の被害を大きく抑えることに成功する。

これを受けて、サービス開発プロセスの一部としてSecurity by Designを社内標準にする動きは、デジタルビジネス先進企業に限らず、一般の企業にも広がる。サービスの特性に応じて、Security by Designの標準的な実行プロセス、方法論が数種類に集約され、採用のハードルが下がることでよりいっそうの広まりをみせる。

④ 実現に向けた課題

Security by Designに対応できる人材には、ビジネスとシステム双方の知見が必要となるが、すべての重要システムを網羅できるだけの人材の確保は容易ではない。また、それらの人材を活用するための、セキュアな開発プロセスの構築も十分に検討されているとはいえない。

人材育成に力を入れている大企業であってさえ、人材の確保は大きな課題となる。業務を熟知し、かつエンジニアとしての技術的素養を持つ人材の育成には時間がかかる。従来、ゼネラリスト人材の育成を重視してきた事業者が、エンジニアのキャリア採用に力を入れ始めているのは、技術的素養を持つ人材を自社で育成することが困難であることの証明とも考えられる。

また、ビジネス企画にかかわるリスクを洗い出すために、他社の被害事例から、攻撃のためのユースケースを組み立てるには、セキュリティの最新動向にかかわる広い知識が必要である。これは、ビジネスとシステムを熟知しているだけでは必ずしもカバーされない可能性がある。このため、必要に応じて、外部の専門人材などを活用することも考慮する。

さらに、人材を効果的に活用するためにも、セキュリティ確保のための開発プロセスが社内で確立されている必要がある。

たとえば、リスクシナリオを最初に検討するタイミングをビジネス企画の立案段階と規定したとき、巻き込むべき関係者はどの役割のメンバーで、最終的な意思決定はどの役割が実施すべきか、プロトタイプのビジネス企画をインプットとして、リスクシナリオや対策といったアウトプットはどの粒度まで検討すべきか、といったことはさらに事前に考えておかなければならな

第4章　DXを推進するセキュリティ　213

い。

　こうしたプロセスが定義されてはじめて、果たすべき役割が明確化され、メンバーはその価値を効果的に発揮できるようになる。同時に、組織としても、不足している人材や今後強化すべきスキルを可視化できるようになる。

　Security by Designを支えるプロセスの構築、人材の確保に早い段階から力を入れていた企業とそうでない企業の間で、デジタルビジネスのスピードに大きな差異が生まれていくことが予想される。5年後のシステム開発を見据えた人材育成や体制確保・プロセスを構築することがSecurity by Design、ひいては、デジタルビジネスの迅速な展開の重要なカギとなるであろう。

4.3 サービス不正利用対策

「なりすまし」被害に立ち向かうデータ活用技術

エグゼクティブサマリ

●サマリ

・機器・ソフトウェアやAPIなどの脆弱性を突いた従来のサイバー攻撃とは異なる、サービス仕様を悪用するサイバー攻撃が増えている。

・これらの攻撃は従来型のITの脆弱性対策では防ぐことはできない、企業のサービスに対する新しいタイプの攻撃である。

・不正を予防または検知するために、企業が保有するビッグデータや、セキュリティベンダーが提供する脅威検知サービスの活用が進んでいる。

●ロードマップ

・2022〜2023年度：業界規制・ガイドラインへの不正検知要件の盛りこみ。システムレイヤーでの不正検知を多くの企業で実現。

・2024〜2025年度：SIEM・SOAR製品の普及。業界全体での脅威情報・活用ナレッジの共有開始。サービスレイヤーでの不正検知を多くの企業で実現。

・2026年度以降：サービス不正利用を前提としたシステム開発および対策製品の本格普及。業界内でのナレッジ共有の成熟。

●課題

・従来のサイバー攻撃は、サイバー空間に閉じた被害が多かったが、今後の攻撃は現実空間における詐欺・不正被害に発展する傾向が強まることが予想され、経営層やビジネス部門を巻きこんだ組織的な対応が必要である。特にビジネス部門の経営層が自社サービスのリスクを正しく把握していないと適切な対策を講じることがで

第4章　DXを推進するセキュリティ　215

きない。
- ・システム担当者がビジネス目線での攻撃を想定できず、「攻撃を追跡するためのデータがログに記録されていない」など、不正利用の発見、追跡が困難なシステムのままサービスが運用され続ける。
- ・業界横断で不正に関する情報共有の取り組みを進めなければ、各社が得られる情報の範囲内でしか対策ができない。

　ITの急速な進歩によって、企業を取り巻く環境やシステムのあり方は大きく変化している。それに伴って、近年のサイバー攻撃は組織化・巧妙化しつつある。IPA（情報処理推進機構）の「情報セキュリティ10大脅威 2021」によると、個人では「スマホ決済の不正利用」（1位）をはじめ、「クレジットカード情報の不正利用」（5位）、「インターネットバンキングの不正利用」（6位）、「インターネット上のサービスへの不正ログイン」（10位）が直接的なサービス不正利用の脅威としてランクインしている。また、「フィッシングによる個人情報等の詐取」（2位）は、攻撃者にとっては攻撃の準備行動に当たり、サービス不正利用と関係の深い脅威といえる。

　従来のサイバー攻撃は、機器・ソフトウェアやAPIなどの脆弱性を突いた、システムの停止・故障・改竄、データの窃取を目的としたものであった。一方で、近年、諸外国やわが国で発生しているサイバー攻撃には、金銭獲得を目的とし、サービス仕様を悪用することによる不正や詐欺の傾向がみられる。具体的にはインターネットバンキングの口座からの金融資産の不正な引き出し、ショッピングサイトでの商品の不正な注文や物品配送、あるいはスマートキーを悪用した車両の盗難といった違法行為である。これらはしばしば組織的に行われる。脆弱性を突いて「穴」からシステムに侵入する従来型の攻撃とは異なり、他人に「なりすまし」てID・パスワードを入力し、表玄関から正規のユーザーと同じようにサービスを利用する。このため、システムの開発者がOS、ミドルウェアやアプリケーションの脆弱性を塞ぐ従来型の対策では被害を防ぐことはできない。また、従来のような侵入者が悪

用する通信経路の監視では、被害に気づくことはできない。

こうした不正に対処するためには、企業が保有する業務上の取引そのもののデータや、セキュリティベンダーが提供する脅威検知サービスを活用するなど、さまざまな角度から不正を予防または検知する取り組みが有効であり、昨今企業で活用が進んでいる。

流出したID・パスワードを悪用する「なりすまし」の脅威

「なりすまし」による攻撃を成立させる手段はいくつもある。近年、多くの被害を出しているのが「パスワードリスト型攻撃」である。この攻撃では、特定のWebサービスから流出した正規のID・パスワードを組み合わせて構成される「パスワードリスト」を用いる。

近年多くの情報漏えい事故が発生しており、すでに何十億件以上ものID・パスワードがインターネット上に漏えいしていると考えられる。また、それらは特定のWebサイトで販売され、ある特殊なソフトウェアを利用することで容易に入手できる。

同じID・パスワードを異なるサイト間で使い回すユーザーは多く、パスワードリストを用いた攻撃は、攻撃者にとって成功の期待値が高く、「コストパフォーマンスの高い攻撃手法」であるといえる。

パスワードリストを入手する以外にも、①特定IDに対してパスワードを総当たりで試行する「ブルートフォース攻撃」、②特定パスワードに対してIDを総当たりで試行する「リバースブルートフォース攻撃」、③人間にとって意味のある単語を組み合わせる「辞書攻撃」——など、さまざまな攻撃手法が考えられる。SMSなどを利用したフィッシングの被害も拡大しており、偽のサイトに誘導されることで、ユーザーはID・パスワードを詐取されてしまう。

サービス提供側の企業は、ユーザーに向けほかのサービスとは異なるパスワードを設定するよう繰り返しアナウンスしているが、増える一方のサービスに対してパスワードを覚えるのが面倒というユーザーが減ることはなく、被害は増え続けている。

第4章　DXを推進するセキュリティ　217

また、近年はフィンテックの盛り上がりもあり、異なるサービスの口座間での振り込みや出金など金銭の移動が簡単にできる、といった企業間の連携による便利なサービスが増えている。一方で、この連携時の紐づけ方法に問題があり、架空（攻撃ターゲットとする他人）の名前で作成した口座に他人の口座を紐づけて金銭の詐取をするなどの事件も起きている。

　「なりすまし」による被害事例は枚挙にいとまがない。

サイバー攻撃を起点とした犯罪の多発

　米国FBI（連邦捜査局）は、2020年9月10日に金融機関向けに発表した「Private Industry Notification」の中で、「『Credential Stuffing（クレデンシャル・スタッフィング、いわゆるパスワードリスト型攻撃)』が、米国金融機関のサイバー攻撃の多くで起点になっている」と警告した。この傾向は米国だけではない。わが国においても、著名な金融機関や大手企業がパスワードリスト型攻撃の被害に遭っていることが確認されている。

【海外事例】[注1]

①米国のある中堅金融機関が、パスワードリスト型攻撃を受けた。2020年1月から8月の間に不正出金があり、約350万ドルの被害が発生した。

②2019年6月から2020年1月の間に、ニューヨークを拠点とする投資会社と国際送金プラットフォームは、パスワードリスト型攻撃を受けた。攻撃の一部は、システムの長時間停止を引き起こし、約200万ドルの収益機会を損失した。

③2019年6月から11月にかけて、少数のサイバー犯罪者が金融サービス機関とその3つの顧客を標的に、パスワードリスト型攻撃をした。合計で約4万ドルの不正な送金をした。

注1　海外事例の参考文献（Private Industry Notification）
　　https://www.documentcloud.org/documents/7208239-FBI-PIN-on-credential-stuffing-attacks.html

【国内事例】

①ある電子決済サービスを通じて、パスワードリスト型攻撃で、一部の銀行で不正出金された。全国11行で計128件、総額2885万円の被害を受けた[注2]（2020年10月27日）。

②ある銀行で、他人の口座番号や生年月日などの情報を、QR・バーコード決済の自分のアカウントと紐づけて入金。2019年2～8月、福岡県などに住む約60人の口座から計約2300万円を不正に引き出したとされる[注3]。

③国内ネット証券大手が運営する証券取引サイトにおいて、パスワードリスト型攻撃と思われる攻撃による不正ログインがあり、約1億円の不正送金が発生した[注4]。

被害事例の考察

こうしたパスワードリスト型攻撃による被害の増加を踏まえて、各金融機関ではWebサービス利用時の「本人確認」や「当人認証」を強化している。これらは、「なりすまし」被害を予防する根本的な対策である一方で、金融機関・ユーザー双方にとっては負担となる。近年は企業サービスのソーシャルログイン・ソーシャル連携（普段から利用している既存SNSアカウントの利用）などが進んでいるが、これらは必ずしも、本人確認書類（運転免許証、写真付き学生証など）を用いるなどの厳格な本人確認プロセスを経ていない場合がある。あらゆるサービスに厳格な「本人確認」や「当人認証」を適用することは、事業者にとっては業務プロセスの見直し、設備投資、運用人員の追加などに結びつく、容易ならざる課題である。

そのため、金融機関によっては次善策として、Webサービス上の取引の不正検知を強化している。万一、「なりすまし」による不正取引が成立した場合でも、該当Webサービスのログ（システム動作記録や通信履歴など）の特徴を捉えて検知することで、速やかな事後対処により不正被害を防止ま

注2　https://www.bbc.com/japanese/48878664
注3　https://www.sankei.com/article/20210106-44YEOAE2XJKTBPOBBVGMRJOVD4/
注4　https://www.ipa.go.jp/files/000088835.pdf

たは軽減できる可能性が高まる。

　このような事例は、金融機関に限らず多くの企業に適用できる。企業は、総合的な視点から、自社のサービスの不正利用や被害を未然に防止、あるいは事後に速やかに検知するしくみの構築を検討するべきである。

不正検知手法の分類

　企業がデータ分析による不正検知に取り組む場合、その手法は、①自社が保有するデータの活用、②社外の脅威検知サービスの活用——の2つに大別できる。前者は自社で保有するサーバー、ネットワーク、認証、アプリケーションなどのデータを不正検知に活用する手法、後者は外部のセキュリティベンダーが提供するサイバー脅威情報を活用する手法である。これらの手法は、しばしば双方を組み合わせて活用される。

(1) 自社が保有するデータの活用

　企業が保有するサーバー、ネットワーク、認証、アプリケーションなどの

図表4-3-1　SIEM製品。Splunk Services Japan「Splunk Enterprise Security」

（出所）Splunk Services Japan

データを不正検知に活用するために、大量のデータを一元的に処理するデータ分析基盤を構築する事例がみられる。具体的には、「SIEM（Security Information and Event Management）」と呼ばれる、データを一元的に蓄積・管理し、異常を検知するためのしくみである（図表4-3-1）。SIEMを用いることで企業内のあらゆるデータを高速に検索、分析できる。

(2) 社外の脅威検知サービスの活用

外部のセキュリティベンダーが保有する脅威インテリジェンス（サイバー脅威に関するビッグデータ）を活用するために、脅威検知サービスを利用する事例がみられる。脅威検知サービスについては、さまざまな定義や製品・サービスが存在するが、ここでは、「企業のサイトにアクセスする機器、IPアドレス、ユーザーの操作などの安全性を評価し、リスクをアラートとして発報するしくみ」とする（図表4-3-2）。

図表4-3-2　脅威検知製品。マクニカ　ネットワークス カンパニー「Sift」

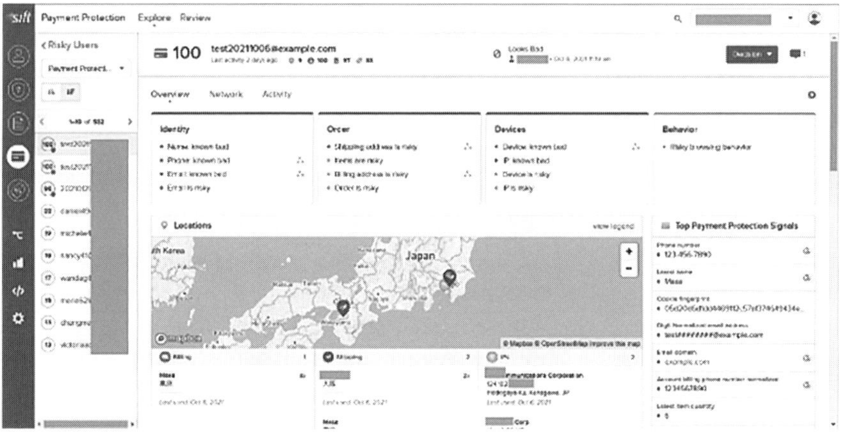

（出所）マクニカ　ネットワークス カンパニー

❶ 事例

不正検知の事例・方法論

　ここでは、過去の取り組み・適用事例に基づき、不正検知の実現のための方法論などを述べる。

（1）不正検知で用いるデータの分類例

　企業が不正検知の導入を検討する場合、その分析対象の多くは、システムが記録するアクセスログやアプリケーションログとなる。これらのデータの分類を図表4-3-3に示す。

図表4-3-3 不正検知で用いるデータの分類例

No.	データの分類例	説明	具体例
1	ユーザーエンティティ情報	ユーザーを特定するための情報	・ユーザーID ・口座番号
2	関連エンティティ情報	ユーザーに関連して、不正を判定する単位や指標となり得る情報	・サービス全体のログインエラー率 ・決済チャネルのリスクスコア
3	ユーザー環境情報	ユーザーが用いる機器やソフトウェアなどの情報	・User-Agent（Webサイトへアクセスする際に使用されるプログラム） ・ユーザーが用いる機器の地理情報（緯度・経度）
4	コンテキスト情報	特定ユーザーのトランザクションのトレースやログ間の結合に用いる情報	・処理時刻 ・セッションID
5	認証結果情報	ユーザーのログイン成功・失敗に関する情報	・ログイン認証の失敗 ・認証失敗の理由
6	ビジネスイベントの情報	ユーザーのアプリケーション上のふるまい情報	・属性変更（メールアドレス、住所など） ・アプリケーション内の操作・ページ遷移の情報（画面IDなど）
7	照合用の入力情報	分析者が独自に用意する、各種分析対象と照合するための情報	・ブラックリスト（攻撃者と断定されたIPアドレスなど） ・ホワイトリスト（許可されたプロキシやサービスのIPアドレスなど）

（出所）NRIセキュアテクノロジーズ

222

(2) 単一指標による不正検知例

前述のデータを用いることで実現できる単一指標による不正検知を以下に例示する。

- 一定期間内におけるログイン認証の失敗率の監視
- アクセス元の端末の位置情報の監視（短時間で国をまたぐような不自然な距離の移動など）
- アプリケーション上のふるまい（攻撃者特有の画面遷移など）
- ブラックリストとの突合（不正利用の疑いのあるクレジットカード番号・配送先住所など）

(3) 脅威シナリオを組み合わせた不正検知例

昨今のサイバー攻撃は巧妙化していることから、前述の単一指標では検知しきれない不正が想定される。そこで、攻撃者の一連の不正行動を脅威シナリオとして組み合わせることで、隠れた不正を検知できる可能性がある。以下に例示する。

- ログイン認証失敗を繰り返したユーザーが、ログイン成功後に登録住所やメールアドレスの変更または出金操作をしている場合、過去のアクセス履歴を追跡調査する
- Webサービスの入口のログイン認証部分で、普段と比較してログイン失敗率が高まっている時間帯について、アクセス元IPアドレスの所属国、ブラウザー種別、言語を統計的に分析する
- 商品購入時の情報、決済時の情報、配送先の情報、過去の取引情報などを組み合わせ、特定のユーザーの過去の行動やシステム環境の差異を分析する

(4) 不正検知の実現に向けた検討論点

前述のような不正検知は、蓄積された過去データ、またはリアルタイムのデータを分析することで、自社サービスの改善が期待できることから、すでに多くの企業での対策が進んでいる。

第4章　DXを推進するセキュリティ　223

図表4-3-4　不正検知の実現に向けた検討論点

No.	検討論点	内容例	検討事例
1	不正検知にかかわる組織体制	サービスの不正検知（ログイン後のアプリ「ふるまい検知」など）をする場合、既存のIT部門、業務部門、CSIRTやセキュリティ担当部門、AML（アンチ・マネー・ロンダリング）対策部門などのうち、どの組織が責任を持つべきか	・不正検知の業務分掌について経営層を含めて協議する ・不正モニタリングのための専用チームを設置する
2	検知した不正への対応方針	リアルタイムの検知や即時遮断の実現を要件として盛り込むべきか	・各社の既存アプリケーションやログの設計思想、拡張性により、リアルタイム監視の実現性は異なる ・リアルタイム監視を行うとアプリケーション側の改修やレスポンス遅延などが発生する可能性がある ・取り組み当初時点では事後的な検知により、アクセスブロックやパスワード強制リセットなどの対処を講じる
3	不正検知で用いるシステム基盤	不正モニタリングに外部のクラウドサービスを利用すべきか、もしくは自社内のネットワーク上に構築すべきか	・クラウド利用の場合、自社ビジネス上の機微情報をインターネット事業者に提供するリスクを許容する判断が必要となる ・いずれのシステム構成であっても、費用対効果やサービスレベルを担保できるかの検証が推奨される
4	データ連携方式	形式の異なる複数のデータをどのように一元化すべきか	・SIEM製品を用いてデータフィールドの抽出を半自動化する ・システム間の連携時点でデータを整形、もしくはデータフィールドの抽出時にパターンに応じた正規表現を定義する
5	不正検知ルールや閾値の定義	どのようなデータのパターンに対して不正検知をすべきか	・各社のサービスを悪用して不正が発生するシナリオを定義する ・シナリオを通じて記録されるデータから「明らかな不正」「不正の疑い」をケース判定する ・「不正の疑い」については脅威シナリオをベースにした検知によりスコアリングを積み上げることで、調査や処理の優先度設定に活用する

（出所）NRIセキュアテクノロジーズ

一方で、不正検知を実現するためには企業はさまざまな課題に取り組む必要がある。図表4-3-4に示したのは多くの企業に共通してみられる検討論点である。

不正検知の進め方

企業がデータ分析による不正検知の取り組みを進めるに当たり、そのフェーズは、①計画、②環境準備、③検証・実装、④運用・高度化——の4つに分解できる。

（1）計画フェーズ

このフェーズでは、不正検知に取り組むための計画を立てる。実施項目を以下に例示する。

- 自社のサービスに対してどのような不正のリスクがあるのか、およびそれがシステム上にどのような特徴として現れるのかを検討する。
- 企業内に点在するデータをSIEM基盤に一元化して取り組むに当たり、既存システムのデータ仕様を把握する。
- SIEMと既存システムを接続するためのネットワーク構成や、アクセス権などの技術面の考慮、データの活用に関する個人情報保護法などの法令や規制要件への準拠性を確認する。

（2）環境準備フェーズ

このフェーズでは、不正検知のためのSIEM基盤などの環境を準備する。実施項目を以下に例示する。

- SIEM基盤を導入すると共に、必要なデータ項目（フィールド）の定義など、SIEM上で連携されたデータが期待した形式やレスポンスで検索できるよう、必要な設定をする。
- 一元化したデータに対して、期間ごと、ユーザーごと、店舗ごと、国・地域ごと——などの単一指標ごとの基本統計量を計算し、それらの特徴を確認する。

第4章　DXを推進するセキュリティ　225

- 脅威検知サービスなどを利用し、ブラックリスト（例：攻撃者と断定されたIPアドレス）など、各種分析対象と照合するための情報を準備する。

（3）検証・実装フェーズ

このフェーズでは、不正検知の本番環境において各種不正検知ロジックの検証・実装を行う。実施項目を以下に例示する。

- 検知ダッシュボードやレポートを作成し、リアルタイム、日次、週次などで実施する監視業務を定義する。
- 単一または複数の指標や脅威シナリオを組み合わせた不正検知ルールやアラートを実装する。たとえば、リスクの高いIPアドレスからのログインを受けた場合、該当のIPアドレスやユーザーが過去に疑わしい操作をしていないかをトレースできるようにする。
- 不正検知の運用体制やレポートラインを定義し、実運用を開始するに当たって重大な問題が残されていないかを確認する。

（4）運用・高度化フェーズ

このフェーズでは、不正検知の実運用を実施しつつ、精度向上や効率化などの改善・高度化に取り組む。実施項目を以下に例示する。

- 日々の運用の中で不正検知の指標をチューニングし、検知間隔を短くしたり、検知の閾値を最適化したりすることで精度向上を図る。
- 脅威シナリオをベースとした複数の不正疑いの指標をスコアリングおよび集計することで、不正検知の精度向上や、確認すべきアラートの絞り込み・最適化を図る。
- 運用の高度化のために、「SOAR（Security Orchestration, Automation and Response）」と呼ばれるセキュリティ運用の統合や自動化を提供する製品の追加的な導入を検討する。

❷ ITロードマップ

企業の不正検知の取り組みに関するロードマップを図表4-3-5に示す。

2022〜23年度

サイバー攻撃を起点とした特殊詐欺被害の増加、それに伴う各業界でのガイドラインの改訂など、規制要件への盛り込みに端を発して、多くの企業では不正検知の取り組みの検討を本格的に開始する。

この取り組みは、まず単一指標による不正検知からスモールスタートさせつつ、自社システムの改修タイミングでログ設計仕様などを見直し、将来的な不正検知範囲の拡張に向けて下準備をする。

運用フェーズに入った企業では、実運用を進めることでアラートの誤検

図表4-3-5 企業のデータ分析技術の活用による不正検知のロードマップ

(出所) NRIセキュアテクノロジーズ

知・過検知などの課題が明確化する。先進的な企業では、より効率的な不正検知の実現に向け自動化などの改善の取り組みを開始する。

また、企業はビジネスとITの両方に精通したデータサイエンティスト人材の育成を強化する。

2024〜25年度

不正検知の取り組みが浸透し、実装・運用共に成熟が進む。不正検知に関する独自の専門チームを立ち上げる組織が増え始める。外部セキュリティベンダーの協力や業界内の情報共有の取り組みにより、各社が保有する脅威インテリジェンスの企業間での共有が始まる。

各社のビジネスとセキュリティ仕様を熟知した専門家のニーズがますます加速する。監視対象とするデータは拡大し、アプリケーションのふるまいを検知する事例が増える。運用の効率化に関する事例も増え、ベンダーの提供するSIEM製品、脅威検知サービスなどは基本機能が充実する。

2026年度以降

多くの企業で基本的な不正検知対応が浸透することに伴い、サイバー攻撃者側の組織化・巧妙化がますます進み、単一指標の監視では判別できない洗練されたサイバー攻撃が増加する。それにしたがい、複数の指標を組み合わせた不正検知や、アプリケーションの「ふるまい検知」の重要性がますます高まる。

各社は業界内でサイバー攻撃に関する情報を積極的に共有し、未知のサイバー攻撃に対する将来予測の取り組みを進める。

 実現に向けた課題

経営者が取り組むべき課題

【課題】

サービスに対する攻撃は、これまで多かったサイバー空間に閉じた被害と

は異なり、現実空間における詐欺・不正被害に発展する傾向が強まると予想される。したがって、経営者が自社サービスのリスクを正しく把握していないと適切な対策を講じることができない。

　また、不正検知の結果を受けた対処をIT部門だけとせず、経営層やビジネス部門と連携した組織横断的な対応が必要である。

【課題解決に向けて】

　企業がデータ分析技術を活用した不正検知を実現するために、経営者としては、自社の業務サービスが詐欺などの犯罪の標的となるリスクがあるかどうかを正しく評価および識別する。被害発生時の影響や対策の費用対効果を踏まえ、合理性を確保できる場合はリスク対策を指示する。データ分析の活用はその手段の1つとなる。

　経営者は、自社のビジネス・サービスの不正検知対策を主管すべき組織を決定する。ビジネスの視点で不正を判定する業務部門、サイバーの視点で不正を判定するIT部門、あるいはリスク管理部門、法務部門、コンプライアンス部門、マネーロンダリング対策部門などのかかわりも考慮し、所管部門、役割分担、レポートラインなどを決定する。部門間でSIEMや脅威検知などのデータ分析ツールを共同利用する、不正監視の専門チームを新たに発足させるなどの可能性も考慮する。

業務担当者が取り組むべき課題

【課題】

　サービスに対する攻撃は、業務担当者がそれらの脅威を認識し、システム要件の一部として盛り込まないと、不正検知が困難なシステムが開発・運用され続けてしまう。

【課題解決に向けて】

　企業がデータ分析技術を活用した不正検知を実現するために、業務担当者としては、まず自社の業務サービスが詐欺などに悪用される原因となるサイ

第4章　DXを推進するセキュリティ　229

バー攻撃の手口を理解する。そして、自社のビジネス特性を踏まえてリスクシナリオを定義し、不正発生時のデータの特徴をモデリングする。また、自社サービスの悪用などの兆候を検知する際に、現状の自社システムのデータ仕様が不正を検知するために必要な要件を満たしているかどうかを評価したり、必要な場合はデータ仕様の改修を開発ベンダーに先んじて指揮したりする必要がある。

不正の予防・検知の目標水準を決めることも業務担当者の責任範囲である。一般的に、リアルタイムによる検知やブロックの実現など、目標水準を高めると技術面・運用面での難易度が上がり、コスト負担が高まる。

自社でナレッジが不足する場合は、当初は外部のセキュリティベンダーを活用しつつ、中長期的には組織内でデータサイエンティスト人材を育成することも有効である。

システム担当者が取り組むべき課題

【課題】

サービスに対する攻撃は、システム担当者が不正検知のしくみを実装し、日常的な監視運用の一部に組み込まなければ、脆弱性が解消されないまま放置され続けてしまう。

【課題解決に向けて】

企業がデータ分析技術を活用した不正検知を実現するために、システム担当者としては、まず自社のシステムのデータ仕様を正しく把握する。どのユーザーがいつどこからアクセスし、どのような操作をしたのかが判別できるログ仕様を保持していることが不正検知の実装の前提となる。

システム担当者は、複数のシステムのデータを一元化する際に、データの形式や保持方式の違いなどによる技術的な課題を解決する。日々刻々と生成される分析対象となるデータを、リアルタイムあるいは一定のタイミングで連携するための方式を設計する。データ量はコスト負担に直結するため、必要十分なデータだけをSIEM基盤に蓄積することが望ましい。

230

システム担当者は、監視アラートに対する調査優先度、すなわち「疑わしい取引」と「正当な取引」を区別するためのオペレーションなど、日々の運用において判断基準や手順などを明確にする。不正を検知した場合のアクセスブロック、パスワード変更などの対処フローや正当な顧客へのサポート体制を検討する。運用開始直後は、誤検知が多発しがちであるため、ホワイトリストなどによるアラート除外設定をすることで効率化を図る。

業界全体で取り組むべき課題

【課題】

　不正検知を実現するには、ビジネス、IT、データに精通した人材の確保や、SIEM基盤・脅威検知などのしくみの構築が必要であり、各社が必要となる取り組みへの負担は小さくない。各社が得られる情報の範囲内だけで検討していては、解決が困難な課題に直面する。

【課題解決に向けて】

　データ分析技術の活用による不正検知を業界に普及させるには、各社が保有するデータ分析のための技術的な方法論や課題解決ノウハウを結集することが望ましい。具体的には、不正検知の検討で必要となる脅威モデリングやデータ分析に関する指針、脅威情報の共有、人材育成などの共通的な枠組みを業界内で構築する。

　こうした活動を通じて、業界内の各企業が適切かつ継続的に不正検知をすることで、サイバー攻撃者が自社や関連する企業グループのみならず、業界へのサイバー攻撃を諦めてくれれば「しめたもの」である。業界全体のサイバーセキュリティ耐性の向上のために、データ分析技術の活用による不正検知の取り組みがよりいっそう進むことに期待したい。

第4章　DXを推進するセキュリティ　231

コラム

デジタルヘルスケアのサイバーセキュリティ

　2020年より本格化した新型コロナウイルス感染症対応において、医療が社会全体にとって重要なインフラであることがあらためて認識されている。このような医療インフラをより効率的かつ効果的に機能させるために、デジタル技術の活用が相次いでいる。これまでにも、電子カルテの利用や検査画像の分析など、診療現場でのデジタル技術の使用はある程度普及しつつあった。しかし、近年では診療以外の分野、すなわち疾患を予防する分野や、疾患に関係なく自らにとって好ましい健康状態（ウェルビーイング）を目指す分野でもデジタル技術の活用が目立ってきている。

　一方で、ヘルスケア分野へのデジタル技術の活用には、サイバー攻撃をはじめセキュリティリスクが常に存在している。そのため、各種の動向を踏まえ、セキュリティリスクを適切に管理することが重要である。

1.「デジタルヘルスケア」とは

　本コラムでは、「診療以外の分野を含む人々の身体的・精神的・社会的な健康状態の維持・向上を目指す行為をヘルスケア」「ヘルスケアを支えるデ

図表1　デジタルヘルスケアの概要と例

デジタルヘルスケア のカテゴリー	概要	デジタルヘルスケアの例
診療	主に診療現場で使用されるサービス。 従来から利用されている医療ITサービスを含む	・電子カルテ ・検査機器システム
予防	健康情報を管理し、疾病の発生や進行の予防を目指すサービス	・健診情報閲覧サービス ・ウェアラブル機器
健康増進	特に疾病などを抱えていない個人の健康をさらに増進することを目指すサービス	・PHR（Personal Health 　Record）サービス

（出所）NRIセキュアテクノロジーズ

ジタル技術やサービスをデジタルヘルスケア」と定義する。デジタルヘルスケアの概要と例を図表1に示す。

　同図表からもわかる通り、デジタルヘルスケアは、医療機関で従来から用いられていた診療用のデジタル技術のみならず、幅広いサービスを包含する。それを受けて、GAFA（グーグル、アマゾン、フェイスブック〈現メタ〉、アップル）をはじめとする大手IT企業からスタートアップ企業まで、幅広い企業がデジタルヘルスケアに参入している。つまり、これまでヘルスケア関連のサービスを提供してこなかった企業にとっても魅力的な市場と捉えられ始めている。

2. デジタルヘルスケアに迫るセキュリティ脅威

　今後、さらなる普及が予想されるデジタルヘルスケアを社会で適切に役立てるには、デジタルヘルスケアの利用により生じ得るセキュリティ上の脅威を想定し、適切な対策を講じる必要がある。

■ 医療機関の診療現場で増加するセキュリティ上の脅威

　デジタルヘルスケアの脅威が、従来のデジタル技術の活用が想定していた脅威と大きく異なるのは、患者の身体の安全に直接影響を及ぼす可能性があることである。

　このような身体の安全に影響を及ぼすセキュリティ上の脅威については、すでに具体的な被害が発生している。たとえば、ドイツのデュッセルドルフ大学病院では、2020年9月に院内のサーバーがランサムウェアに感染したことでシステム障害が発生し、診療が限られてしまったばかりか、同院に搬送中であったものの、受け入れができず別の病院に移送された救急患者が翌日死亡する事案が発生した。

　医療機関へのランサムウェア感染は、診療現場にこのように深刻な結果をもたらす。技術の発展に伴い、診療現場でのデジタル技術の利活用は今後さ

第4章　DXを推進するセキュリティ　233

らにみこまれることから、患者の身体の安全に重大な影響を及ぼすようなセキュリティ上の脅威を注視していくべきである。

■ デジタルヘルスケアサービスで新たに台頭するセキュリティ上の脅威

　医療機関以外のデジタルヘルスケアにおいても今後重大な被害が発生する可能性がある。たとえば、個人が自身の医療情報やデータを記録し、これらをもとに企業などがサービスを提供する「PHR（Personal Health Record）」も例外ではない。

　厚生労働省の「国民の健康づくりに向けたPHRの推進に関する検討会」では、民間企業が提供し得るPHRサービスの機能を以下の3つに類型化している（図表2）。

　①の記録管理・閲覧機能とは、たとえば体重や体脂肪率、介護記録などをPHRサービス事業者が利用者から取得し、新たな情報管理サービスとして提供する機能を指す。この機能で利用者が提供するのは自らの健康データであり、中には他人に閲覧されたくない情報も含まれる。また、データに紐づいて位置情報が記録されるケースもあるだろう。したがって、本機能を利用したことによって利用者の個人情報が漏えいした場合、利用者のプライバ

図表2 PHRサービスの3つの機能

PHR機能	
①記録管理・閲覧機能	個人の健康情報等をスマートフォンのアプリなどで記録管理・閲覧できる機能
②リコメンド機能	生活習慣改善に向けたリコメンド（個人に適したサービスや行動等への提案）が得られる機能
③第三者提供機能	記録された個人の健康情報を研究開発などのために第三者に提供する機能

（出所）厚生労働省 国民の健康づくりに向けたPHRの推進に関する検討会資料（2020年）をもとにNRIセキュアテクノロジーズ作成

シー侵害となる可能性がある。このような脅威は、③の第三者提供機能でも発生し得る。

②のリコメンド機能とは、たとえばウェアラブル端末のセンサー機能や①で収集したデータをもとに、運動、食事、睡眠などに関する助言を利用者にリコメンドする機能を指す。適切なリコメンドに欠かせないのは収集するデータであるが、このデータを取得するウェアラブル端末などのセンサーが正しく機能しなかったり、あるいは①で収集したデータが、収集後、悪意ある攻撃によって改竄されたりした場合、誤ったデータをもとに不適切な情報がリコメンドされる可能性がある。たとえば、血糖値の高い利用者に血糖値が低い利用者向けの食べ物をリコメンドしてしまうことが考えられる。

また、サービスが正常に提供できなくなると、利用者が本来得られる便益を享受できなくなり、加えて、サービスを提供しているPHRサービス事業者のレピュテーションリスク（ブランドイメージの毀損）につながるおそれもある。

PHRサービスの多くは一般消費者向けであり、高い利便性が要求されるため、セキュリティ対策と利便性との適切なバランスを検討することがPHRサービス事業者の課題になる。

3. デジタルヘルスケアにおけるセキュリティ対応

デジタルヘルスケアを取り扱う、あるいは取り扱う可能性がある事業者は、これまで述べてきたセキュリティ上の脅威を熟知し、適切なセキュリティ対応を図らなければならない。その対応には「ベースラインアプローチ」と「リスクベースアプローチ」という2つのアプローチが有効である。

■ ベースラインアプローチ

ベースラインアプローチとは、ガイドラインなどに定められている特定のセキュリティ対策のリストを自社に適用することでセキュリティレベルの底

上げを図るアプローチである。たとえば、総務省・厚生労働省・経済産業省
が2021年4月に公表した「民間PHR事業者による健診等情報の取扱いに
関する基本的指針」の別紙には、事業者の情報セキュリティや個人情報の取
り扱いに関するチェックリストがある。その中には、組織的・技術的・人
的・物理的セキュリティ対策が含まれ、中小規模の事業者でも着手しやすい
基本的な内容となっている。PHRサービス事業者はこれを参照することで、
基本的なセキュリティ対策を実装できる。

■ リスクベースアプローチ
　リスクベースアプローチとは、一律の対策を所与とするのではなく、自ら
の提供するシステムやサービスに潜在するリスクを詳細に検討し、それぞれ
のリスクに対応することでセキュリティレベルを向上させるアプローチであ
る。たとえば、総務省・経済産業省が2020年8月に公表した「医療情報を

図表3　リスクマネジメントの手順

リスクアセスメント	リスク対応	記録作成および報告
■リスク特定 医療情報システムなどにおける情報流を特定し、脅威が顕在化した場合のリスクを特定する ■リスク分析 特定したリスクについて、「影響度」と「顕在化率」に基づいた「リスクレベル」を算出する ■リスク評価 リスクレベルごとの対応基準に基づき各リスクへの対応要否を検討する	■リスク対応の選択肢の選定 対応が必要となるリスクについて、対応方法を「リスク低減」「リスク回避」「リスク移転」「リスク保有」から選定する ■リスク対応策の設計・評価 リスク対応策の具体的な実装について検討。医療機関などに対応を求める事項の整理、残存リスク評価、各種文書化についても実施する	■リスクコミュニケーション 医療機関などに対して情報提供すべき内容を含む必要な情報を文書化して提供。合意に至るまで丁寧に説明・協議する必要がある ■継続的なリスクマネジメントの実施 情報流や脅威に変化が生じた場合、想定外の事態が発生した場合などは、契約締結後も継続的に上記のプロセスを実施する

（出所）　総務省・経済産業省「医療情報を取り扱う情報システム・サービスの提供事業者における安全管理ガイドライン」（2020年）をもとにNRIセキュアテクノロジーズ作成

取り扱う情報システム・サービスの提供事業者における安全管理ガイドライン」は、医療情報システムで発生し得る情報の流れ（情報流）を洗い出し、各情報流に紐づくリスクを低減させるためのセキュリティ対策を導くためのリスクマネジメントの手順が記されている（図表3）。

この2つのアプローチのどちらを採用するかは、事業者のセキュリティへの対応の成熟度によって異なる。たとえば、これまでデジタルヘルスケア関連のセキュリティ対応に取り組んだ経験の少ない事業者は、まず最低限必要と思われる対策をベースラインアプローチによって実装するのが有効である。一方、すでにある程度のセキュリティ対応を実践してきた事業者は、自らの対応に抜けや漏れがないかを確かめるためにも、リスクベースアプローチに取り組むのが有効である。その際、仮に人命に影響を及ぼすようなシステムやサービスが含まれる場合は、そうしたシステム・サービスのリスクを優先的に洗い出すなど、デジタルヘルスケア特有の工夫が必要である。

4. デジタルヘルスケアのさらなる普及に不可欠なセキュリティ対応

人々の健康情報を取り扱うというデジタルヘルスケア事業の性質上、セキュリティ上の脅威に適切に対応していくことは何よりも優先される。とはいえ、ひと口に「セキュリティ対応」といっても組織的対応から技術的対応までさまざまな方法がある。必要な対応の不足はもちろん避けなければならないが、自らの展開するサービスや事業特性に照らして過剰なセキュリティ対応にコストとリソースをかけ、その結果、サービス推進の妨げとなるような事態も避けなければならない。過不足のないセキュリティ戦略を立案し実行していくことが、デジタルヘルスケアのさらなる普及にとって重要な課題となる。

このような課題解決の一助となるのがリスクベースアプローチである。自社が展開するサービスに実際に潜在するリスクの実像を把握することで、取るべき対応が自ずと具体化してくる。たとえば、セキュリティソリューショ

ンを新たに導入する場合、ターゲットとするリスクの低減に実効性の高い箇所にのみ導入することで、過剰なセキュリティ投資を抑えることができる。

　厚生労働省が2020年に実施したPHRサービス利用者へのアンケートでは、一般消費者の多くが利便性とセキュリティとのバランスを重視する旨の回答をしている。さらに、自らが利用したことのないサービスについては利便性よりもむしろセキュリティを重視する傾向があることも報告された。

　このような結果を踏まえると、セキュリティ対応はデジタルヘルスケアのブレーキではなく、むしろアクセルとなる可能性が高い。自社が展開するサービスのリスクの実態を把握して適切なセキュリティ対応を図る。そうすることで、これらのサービス展開がさらに加速していくことに期待したい。

4.4 データ流通・利活用を支えるPETs
Privacy Enhancing Technologiesの可能性

エグゼクティブサマリ

●サマリ

・プライバシーへの関心の高まりに伴い、プラットフォーマーたちは
プロダクトやサービスのプライバシー保護機能を強化している。

・この動向は「プライバシー保護規制の厳格化」という外圧だけでな
く、PETs（Privacy Enhancing Technologies）と呼ばれる
「サービス提供とプライバシー保護が両立できる技術」の発達が原
動力となっている。

・PETsは特徴の異なる技術の集合であり、単一の技術であらゆるプ
ライバシーリスクに対処できるわけではない。情報サービスに潜
在するリスクの特性に合わせて、適切なPETsを使い分ける必要
がある。

・PETsを適用してもプライバシー権が侵害されているとみなされる
ケースがある。消費者からの理解や同意は今後も欠かせない。

●ロードマップ

・～2023年度：活用事例の蓄積、標準化・ガイドライン化が進む。

・2023～2025年度：開発環境が整い、PETsを適用した情報
サービスが増加する。

・2026年度以降：PETsの特性を踏まえたサービス・制度が整い
始める。

●課題

・データの真正性チェック、異常値の検出が困難。

・PETsの特性を踏まえたサービス開発に取り組める技術者の不足。

・消費者とのリスクコミュニケーションの方法が未整備。

第4章　DXを推進するセキュリティ　239

❶ 導入

　近年、アップル、グーグルをはじめとしたプラットフォーマーたちは、自社のプロダクトやサービスをプライバシーが重視されるかたちに改修している。グーグルは2023年までに「Google Chrome」ブラウザーからサードパーティクッキーを廃止し、プライバシーとオープン性を両立したWebを目指す取り組みとして「Privacy Sandbox」を提唱した。アップルはiOS 14に組み込むプライバシー保護機能として「IDFA（広告ID）のオプトイン化」を発表した。同機能は2021年4月リリースのiOS 14.5ですでに導入されている（App Tracking Transparency機能）。

　しかし、一般的にプライバシー保護を優先するとデータの利活用に不便が生じるジレンマがある。プライバシー重視のトレンドにより、データの利活用に収益性を依存する事業者たちは短期目線でネガティブな影響を避けられない。iOS 14の仕様変更はリリース後12ヵ月間のうちに、グーグルに170億ドル、メタ（旧フェイスブック）に80億ドルの損失をもたらす試算もある[1]。「アップルやグーグルの取り組みがマーケティング活動を阻害する」という懸念からパブリッシャーや広告主から非難の声も上がった。2020年12月、iOS 14のアップデートに対して、メタが新聞の広告面を丸ごと占めた抗議文を掲載したことは記憶に新しい。

　その一方で、デジタルマーケティング業界には消費者データの不適切な扱いが問題視されてきた経緯がある。サードパーティクッキーを介した不当なデータ共有の問題に加え、「Facebook-Cambridge Analytica事件」のような政治的スキャンダルまで起こしたことがある。2019年10月の調査によると、18歳以上のインターネットユーザーのうち半数以上から「メタ（当時はフェイスブック）による個人情報の取り扱いは信頼できない」と評されている[2]。

　当のメタもプライバシー重視のトレンドへ逆らうばかりではない。自社が

注1　Forbes, "Apple Privacy Change May Cost Facebook, Google $25 Billion Over Next 12 Months"
注2　eMarketer Facebook Flash Survey（2019年10月）

運営するサービスのプライバシー保護機能を拡充する方針を打ち出している。施策の1つとして「PETs（Privacy Enhancing Technologies）」と呼ばれる「サービス提供とプライバシー保護を両立できる技術」の採用が掲げられている。プライバシーに対する関心の高まりから、PETsはグーグルやメタをはじめとしたテック企業・研究機関によって積極的な研究開発が取り組まれており、採用事例を徐々に増やしている。

❷ 技術概要

データ管理者としての信頼を高めるPETs

　従来、たいていの情報サービスは「サービス提供者はデータを盗み見せず、不正利用せず、流出も起こさない」という「性善説」が前提にされてきた。しかし、データの漏えい・不正利用は後を絶たないのが現実である。今後ますますデジタル化される社会では、プライバシー保護の施策を積極的に打ち出さなければ、消費者が安心して情報サービスと付き合い続けることは難しい。国内では約7割の消費者がデータの漏えい・不正利用に懸念を抱いている[注3]。

　PETsを利用することで、サービス提供者側に伝達される情報は最小化され、プライバシーリスクを小さくできる。結果的に、サービスが流出する可能性のある情報量が削減され、消費者に安心感を与えることができる。

　チャットサービスをはじめとした消費者間の通信サービスでは、いち早くPETsが採用されている。WhatsAppの共同創業者Brian Acton氏が出資した「Signal」のアプリでは、ユーザー間で交わされるデータに暗号化を施す「E2EE（End-to-end Encryption）」の機能が導入されている。E2EEが施された通信は、サービス提供者さえも中身を覗くことができない。

　消費者と信頼関係を構築するため、プライバシーを重視したサービスアーキテクチャやPETsを採用する事例が今後も増えていくと期待される。

注3　総務省『令和3年版情報通信白書』「第1部 特集 デジタルで支える暮らしと経済」2021年8月

第4章　DXを推進するセキュリティ　241

プライバシーを損なう2つの経路：入力プライバシーと出力プライバシー

　データの利活用において、プライバシーが損なわれる経路は大きく2つにわけられる。計算処理の入力値から漏れる「入力プライバシー」と、計算処理の出力結果から漏れる「出力プライバシー」である（図表4-4-1）。

　入力プライバシーは計算処理に用いるデータ（入力値）の暗号化や、アクセス制御によって保護される。具体例として「秘密計算」が挙げられる。秘密計算は入力値を暗号化し、復号しないまま計算できる技術の総称である。通常の暗号技術では暗号文を復号して生データを取得しない限り計算処理を始めることができないが、それではデータが復号された瞬間に盗み見される隙が生じる。これに対して、秘密計算は復号せずに計算処理を始められる技術であるため、入力値のデータが盗み見される隙を生まない。

　一方、出力プライバシーの保護は異なるアプローチが要求される。たとえば、99人分の平均年収を求めた後、サンプルを1人分追加した100人分の平均年収を求めたとき、最後に追加された1人分の年収は2つの集計結果から容易に逆算できる（100人分の平均年収×100 − 99人分の平均年収×99）。集計結果（出力値）はそれ自体がデータを利活用する目的なので、出力プライバシーの保護は出力値が人目に触れる前提で果たされる必要がある。

　「差分プライバシー」は出力結果にノイズを加えることで計算結果のもととなったデータを推察されにくくする技術である。ノイズを強くするほど

図表4-4-1　入力プライバシーと出力プライバシー

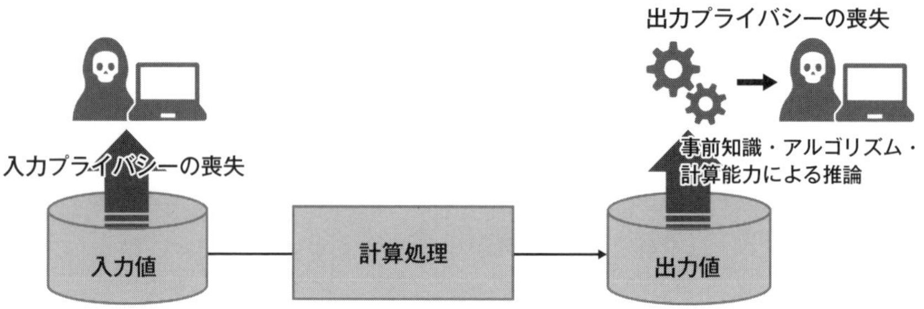

（出所）NRIセキュアテクノロジーズ

データの値や特徴が推察されるリスクが下がる。代わりに、計算結果が劣化する（情報が失われる）デメリットが生じる。つまり出力プライバシーの保護と計算結果の有用性（精度）はトレードオフの関係にある。

米国商務省センサス局による2020年版の国勢調査において、差分プライバシーが初めて適用された。米国では「国勢調査の目的で収集した個人情報は、収集時点より72年間、他者・他組織に伝えてはならない」というルールが存在する。米国の人口の多くは移民で成り立っているため、特にマイノリティはサンプル数が少なく、調査結果から情報が漏えいするリスクが高い。このような事情から差分プライバシーが適用されるに至った。

❸ 要素技術と活用例

入力プライバシーを保護するPETsには多くの種類があり、それぞれに制約や性能差がある（図表4-4-2）。サービスの利用者と提供者の双方が不便を被らないかたちでプライバシーを保護するためには、サービスの要件に合わせたPETsの使い分け・組み合わせが求められる。

消費者データの扱いは、エッジ環境かクラウド環境か

プライバシー保護を検討する際、消費者データを消費者のエッジ環境（スマートフォンなどの端末）で処理するか、サービス提供者のクラウド環境で処理するかは重要な論点となる。エッジ環境で消費者データを処理できれば、クラウド環境で生じるプライバシーリスクを低減できる。

『ITロードマップ2020年版』でも紹介した「フェデレーションラーニング（Federated Learning）[注4]」は、エッジ環境から学習データ（消費者データ）を持ち出さずに機械学習を行うPETsである。学習処理をエッジ環境ですませて、学習結果（ローカルモデル）だけをクラウド環境に集める。複数の消費者から共有されたローカルモデルをクラウド環境で統合して、すべての消

注4　「フェデレーテッドラーニング」とも呼称する

第4章　DXを推進するセキュリティ　243

図表4-4-2　入力プライバシーを守りながら計算処理を可能にするPETsの比較

技術の名称	用途	主要な計算リソース	性能	プライバシー保護の前提条件
フェデレーションラーニング	機械学習	エッジ	○	✓出力値を得た攻撃者が十分な事前知識・アルゴリズム・計算能力を持たないこと
マルチパーティ計算※秘密分散ベース	汎用	クラウド※複数必要	△	✓一定数以上のシェアが漏えいしないこと ✓クラウド環境の管理者たち（シェア保有者・BT[注5]提供者）が結託しないこと
完全準同型暗号	汎用	クラウド	×	✓秘密鍵・暗号文の組が漏えいしないこと ✓暗号文を得た攻撃者が計算量的安全性を脅かす計算能力を持たないこと
TEE (Trusted Execution Environment)	汎用	クラウド	○	✓ハードウェアセキュリティ 　例：耐タンパー性 ✓認証機構の誠意
ゼロ知識証明	証明と検証	エッジ	—[注6]	✓（ゼロ知識証明の種類に依存）

（出所）NRIセキュアテクノロジーズ

費者データに基づく学習結果（グローバルモデル）が求められる[注7]。

　グーグルのアンドロイド端末向け多言語キーボード「Gboard（Google キーボード）」に搭載されるサジェッション機能の精度向上に同技術が適用されている。サジェッション機能の学習には端末に入力される文章データが必要だが、これにはセンシティブな情報が含まれやすい。そのため、端末上でローカルモデルを計算するフェデレーションラーニングが活用されている。

同一の消費者データを異なる計算処理へ繰り返し活用したい

　同一のデータを異なる計算へ再利用したいとき、エッジ環境で処理される

注5　BT = Beaver Triple の略。乗算やAND回路の計算時に消費する乱数の組のこと
注6　ゼロ知識証明の種類、命題を多項式表現に換えた際の複雑さに大きく依存する
注7　ほかに「エッジ環境で推論されるたびに勾配を共有する」など、複数の方式が存在する

タイプの計算手法では、（特定条件を除いて）エッジ環境であらためて再計算することが求められる。しかし、消費者のエッジ環境は常にオンラインとは限らないし、同じ端末上で異なる学習が並行して行われればリソースが枯渇しかねない（「コモンズの悲劇」）。またスマートフォンやIoT機器は無線通信でネットワークにつながるケースが多く、通信コストも問題化しやすい。

　データ分析者の視点に立ったとき、優れた解析結果を追求するため、学習処理や集計処理を試行錯誤したくなる。その場合、データをクラウド環境へ蓄積して、同一データを異なる処理へ繰り返し使い回せる状況が好ましい（図表4-4-3）。このような際、前述の秘密計算が選択肢に挙げられる。

　採用事例の多い秘密計算として「（秘密分散ベースの）マルチパーティ計算」と「（単一キーによる）完全準同型暗号」の2種類が挙げられる。

　マルチパーティ計算では、データは「シェア」と呼ばれる2つ以上の乱数に分割され、各シェアはネットワークでつながれた2台以上の計算機に1つずつ保管される（秘密分散法）。計算機が不正侵入を受けるなどしてシェアが漏えいしたとしても、一定数以上のシェアが同時に漏えいしなければ、データが復元されることはない。マルチパーティ計算における計算処理は、計算機同士が通信を交わすかたちで実行される。通信が終了した時点での計算結果はシェアの状態で導き出され、シェアを一定数以上集めることによって、計算の出力結果が得られる。

　ただし、特定の命令（例：乗算）を実行するときに、計算機の間で通信が繰り返し発生するため、通信時間が性能のボトルネックになる。処理性能の改善には、通信性能を高めたり、通信回数や通信量を削減したりする工夫が要求される。

　一部の暗号資産の取引所では、ウォレットの鍵情報を保護する目的でマルチパーティ計算が活用されている。鍵情報を漏らせばビットコインのような暗号資産が盗まれるため、厳重な管理が要求される。一方、コールドウォレットのような厳重な管理下に置かれた鍵情報は扱いづらく、送金やスマートコントラクトの実行に支障をきたす。鍵情報をマルチパーティ計算で扱えば、鍵情報を堅守しながら送金やスマートコントラクトを実行できる（図表

図表4-4-3　フェデレーションラーニングと秘密計算

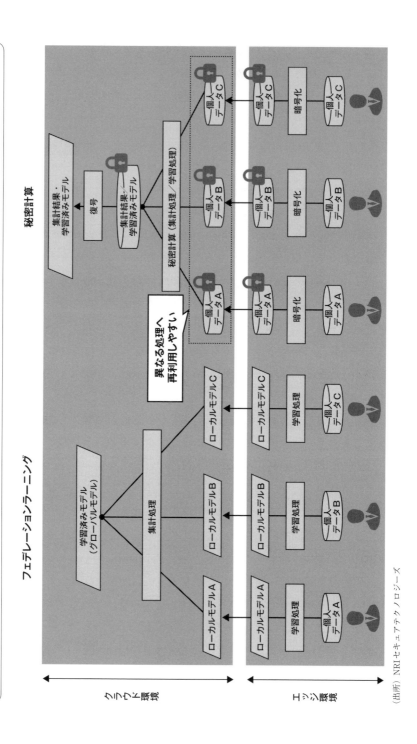

(出所) NRIセキュアテクノロジーズ

図表4-4-4　マルチパーティ計算による秘密鍵の管理

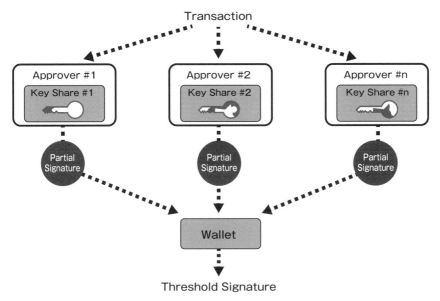

（出所）Sepior ThresholdSig Wallet Security

4-4-4）。デンマークのSepiorなどが同ソリューションを提供している。

　一方、準同型暗号では（特別な実装を除いて）処理中に計算機同士の通信が不要である。「クラウドキー」と呼ばれる計算用の鍵と暗号文があれば、オフライン状態のまま処理を続けられる。ただし、計算量が大幅に膨張するため、計算時間が問題になりやすい。計算結果は暗号化された状態で導き出されるため、「秘密鍵」を使って復号する必要がある。注意が必要なのは、秘密鍵はデータの暗号化にも用いられるため「秘密鍵を誰が生成・管理するか」という運用上の問題が生じ得る点である。たとえば、複数の異なる消費者から提供されたデータを集計したいとき、同一の秘密鍵を複数の消費者へ配布すると、暗号文が流出したときの被害が拡大し得る。秘密鍵の管理方針を定めずに実装を進めては、脆弱なサービスが生み出されてしまう。

　機械学習は、複雑かつ大量の計算処理が要求されるため、秘密計算による機械学習は性能不足に陥りやすい。そのような場合、代替技術としてフェデ

レーションラーニングと秘密計算を組み合わせた技術「Secure Aggregation」が選択肢になり得る。Secure Aggregationではローカルモデルが暗号化された状態で収集され、グローバルモデルは秘密計算によって導き出される。

ローカルモデルには、端末の持ち主のデータが大いに反映されることから、ローカルモデルから元のデータの値や特徴が推察される危険性がある。そのため、ローカルモデルのマージ処理を秘密計算で行うSecure Aggregationは、純粋なフェデレーションラーニングよりもセキュアである。このようにPETsを組み合わせることで新しいプライバシー保護の形態を創出することもできる。PETs同士は単なる競争関係ではなく補完関係になり得る。

ハードウェアのセキュリティによって信頼性を高める

処理性能を求めるケースでは、ハードウェアのセキュリティに依存した計算技術「TEE（Trusted Execution Environment）」が選択肢に挙がる。一般的にTEEはオーバーヘッドが小さく、秘密計算に比べて性能を求めやすい。TEEは不正操作の起点となるアプリケーション・OSなどからハードウェア的に隔離された環境でデータを扱うことができる。隔離環境で行われた処理の結果（出力値）のみ外部へ提供すれば、入力プライバシーを保護できる。データの扱われる環境がOSから隔離されるため、OSの特権を掌握した攻撃者さえ、データに対して直接アクセスすることは困難になる。

ただし、正規のハードウェアやプロセス上でデータが扱われるか否かは、CPUメーカーなどが提供する認証機構に依存する。認証プロセスに不正が起きれば、データの漏えいや不正操作につながるおそれがある。ほかにも「ハードウェアの耐タンパー性が不十分」「プロセッサに脆弱性が発見される」といった理由で入力プライバシーが損なわれるリスクもある。

消費者データが所定の条件を満たしているか否かを検証したい

年齢、身分、経歴、ワクチン接種履歴などの属性情報が所定の条件に適うか否かを、必要以上のプライバシーを損なわずに検証できる技術が「ゼロ知

図表4-4-5　ゼロ知識証明の実施形態の例

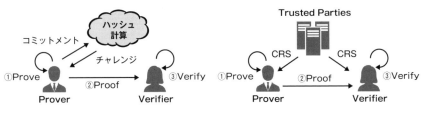

(出所) NRIセキュアテクノロジーズ

識証明 (ZKP: Zero-Knowledge Proof)」である (図表4-4-5)。たとえば、未成年への酒類の販売を防止する「年齢確認プロセス」では、消費者に身分証の提示を求めることがある。このとき検証すべきは「成年か否か」だが、身分証には生年月日などの精緻過ぎる情報が含まれているため、検証者である酒類の販売店（コンビニエンスストアなど）に対し、よけいな情報が伝わってしまう。

ゼロ知識証明を活用することで、関心事の証明（成年か否か）だけを示して、その他のよけいな情報（生年月日）の伝達を防ぐことができる。検証者を説得するには、データの「特徴」と「出所（情報のソース）」の双方を証明するのが典型である。たとえば、「本人は成年であり、かつ年齢情報には自治体の署名が付与されている」といった証明が考えられる。

ゼロ知識証明とデジタルアイデンティティを融合させようとする動きもある。分散型アイデンティティ基盤を支える要素技術の標準化団体であるDIF (Decentralized Identity Foundation) で、マイクロソフトの研究部門が提唱した「ゼロ知識クレデンシャル (Zero-knowledge Credentials)」では、本人情報の証人 (Issuer) が発行する証書 (Credentials) に証明情報 (Proof) が埋め込まれる[注8]。証書を受け取った検証者 (Verifier) には最低限の情報

注8　DIF: Zero-knowledge credentials with deferred revocation checks

（証明内容）のみ伝わるため、プライバシーリスクを小さくできる。

❹ ITロードマップ

　ゼロ知識証明、フェデレーションラーニングのようなPETsが採用される
ケースが増えれば、いわゆる「生データ」が消費者 – 事業者間で交わされる
機会が減少傾向に向かうと予想される。消費者はプライバシーを享受し、
サービス提供者はセキュリティ向上を享受できる。PETsは今後のデータ流
通・利活用を支える基盤要素となる可能性を秘めている。

～2023年度：活用事例の蓄積、標準化・ガイドライン化が進む

　グーグル、メタが提供するサービスを筆頭に、採用事例が蓄積される時期
である。メタは2021年8月にプライバシーを保護しながらコンバージョンに
至るまでの因子を分析・評価可能にする技術「FPCS（Facebook Private
Computation Solutions）」のソースコードを公開した。同技術はマルチパー
ティ計算で実装されており、オンライン上で消費者が商品購入までに触れて
きた各種メディア（広告やブログ、SNSなど）の貢献度を、消費者本人が特
定されないかたちで測定することができる。

　PETsや関連技術・運用方式の標準化が進む時期でもある。フェデレー
ションラーニングは「IEEE 3652.1-2020」、ゼロ知識証明は「ZKProof Stan-
dards」で技術の類型化や定義づけがなされている。NISTの「Multi-Party
Threshold Cryptography」では、マルチパーティ計算による鍵情報の管理
に関する標準化が行われている。

2023～2025年度：開発環境が整い、PETsを適用した情報サービスが増加する

　開発環境が整い、広範囲の組織がPETsを採用するようになる。

　すでにマルチパーティ計算による機械学習を可能にするTensorFlowのラ
イブラリ「TF Encrypted」や、フェデレーションラーニングを可能にする

図表4-4-6 PETsのロードマップ

	～2022年度	2023年度	2024年度	2025年度	2026年度
	黎明期		発展期		普及期
全体					
ユースケース・法制度	プラットフォーマーが中心となり、特にデジタルマーケティング（アドテック）分野で広がる		中規模～大規模の情報サービスではPETsが標準的なセキュリティ技術になる		医療・公共サービスに根づき、PETsはより身近な技術となる
	▲2020年～2021年：NIST、IEEEなどで標準化が開始 ▲2021年9月：2020年の米国の国勢調査に差分プライバシーが適用される		▲～2023年：「Google Chome」のサードパーティクッキー廃止される		
	▲2021年4月：欧州議会で「Digital Green Certificate」（ワクチンパスポート）がプレスリリースされる				
	▲2021年8月：フェイスブックからFPCSがプレスリリースされる	▲「ワクチンパスポート」へのゼロ知識証明活用について提案あり（後に否決）			
	▲2018年：BWWC×ボストン大学による人種・性別による賃金格差の調査にマルチパーティ計算が採用される				
	▲2018年：暗号資産取引所などの鍵管理でマルチパーティ計算が活用され始める				
技術動向	開発ライブラリやフレームワークが出揃い始め、PETsを活用したサービス開発の敷居が下がる		Web3.0の技術スタックとしてPETsが今まで以上に存在感を高める。同時にWeb3.0の土壌によってこの分野の成長期に突入する		
	▲～2019年：TensorFlowやOpenMindに秘密計算やフェデレーションラーニングの実装が登場				
	▲～2019年：主要なクラウドベンダーによりTEE（Trusted Execution Environment）の提供が始まる				
	▲2021年6月：グーグルから準同型暗号のトランスパイラがリリースされる				

（出所）NRIセキュアテクノロジーズ

「TensorFlowFederated」が登場しており、継続的に品質・性能向上が図られている。

2021年には、グーグルから準同型暗号のトランスパイラがリリースされている。このトランスパイラは「生データを処理するプログラム」を「準同型暗号で暗号化されたデータを処理するプログラム」へ変換できる。

PETsを採用する敷居を下げる開発環境が整備されることで、現在よりもプライバシーフレンドリーな情報サービスが増えていくと予想する。

またWeb3.0領域でもPETsの採用事例が増えていくと予想される。これまでWeb3.0はゼロ知識証明をはじめとした暗号技術の急速な発達に貢献してきたので、そのほかのPETsが発達する土壌になり得ると考えられる。Web3.0が汎用的なプライバシー保護機能を獲得すれば、Web2.0以前から存在した情報サービス（例：SNS、オンラインゲーム）のコピーが続々と登場する可能性がある。Andreessen Horowitz（a16z）が支持する「DFINITY」プロジェクトは、「LinkedIn」のWeb3.0版「LinkedUp」の開発に取り組んでいる。PETsの適用によりプライバシー保護機能が搭載されれば、プライベートメッセージ機能のようなクローズドなコミュニケーション機能が実現可能になるだろう。

ただし、採用されるPETsや実装形態によって、プライバシーが十分に守られない事態が考えられる。「Privacy by Default」を謳う一部のネットワークは、特定の条件を満たせば監視行為が可能となるしくみを実装している。「Web3.0におけるプライバシーの解釈」を巡って、一時的には混迷を極める事態も予想される。

2026年度以降：PETsの特性を踏まえたサービス・制度が整い始める

このころまでには実装・運用面でのプラクティスが十分に蓄積され、インフラ構築が進み、PETsが制度面でも受け入れられる土壌が整うであろう。

デジタルアイデンティティの普及と共に、プライバシーに対する関心がさらに高まると予想される。無用なデータを渡すことなしに、身元を証明したり、情報サービスを享受できることが望まれる。このころにはアーリーアダ

プターたちによって、PETsの実装・運用のためのデザインパターンが編み出される。

並行してPETsを前提とした制度作りが議論され始める。2021年4月、欧州議会で「Digital Green Certificate」、欧州版のいわゆる「ワクチンパスポート」の技術仕様に関する議論が交わされた際に、ゼロ知識証明の導入が提案された[注9]。そこでは証書の偽造やプライバシーリスクなどの懸念を払拭できるメリットが挙げられた。しかし、国境をまたいだ管理にゼロ知識証明のプライバシー保護機能が適合しないと判断され、2021年7月時点で採用は見送られている。社会基盤が情報技術に依存するほどPETsが訴求し、導入検討の機会が増えると予想されるため、各国の動向に注視が必要である。

❺ 実現に向けた課題

データの真正性チェック、異常値の検出が困難

虚偽の防止とプライバシーの両立は容易ではない。誤った情報に基づく計算処理は不正確な結果を導く。PETsの効果により生データが読み取れない状況下で不正確なデータの混入を排除するには、特別な対策が必要となる。

対策のアプローチは2種類に大別できる。1つはデータの提供元で異常値の混入を防ぐ方法である。「データの送信前に検証処理を挟む」「モバイルプロセッサのTEEにデータを提供させて不正を抑止する」などの対策が考えられる。もう1つのアプローチは、クラウド環境で異常値を検知する方法である。これには、秘密計算により「閾値チェックを行う」「(データに署名が付与される前提で)署名の検証処理を行う」といった対策が考えられる。

PETsの特性を踏まえたサービス開発に取り組める技術者の不足

PETsは種類が豊富で1つひとつが難解であるが、各技術のメリット・デメリットを意識しながら使い分ける必要がある。同時に、既存業務（例：消

注9　European Parliament, Parliamentary questions（April 13, 2021）

費者向けのヘルプデスク）が麻痺しないよう、データに対する最低限のアク
セシビリティを確保するような配慮も求められる。

　PETsに対する高度な専門性と、データマネジメントやサービス設計など
の素養を備えたエンジニアが必要とされ、人材の供給不足が懸念される。

消費者とのリスクコミュニケーションの方法が未整備

　「Google Chrome」のサードパーティクッキー廃止が2023年に予定されて
いる。その代替技術に当たる「FLoC（Federated Learning of Cohorts、フェ
デレーションラーニングの応用技術）」の正式リリースが同時期に控えてお
り、2021年3月から試験運用されている。FLoCは、本人特定がしにくいか
たちでブラウザー利用者の関心を分類し、広告表示に役立てる技術である。

　しかし、同技術は「Mozilla Firefox」「Microsoft Edge」をはじめとした
Google Chrome以外の主要ブラウザーからは採用を見送られている。EFF
（電子フロンティア財団）はFLoCによるプライバシー侵害について懸念を示
したWebページを公開している[注10]。グーグルは一般データ保護規制
（GDPR）違反を懸念し、EU圏内の消費者に対するFLoCの適用を見合わせ
ている（2021年時点）。

　PETsは「完璧」なプライバシー保護を提供する仕組みではない。あくま
でセキュリティを「改善」し、消費者との信頼関係の構築を手助けする手段
に過ぎない。運用を誤れば、プライバシーは容易に損なわれてしまう。よっ
て、PETsがサービスに使われようと使われなかろうと、消費者の理解を得
た上でデータが扱われない限り、真の意味でプライバシーが守られることに
はならない。堅牢な情報サービスを構築し、消費者と真摯なリスクコミュニ
ケーションを重ねた先に、初めて豊かで安心できるデジタル社会が実現され
る。

注10　Am I FLoCed?（https://amifloced.org/）

4.5 非接触決済に関する新たな取り組みとそれを支えるセキュリティ

グローバルトレンドからみえるキャッシュレス決済の新潮流

エグゼクティブサマリ

●サマリ

・日本国内の非接触決済では、長年「Suica」に代表される「FeliCa」の技術を用いた交通系ICカードが多く利用されてきたが、クレジットカードで、非接触決済を行うサービスも大手コンビニエンスストアなどで導入され、徐々に注目され始めている。特に、中小規模の加盟店向けや公共交通系において、「NFC（Near Field Communication）」を利用したクレジットカードによる非接触決済の新たな取り組みが進められている。

・中小加盟店向けの非接触決済では、汎用のスマートフォンやタブレットといった「COTS（Commercial Off-The-Shelf）」機器を決済端末化するソリューション「CPoC（Contactless Payments on COTS）」が注目を集めている。

・公共交通系決済では、オープンループと呼ばれる、世界標準の技術であるNFC Type A/Bを前提としたクレジットカードの非接触決済サービスを受け入れる交通乗車のしくみに関して、国内で実証実験も始まっている。

●ロードマップ

・〜2021年度：CPoCの実証実験開始。鉄道、バスなどの公共交通系では、NFC Type A/Bを標準としたオープンループ決済の実証実験が開始。

・2022〜2023年度：国内初のPCI CPoC認定ソリューションがリリース。公共交通系ではオープンループ決済が一部地域において定常的に運用開始。

第4章　DXを推進するセキュリティ　255

・2024年度以降：NFCを利用したクレジットカードの非接触決済で、オンラインPIN^{注1}や生体認証をはじめとした本人確認方法が普及。都市部の公共交通機関で、オープンループ決済が普及。

●課題

・CPoCでは、クレジット取引におけるさまざまな本人確認方法や支払い手段への対応、個々のCOTS機器に依存する機能面やユーザービリティの確保。

・公共交通系決済では、オープンループ化していく上で、改札機での決済の処理性能が課題。普及に向けてクレジットカードを持てない世代へのケアも含め、国際カードブランド各社による推進も必要。

❶ 事例

決済分野におけるNFC技術の活用と普及

　新型コロナウイルスの影響による消費者行動の変化と共に、人々の意識にも変化が現れている。特にクレジットカードの非接触決済は、カードを店員に渡すことなく、レジにある決済端末にかざすだけで簡単・スピーディーに決済することを可能とし、非接触による衛生面でのメリットがあることから、一般消費者の現金利用頻度も徐々に減少してきている。国内流通大手のセブン＆アイ・ホールディングス傘下のセブン-イレブン、イトーヨーカドーなどでは、2020年以降、クレジットカードの非接触決済を順次導入するなど、人々の日常生活にも徐々に浸透し始めている。国際カードブランド大手のVisaの発表によると、「Visaタッチ決済」対応のカードは、2021年6月末時点で5100万枚が発行され、月間の決済取引件数も1年間で約5倍に急拡大したという。

注1　ネットワークを経由してカード会社のシステム上でPINを照合する本人確認方法

NFCとは、「Near Field Communication」の略称で、かざすだけで周辺機器との無線通信が可能となる技術・規格である。日本では2001年に交通系ICカードの「Suica」が採用し、以降、非接触決済のための基本的しくみや基盤が整備されていった。

Suicaなどの電子マネーで使われている通信は、「FeliCa」と呼ばれるソニーが開発した規格である。FeliCaの通信技術はこの頭文字「F」をとり、後述する世界標準である「NFC Type A/B」と比較して、「NFC Type F」とも呼ばれている。FeliCaは、ISO/IEC 18092の国際規格として認められているものの、独自性ゆえにか、海外におけるFeliCaを用いた決済は、香港の「オクトパスカード」やインドネシアのジャカルタ都市高速鉄道「MRT南北線」など、アジア圏の一部にとどまっている。

一方で、クレジットカードの非接触決済のように、すでに日本以外の国や地域の決済において広く普及しているのが、「NFC Type A」「NFC Type B」と呼ばれる通信規格である。Type AはオランダのNXPセミコンダクターズ（旧フィリップスの半導体部門）が開発した通信規格で、生産コストが安価なこともあり世界で最も広く普及し、日本国内でもタバコの購入時の成人認証システムで利用される「taspoカード」に採用されている。Type Bは、米国のモトローラが開発を主導し、セキュリティ性能にも優れていることから、日本国内ではマイナンバーカードや住民基本台帳カード、運転免許証、在留カード、パスポートなどの証明書に主に利用されている。

クレジットカードの非接触決済では、この2つを併せて「NFC Type A/B」と呼ぶことが多いが、世界標準となっているType A/Bと、日本で広く普及するType Fでは規格そのものが異なるため、読み取りに必要な決済端末の仕様や実装すべき機能もそれぞれ異なる。2016年に日本でも導入された「Apple Pay」は、日本の「おサイフケータイ」に利用されていたNFC Type Fのサービスを取り込むかたちでサービスがスタートした。Apple Payは、その後、クレジットカード各社が採用する非接触決済への対応も進め、2021年5月にはVisaのタッチ決済にも対応したことで、スマートフォンを利用したNFC Type A/Bを前提とする非接触決済が国内でも本格的にスター

第4章　DXを推進するセキュリティ　257

トした。

新たな2つの取り組み

　NFC Type A/Bの非接触決済の普及と同時に、新たな取り組みも始まっている。具体的な事例として、本稿では2つの取り組みを挙げる。

・取り組み1：スマートフォンを決済端末として利用

　NFC Type A/Bなどの非接触決済の利用環境は、大型加盟店を中心に整いつつあるものの、中小規模の加盟店では普及が進んでいない。経済産業省の「キャッシュレス決済の中小店舗への更なる普及促進に向けた環境整備検討会」では、クレジットカードのコスト構造として、「イシュア手数料」「ネットワーク利用料」「決済端末費用」の占める割合が大きいことが報告されている。これに対して、決済専用端末の導入費用削減面から、汎用のスマートフォンやタブレットといったCOTS機器を決済端末化する新たなソリューションが注目を集めている。このソリューションはCPoCのほか、「Tap to Phone」「Tap on Phone」「Tap on Mobile」など、業界団体や国際カードブランドごとにさまざまな名称で呼ばれているが、COTS機器に搭載されているNFC機能を利用してカード情報を読み取ることで非接触決済を店舗側で受け付けできる点で共通している。専用のカードリーダーなどの機器の導入が店舗側には不要なため、低コストかつ簡単にクレジット決済を取り扱えることが特徴である。日本カードネットワークはTap on Mobileの実証実験を2021年2月から開始しており、ビザ・ワールドワイド・ジャパンは茨城交通や岩手県北バスなどでTap to Phoneの導入を一部開始するなど、CPoCの本格利用に向けて実証実験や一部導入が進められている。

・取り組み2：公共交通系決済のオープンループ化

　公共交通系決済に関して、国内ではSuicaなどに代表される交通系ICカードによる決済方法が広く普及している。これらはすべて特定の交通系ICカードを利用した料金徴収システムで、「クローズドループ（Closed Loop）」

と呼ばれる。一方、「オープンループ（Open Loop）」とはそれ以外の決済手段、たとえばクレジットカードなどの非接触決済サービス（EMV Contactless）を受け入れるしくみのことである。

　海外では都市ごとに異なる交通システムを運用しているのが一般的で、国単位で広域にわたって1つの交通系ICカードを使い回せるのは韓国や台湾など、ごく限られた地域にとどまっている。日本では2013年から、日本国内11の鉄道事業者が発行する10種類のカードについて、交通系ICカード全国相互利用サービスが始まったが、Suicaのしくみに準拠していないカード（たとえば北海道の「SAPICA」や沖縄の「OKICA」など）は、Suicaエリアである関東圏では利用はできない。

　「公共交通系決済のすべてを、Suica対応にできたらよい」という意見はあっても、地域ごとの事情があり、実際にすべてをSuicaにすることは難しい。主な理由として、Suicaのシステム自体が高機能であることに加え、ICカードの共通仕様を定める「サイバネ規格」（日本鉄道サイバネティクス協議会が定める共通規格）への参画が求められ、システム連携のほかにもライセンス費用などで多額の経費がかかる点が挙げられる。このことは、地方都市や過疎地域の公共交通系事業者にとってコスト面でのハードルが高く、交通系ICネットワークの外にいる事業者や地域は一定規模で存在する。

　オープンループによるメリットは、このような交通系事業者にとってのコスト負担を減らしつつ、国や地域の特有のしくみをユーザーが意識することなく、クレジットカード1つで乗り降りが可能になるという点にある。たとえばロンドン交通局（TfL：Transport for London）は、2012年からVisaやMastercardなど国際カードブランドの非接触決済サービスに対応したことにより、クレジットカードで2012年はバス、2014年から地下鉄などに乗り降り可能になった。TfLは「Oysterカード」と呼ばれる交通系ICカードを発行してきたものの、コロナ禍前まで毎年数千万人以上といわれる来訪者を対象にICカードを発行し、その維持・管理だけでも相当なコスト負担となっていた。それが、オープンループ導入後は、現金決済およびOysterカードの発行が減少し、コスト削減に成功したという。

国内でも、南海電気鉄道（南海電鉄）、三井住友カード、QUADRAC、ビザ・ワールドワイド・ジャパンの4社によって、南海電鉄の一部駅でVisaのタッチ決済による入出場の実証実験が行われている。駅の改札機にVisaのタッチ決済が導入されるのは国内初のケースであるが、2021年7月時点でVisaは、世界で約700の公共交通プロジェクトに参画しているという。国内でも、Visaを含めた各カードブランド主導の取り組みが、今後さらに期待される。

 関連技術の紹介

スマートフォンやタブレットを決済端末として利用できるCPoC
・PCI CPoCにおけるシステム構成

　CPoCは一般消費者向けに販売されている機器（COTS機器）の利用を想定したソリューションであるため、専用機である従来の決済端末と同等以上のセキュリティレベルをCOTS機器単独で実現することは現実的に難しい。このような背景から、PCI SSC[注2]は「PCI CPoC」というセキュリティ基準を策定し、CPoCで実装すべきセキュリティ技術やシステム構成を整備した。

　CPoCはCOTS機器、COTS機器上の専用アプリケーション、バックエンドシステムと呼ばれるサーバーサイドのシステムから構成される。このバックエンドシステムは、「プロセシング」「アテステーション」「モニタリング」の3つに分類される（図表4-5-1）。アテステーションとモニタリングはCOTS機器やアプリケーションのセキュリティ状態の検証や、アプリケーションを外部から認証する役割を担う。プロセシングはアプリケーションから送られてきたカード情報を復号し、後続の決済トランザクション処理を行う役割を担う。COTS機器上のアプリケーションはNFCインターフェースとのチャネル確立や、読み取ったカード情報を暗号化し、ソフトウェアの保護やバックエンドシステムとの通信なども実施する。

注2　PCI Security Standards Councilの略で、クレジット決済全般のセキュリティ基準の開発、管理、教育、および認知を担当する機関

図表4-5-1　CPoCのシステム構成図例

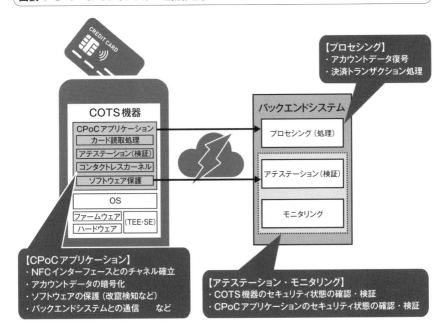

（出所）PCI SSCの公開情報をもとにNRIセキュアテクノロジーズ作成

・PCI CPoCに求められるセキュリティの特徴

　CPoCアプリケーションやCOTS機器のセキュリティ状態を外部から検証するしくみ以外にも、CPoCソリューション全体を対象として、暗号鍵を厳格に管理することを求めている点もPCI CPoCの大きな特徴である。暗号鍵を安全に保管するための専用装置であるHSM（Hardware Security Module）を前提とした鍵管理を求めており、カード情報の暗号化に使用する暗号鍵や、ソフトウェアの認証や改竄防止のために必要となる署名鍵に対してもHSMでの厳格な鍵管理が求められている。

　一方、機能面に大きくかかわってくる特徴としては本人確認方法としてのPIN（クレジット取引時の本人確認用の暗証番号）入力や生体認証を明示的に禁止している点である。これに対して、PCI SSCはPIN入力などの本人確認方法をサポートした新セキュリティ基準の公開をアナウンスしており、今

後の動向が注目されている。

公共交通系決済のオープンループ化に伴う処理方式

オープンループによる料金支払いの方式は、固定運賃と距離制運賃の主に2つがある。路面電車や市内交通のバスのように固定運賃の場合は、固定運賃を乗り降りのたびに1回決済すればよいだけであり、決済方法自体もシンプルである。

ただし、日本では、移動距離に基づく運賃を決済するケースが多い。この場合、出発地での入場時と目的地での出場時という2回のタッチで区間と金額を決定する必要がある。入場時にクレジットカードの情報を取得しておき、出場時に運賃を計算した後に、オーソリゼーションを行う。EMVCo[注3]の仕様では、「タッチによる非接触決済の処理時間は0.5秒以内」としているが、改札機での行列を生まないためにも、タッチ処理のスピードは速ければ

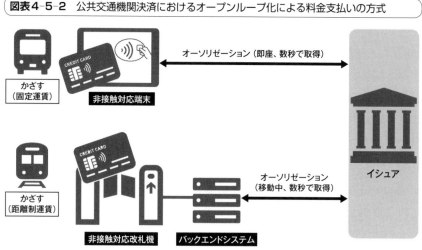

図表4-5-2　公共交通機関決済におけるオープンループ化による料金支払いの方式

(出所) 各種公表資料をもとにNRIセキュアテクノロジーズ作成

注3　ICカードの統一規格や決済端末の仕様を定める認定機関。Europay International、MasterCard International、Visa Internationalの3社が設立した。2021年10月、PAR仕様を含めた決済トークン化仕様である「テクニカルフレームワーク2.3」をリリース。https://www.emvco.com/emv-technologies/payment-tokenisation/

速いほど望ましい。

　改札機での処理時間は0.2秒以内で完了するSuicaでは、無効になったICカードの情報を定期的にサーバーからダウンロードして改札機側のシステムで保持しているが、世界規模で広く流通するクレジットカードでは、膨大なネガティブデータ（無効カード情報）を常に最新な情報としてローカル保持して照合することは、現実的に難しい。したがって、改札機への入場時は、IC部分のデータ認証を行って改札機を通過させ、顧客の移動中にカードの有効性をチェックし、改札機からの出場によって金額を確定させる。その後、それらの情報をバックエンドシステム側で一時的に保持し、一定時間経過後にオーソリゼーションを実施する方法をとっている（図表4-5-2）。

オープンループにおけるPAR（Payment Account Reference）の活用

　近年、クレジットカード情報（以下、PAN）を保護し安全なトランザクション処理を実現する上で、トークナイゼーション技術が広く活用されている。トークナイゼーションとは、PANを、特定の機器ごとあるいは加盟店ごとに、単独では意味をなさないトークンに変換（トークン化）して決済する技術である。しかし、トークナイゼーションによってセキュリティが向上する一方で、加盟店やアクワイアラ（加盟店契約会社）からすると、個人に紐づく決済の履歴を一元管理・把握することが難しくなった。一般的にPANに基づく決済データを、加盟店やアクワイアラはPANの一部の値を活用して、ロイヤリティプログラム（ポイント、クーポン、購買情報の収集、購買履歴に基づいた商品の推薦など）、チャージバック、返品などを含めた各種サービスを提供していたが、トークン化によってPANの情報を直接扱えなくなってしまうからである。トークナイゼーションを実現する上では、PANとそれに関連するトークンの管理権限はトークンサービスプロバイダー（TSP）のみに限定されているため、加盟店やアクワイアラ側はPANとトークンの紐づけができない。

　一般消費者がクレジットカードを使って非接触決済を行い、そのPANと紐づくトークンが登録されたスマートフォンを複数保有している場合、各ス

第4章　DXを推進するセキュリティ　263

マートフォンに登録されたトークンはスマートフォンごとにすべてばらばらである。そのため、加盟店やアクワイアラは、同一人物の決済処理であることを判断できず、別々の消費者が決済したと認識してしまう。

　これを、オープンループを前提とした公共交通系決済の場合に置き替えてみると、交通系事業者は、クレジットカードが利用されたときにはPANで取引するために、そのカードの乗車履歴として情報を保有することができるが、スマートフォンなどのモバイル端末で決済されたときはトークンでの取引となるために、どのクレジットカードがその時点で利用されたかを把握できない。その結果、利用者からすると、クレジットカードでの乗車履歴は、交通系事業者から提供される情報から確認できるものの、モバイル端末での乗車履歴は、同じ情報の中からは把握できないこととなる。

　「顧客の乗車履歴」などのような情報管理における課題を解決するために、PANやトークンによる取引の紐づけを目的として、「PAR（Payment Account Reference)」と呼ばれる新たなデータ仕様がEMVCoから提唱された。PARとは、PANおよびそれに紐づくトークンを一意に管理するための29桁の値であり、PAR単独では決済はできない。

　以下に、オープンループにおいてこのPARを利用するメリットを考察する（図表4-5-3）。

・利用者にとってのメリット（乗車履歴の照会）

　PARにより、利用者が複数の決済手段を1つの交通機関のアカウントに紐づけることができる。たとえば、利用者は目的地や利用シーンに応じて、非接触型のクレジットカード、およびこのクレジットカードに紐づくトークンが内蔵されたそれぞれの決済手段（NFC対応のスマートフォンやスマートウォッチ）を、同じPARに連携させることで、クレジットカードをかざして乗車した場合やスマートフォンで乗車した場合などにかかわらず、自身の乗車履歴をまとめて確認することが可能となる。これにより、物理カードの利用のみならず、スマートフォンやスマートウォッチを利用した際の乗車情報もまとめて一元管理でき、利便性が向上する。

図表4-5-3 公共交通機関決済におけるPARを利用する事例

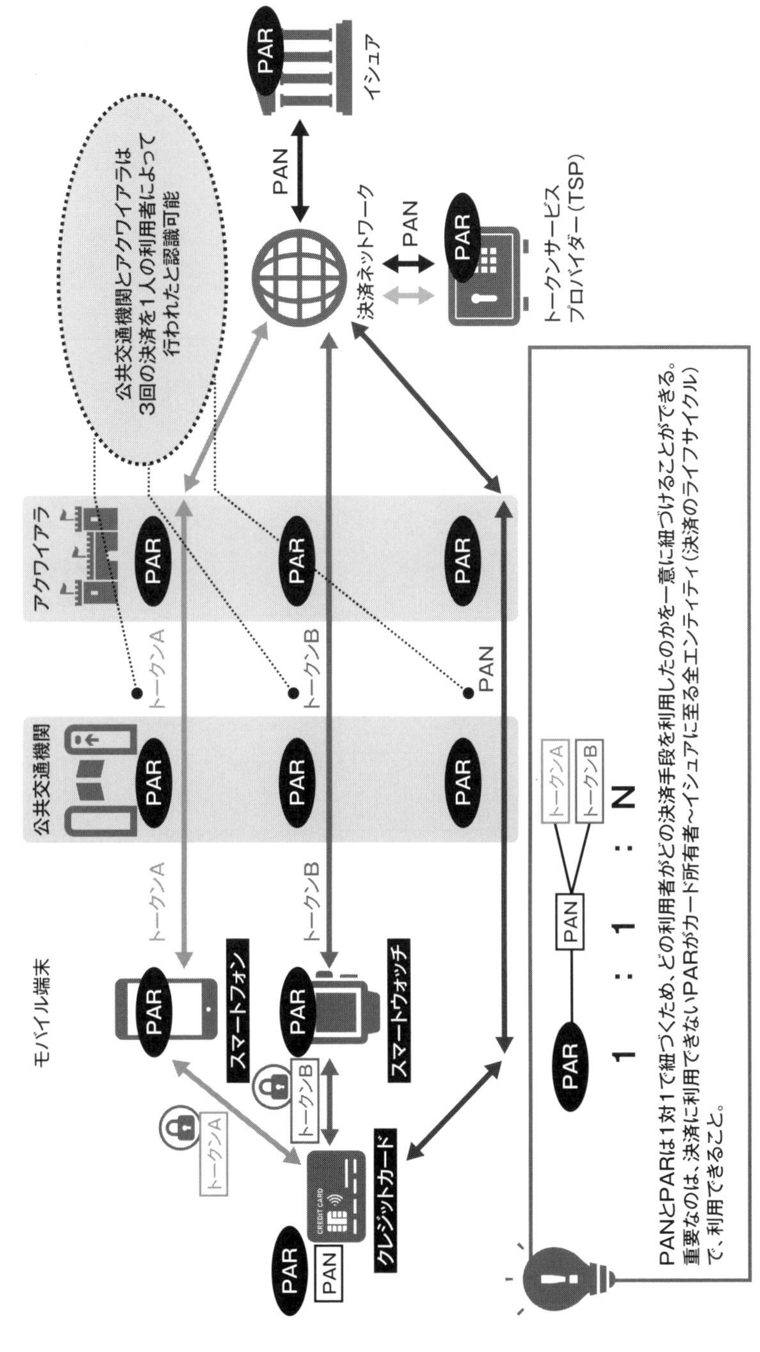

(出所) 各種公表資料をもとにNRIセキュアテクノロジーズ作成

第4章 **DXを推進するセキュリティ** 265

・交通系事業者にとってのメリット（ロイヤリティプログラムへの応用）

PARにより、利用者が行った複数の決済処理の結果を交通機関のアカウントに紐づけできるため、利用特性に応じた顧客分析も可能となる。たとえば、週末に鉄道を使って行楽地へ行く機会が多い顧客に対して、乗車券クーポンや各種サービス商品などの売り込みも期待できる。

❸ ITロードマップ

図表4-5-4にNFC Type A/B決済のITロードマップを示す。

～2021年度

CPoCの実証実験が進む。セキュリティ的な課題だけではなく、機能面や性能面での課題が明らかになっていく。また、PCI SSCにおいてPCI CPoCの後継となる新基準の意見募集が行われる。

公共交通系においては鉄道、バスでのオープンループ決済の実証実験が行われる。固定運賃と距離制運賃のいずれのケースでも実証実験が行われ、公共交通系におけるオープンループ決済の可能性について検証が進む。

2022～2023年度

日本国内企業でPCI CPoCに準拠したソリューションがリリースされる。現時点でのPCI CPoC認定ソリューションはすべて国外製であり、対応OSはアンドロイドだけであることから、最初はアンドロイドOSだけをサポートしたものが日本国内でもリリースされると予想される。国内のスマートフォン市場はiOSの利用比率が高く、また業務用タブレットをターゲットにするとWindows対応への検討が必要であるため、これらのOSに対応したソリューションが順次リリースされるであろう。

また、PCI SSCからPCI CPoCの後継となる新基準も公開される。さまざまな本人確認方法や決済方法についても対応した新基準となり、オンラインPINや生体認証による本人確認方法にも対応する。

図表4-5-4　NFC Type A/B決済のITロードマップ

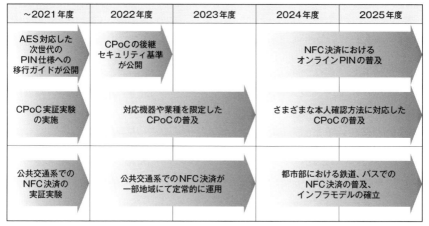

(出所) NRIセキュアテクノロジーズ

公共交通系においては、鉄道、バスでのオープンループ決済が一部地域にて定常的に運用されると考えられる。

2024年度以降

NFCを利用したクレジットカードによる非接触決済において、オンラインPINをはじめとした本人確認方法が普及する。また、PCI CPoCの新基準に準拠したソリューションが日本国内でもリリースされる。決済方法によらず、CVMリミット金額（クレジットカード会社が定める本人確認を不要とする上限額）を超えても非接触決済だけで取引ができるようになる。

公共交通系においては、都市部でも鉄道、バスでのオープンループ決済が普及。特に、2025年の大阪・関西万博開催に伴う決済環境の整備により、都市交通での利用に耐えられるインフラモデルが確立される。

❹ 5年後の利用イメージ

これまでにクレジットカード決済を導入していなかった中小規模の店舗を

中心にCPoCが導入され、キャッシュレス決済がより広く普及する。オンラインPINや生体認証といったさまざまな本人確認方法にも対応し、特定の利用シーンや支払手段に限定せずにCOTS機器で決済を受け付けできる環境が整備される。

公共交通機関では、オープンループ化が広く浸透する。さらに各国際カードブランドの提供する非接触決済サービスが広く普及し、地方のみならず、首都圏においても、2025年の大阪・関西万博開催を契機に、都市交通利用に耐えられるインフラモデルが確立される。

また、PARなどのしくみが、オープンループでも浸透し、クレジットカードやスマートフォンなどの機器にかかわらず、非接触決済における利用用途が拡大。交通系事業者も利用者の嗜好に合わせた旅やグルメ、その他のサービス商品の提供が可能となる。

❺ 実現に向けた課題

CPoCにおける課題

決済端末専用機では耐衝撃性や防塵、防滴といった耐久性は考慮されているが、一般消費者向けのCOTS機器では高耐久性が求められる業務用途には適さない可能性がある。また、機能面については、NFCの読み取りやすさがCOTS機器の機種に依存するなど、専用機である決済端末と比較すると一定の品質レベルを維持することが困難である点が課題として挙げられる。

PCI CPoCの新基準についても、現時点で想定される課題がある。新基準では本人確認の方法としてオンラインPIN対応も含まれると考えられるが、オンラインPINについては、ネットワーク上でPINを伝送し処理する必要があるため、PCI PINセキュリティ（PIN情報を扱う決済事業者に求められるセキュリティ基準）への準拠が決済事業者側で必要となる可能性が高い。

PCI CPoCの新基準についてのほかの課題としては、クレジットカード情報と、本人確認方法で利用する情報（PINや生体情報など）を同時にCOTS機器上で扱うため、より高いセキュリティレベルが求められる点である。現

行基準のPCI CPoCでは、COTS機器へのセキュリティ保護メカニズムの実装に関してはソフトウェアだけで秘密鍵を守るホワイトボックス暗号化のようなソフトウェアベースの実装を許容しているが、PCI CPoCの新基準では「TEE（Trusted Execution Environment）」や「SE（Secure Element）」といったより強固なセキュリティ保護メカニズムの実装を必須要件とする可能性もある。

公共交通系における課題

　日本国内でのオープンループ化に向けた実証実験はすでに始まっているものの、課題は多い。3つを挙げると、1つ目は、決済処理性能（パフォーマンス）の問題である。公共交通機関の混雑時に対応するためSuicaの要求仕様では、ICカードとリーダーライターの距離が85mm以内で1分間に60人が改札機を通過する処理性能があり、改札機の処理は0.2秒以内に終了することを求めている。大都市のラッシュ時の改札機で行列を発生させないための高い性能指標だが、NFC Type A/Bを標準としたオープンループ決済でSuicaと同程度の性能を出すことは非常に難しい。したがって、人口が密集する首都圏でも普及していくかどうかが今後の大きな課題となる。

　2つ目は通勤通学に利用されるかどうかである。特に未成年である学生は、通学用とはいえ、年齢的にクレジットカードを持てない可能性がある。カード会社によっては、学生向けにはプリペイドカードやデビットカードを発行するこも検討中であるが、クレジッカードを含めて、カード本体の券面における定期券の印字に関しても課題になりうる。

　3つ目は国際カードブランド各社の足並みがそろう必要があることである。ブランド大手のVisaは2020〜2021年にかけて、公共交通機関での導入事例として、14道府県の12プロジェクトの実績があり、国内では先行しているが、普及に向けては他ブランドの非接触決済サービスの導入も待たれる。

おわりに

　野村総合研究所（NRI）グループが最新のIT（情報技術）動向の調査結果を書籍にまとめた『ITロードマップ』も本書で17冊目となった。これまで17年にもわたり刊行してこられたのは、読者のみなさまの支持があったからに他ならず、この場を借りてお礼を申し上げたい。

　2020年初めから世界各国で猛威を振るっている新型コロナウイルスは、収束の兆しを見せては変異株が発生し、完全な収束までを見通すのは難しい状況にある。企業としてはコロナとの「共存」も視野に入れ、「非対面」「非接触」を実現するリモートワークなどの新たなソリューションが「ニューノーマル」となるか否かを見極める必要がある。

　一方、コロナ禍にあっても企業はデジタル化の歩みを止めるわけにはいかない。ただし、新技術の採用やデジタル化の推進にはリスクも伴う。特に近年はサイバー攻撃が巧妙化・組織化しており、セキュリティ対策を怠れば、莫大な損失につながる恐れもある。企業のIT部門やDX推進部門は、コロナ対策と同時に、「攻め」と「守り」の両面を考慮したDXの推進という難しいかじ取りが求められるようになっている。本書がその一助になれば、大変嬉しく思う。

　本書の企画・執筆にあたっては、東洋経済新報社の髙橋由里さんに大変お世話になった。この場を借りてお礼を申し上げたい。また、われわれの日々の調査研究活動を支えてくれているアシスタントの榎本実由さんにも、この場を借りて感謝の意を表したい。

　2022年3月

　　　　執筆者代表
　　　　株式会社野村総合研究所　DX生産革新本部
　　　　IT基盤技術戦略室　室長／上席研究員

　　　　　　　　　　　　　　　　　　　　城田真琴

重要語解説

〈N〉

NPS（ネット・プロモーター・スコア）：「Net Promoter Score（ネット・プロモーター・スコア）」の略で、企業やブランドに対する愛着・信頼の度合いを数値化する指標のこと。

〈あ〉

アテステーション：Attestation（証明・認証）。

〈い〉

イシュア手数料：クレジットカード発行会社が受け取る手数料。

イベントチャネル：イベント通信を行う場合に送信側と相手側の間に存在するオブジェクトを示す。イベントデータの受け渡しの制御を行う。

〈お〉

オーバーヘッド：あるコンピュータの処理を実行するのに付随する作業負荷。

〈こ〉

コールドウォレット：ビットコインなどの暗号資産を保管する方法の1つで、ネットから完全に隔離された状態で暗号資産を管理すること。

コモンズの悲劇：多くの人が共有している資源が乱獲された結果、資源が枯れてしまう経済学の法則のこと。

〈せ〉

センシング：センサーが環境データを取得すること。

〈た〉

耐タンパー性：機器やソフトウェアにおいて、その内部の機密情報データや動作などを、外部から解析や改変されることを防ぐ能力のこと。

〈て〉

データスキーマ：データベースに保存しているデータや、データとデータ同士の関係性を定義したもの。

デジタルツイン：現実世界をデータで記述した空間。物体を3Dモデルとして表現したり機器のIoTデータを蓄積したりして、現実世界の双子（ツイン）のようにリアルなデジタル空間を再現することを目指すものである。

デリバティブ：金融商品のリスクを低下させたり、リスクを覚悟して高い収益性を追求する手法として考案された取引の総称。

〈と〉

トランスパイラ：あるプログラミング言語で書かれたプログラムのソースコードを入力として受け取り、別のプログラミング言語の同等のコードを目的コードとして生成するコンパイラの一種。

〈に〉

認定スキーム：認定するための枠組み。

〈ね〉

ネイティブアプリ：コンピュータが直接実行可能なプログラムのこと。特にスマートフォン向けでは、App Store などのアプリストアを経由して配布され、インストールされるプログラムのことを指す。

〈は〉

ハイパーパラメータ探索：ハイパーパラメータとは、機械学習アルゴリズムの挙動を制御する設定値のこと。一般的に、機械学習アルゴリズムには複数のハイパーパラメータが存在し、その設定値によって精度が変わるため、分析者による適切な設定値の探索（チューニング）が行われる。

汎用ソルバー／最適化ソルバー：最適化ソルバーとは、最適化問題を解くことができるソフトウェアのこと。最適化問題にはさまざまな種類があり、複数種類の最適化問題に対応した最適化ソルバーを汎用ソルバーと呼んでいる。

〈ふ〉

フルスタック：「すべて、満たした」を意味するフルと「入ってきた要素を後に入れた順に取り出すこと」を示すスタックを組み合わせた造語。本書では「バックエンドとフロントエンドの両方を持つ」意味で利用した。

〈ほ〉

ホワイトリスト：警戒する必要のない「安全な対象」を定義したリスト。

〈ま〉

マルチモーダル分析：複数の分析手法を組み合わせ、ある結果で別の分析手法の結果を裏付けたり、多面的な評価により深い理解につなげること。

〈も〉

モジュール：機能単位、交換可能な構成部分などを意味する「部品」。

モンテカルロ計算：シミュレーションや数値計算を乱数を用いて行う手法の総称。

〈ゆ〉

ユニタリー行列：直交行列を複素数に拡張したものをユニタリー行列という。量子ゲートはユニタリー行列で表すことができ、ユニタリー演算で量子計算全体を記述できる。

重要語解説　273

〈ら〉

ラックマウント：薄型のコンピュータを専用の棚（ラック）に積み上げるように設置すること。本書では、データセンターなどに設置されている電子機器収納専用ラックに設置することを指す。

〈り〉

リポジトリ：ファイルと、そのファイルが持つ仕様などの属性が共に保管されたデータベースのこと。

〈れ〉

レジリエンス：「弾力性」「回復力」「しなやかさ」を表す言葉。困難な状況であってもうまく適応することを意味する。

〈ろ〉

ローコード／ノーコード：アプリケーションなどの開発を行う際にコードを書かないこと、もしくは少ないコードでも開発ができること。

執筆者紹介

野村総合研究所　IT基盤技術戦略室

進展著しい情報技術の動向を把握、分析、予測するITアナリスト集団。
情報技術の変化を敏感に捉え、顧客企業やNRIグループが適切なIT投資や研究開発を行うための
戦略立案機能を持つ。

城田 真琴（しろた まこと：室長／上席研究員）／第1章1、2節
　専門はリテールテック、VR/AR、情報銀行、信用スコアリング、個人情報保護／プライバシーなど
のITサービス、IT関連法。

亀津 敦（かめつ あつし：上級研究員）／第2章2節、第3章コラム（バイタルセンシングとデータ活用）
　専門はウェアラブル端末やIoTなど新興デバイスの動向と、オフィス向けソリューションや働き方
改革の動向など。

藤吉 栄二（ふじよし えいじ：上級研究員）／第2章3、7節
　専門はデバイス技術全般、無線ネットワーク技術、量子コンピューティングなど。

長谷 佳明（ながや よしあき：上級研究員）／第2章1、4節
　専門は人工知能、ロボティクス、モバイルアプリケーション、IT基盤技術、開発技術／開発方法
論、基幹業務システムなど。

幸田 敏宏（こうだ としひろ：上級研究員）／第3章2節
　専門はRetailTechなどリテールサービス動向、先端ITを活用した価値創造、企業間のオープン・イ
ノベーションプロジェクトなど。

権藤 亜希子（ごんどう あきこ：主任研究員）／第2章6節、第3章1節
　専門はジェロンテックなど社会課題を解決するデジタル技術動向。

野村総合研究所　データサイエンスラボ

鷺森 崇（さぎもり たかし：上級研究員）／第2章5節
　専門はデータサイエンス、機械学習プラットフォーム、AIアシスタント関連技術、RFID（ICタグ）、
ロケーションテクノロジー、リテール業界のITサービスなど。

田村 初（たむら はじめ：上級研究員）／第2章コラム（機械学習コンペティション）
　専門は小売・流通・消費財業界のマーケティング分析、デジタル化戦略、データアナリティクスに
よる事業創造など。

NRIセキュアテクノロジーズ／第4章　DXを推進するセキュリティ

野村総合研究所グループの情報セキュリティ専門企業。変化の激しい情報セキュリティに精通し、
世界レベルでの経験を積んだスペシャリストが、真に役立つ、高品質なサービスを提供。テクノロ
ジーとマネジメントの両面から、企業・組織の情報セキュリティに関するあらゆるニーズに対応す
る。

菅谷 光啓（すがや みつよし：研究主幹）／第4章監修
　専門はセキュリティマネジメント、情報セキュリティ監査、サイバーセキュリティ政策、標準化など。

大貫 秀明（おおぬき ひであき：研究主幹）／第4章監修
　専門はセキュリティに関するコンサルテーション全般、セキュリティ監査、暗号理論など。

太田 海（おおた かい：上級セキュリティコンサルタント）／第4章1節
　専門はIT／セキュリティに係る個別リスクならびに分野横断的リスクの管理など。

藤井 秀之（ふじい ひでゆき：主任セキュリティコンサルタント）／第4章1節
　専門はデータ利活用に関する制度設計やデータガバナンスに関するコンサルティングなど。

吉川 由希子（よしかわ ゆきこ：主任セキュリティコンサルタント）／第4章1節
　専門はデジタルアイデンティティ、認証・認可など。

平賀 敬博（ひらが たかひろ：主任セキュリティコンサルタント）／第4章2節
　専門はアプリケーション開発のセキュリティ、セキュリティ診断、DevSecOpsなど。

大杉 周平（おおすぎ しゅうへい：主任セキュリティコンサルタント）／第4章3節
　専門はデータ分析によるサービス不正利用対策、セキュリティ監査など。

加瀬 篤（かせ あつし：上級セキュリティコンサルタント）／第4章3節
　専門はデータ分析によるサービス不正利用対策、サービス企画・設計、CSIRT構築・運営など。

木村 匠（きむら たくみ：セキュリティコンサルタント）／第4章コラム（デジタルヘルスケアのサイバーセキュリティ）
　専門はサイバーセキュリティ政策、重要インフラ防護（医療・金融）に係るリスク分析など。

長谷川 ちひろ（はせがわ ちひろ：セキュリティコンサルタント）／第4章コラム（デジタルヘルスケアのサイバーセキュリティ）
　専門はセキュリティ対策状況評価、セキュリティ規程・プロセス策定など。

川口 将司（かわぐち まさし：主任セキュリティコンサルタント）／第4章4節
　専門はプライバシーテック、Web3.0、ブロックチェーンビジネス動向、人工知能、ユーザブルセキュリティなど。

須田 直亮（すだ なおあき：上級セキュリティコンサルタント）／第4章5節
　専門は決済セキュリティに関するコンサルティング、暗号鍵の運用設計全般の評価・対策提言など。

高木 裕紀（たかぎ ひろのり：主任セキュリティコンサルタント）／第4章5節
　専門は決済セキュリティに関するコンサルティング、スマートデバイスのセキュリティ設計支援など。

李 斐儿（り ひじん：セキュリティコンサルタント）／第4章5節
　専門は決済セキュリティに関するコンサルティング、カード国際セキュリティ基準の準拠支援など。

ITロードマップ　2022年版

2022 年 3 月 31 日発行

著　　者――野村総合研究所　IT 基盤技術戦略室／NRI セキュアテクノロジーズ
発行者――駒橋憲一
発行所――東洋経済新報社
　　　　　〒103-8345　東京都中央区日本橋本石町 1-2-1
　　　　　電話＝東洋経済コールセンター　03(6386)1040
　　　　　https://toyokeizai.net/

装　丁…………山田英春
Ｄ Ｔ Ｐ…………アイランドコレクション
印　刷…………東港出版印刷
製　本…………積信堂
編集担当………髙橋由里

©2022 Nomura Research Institute, Ltd., NRI Secure Technologies, Ltd.　Printed in Japan　ISBN 978-4-492-58119-3

　本書のコピー、スキャン、デジタル化等の無断複製は、著作権法上での例外である私的利用を除き
禁じられています。本書を代行業者等の第三者に依頼してコピー、スキャンやデジタル化することは、
たとえ個人や家庭内での利用であっても一切認められておりません。
　落丁・乱丁本はお取替えいたします。